中华文化公开课

文化名人六讲

王 维 ◎编著

中国商业出版社

图书在版编目（CIP）数据

文化名人六讲/王维编著. — 北京：中国商业出
版社，2018.5
（中华文化公开课）
ISBN 978-7-5208-0332-8

Ⅰ. ①文… Ⅱ. ①王… Ⅲ. ①名人－生平事迹－中国－
古代－近代 Ⅳ. ① K820

中国版本图书馆 CIP 数据核字 (2018) 第 086988 号

责任编辑：唐伟荣

中国商业出版社出版发行

010-63180647　　www.c-cbook.com

（100053　北京广安门内报国寺 1 号）

新华书店经销

北京晨旭印刷厂印刷

*

710×1000 毫米　　1/16　　16 印张　　240 千字

2018 年 5 月第 1 版　　2018 年 5 月第 1 次印刷

定价：46.80 元

* * * *

前言 PREFACE

历史就像是一出令人眼花缭乱的舞台剧，众多的演员轮番亮相，你方唱罢我登场。在中华五千年的历史长河中，曾出现过无数的杰出人物：千古一帝秦始皇，西楚霸王项羽，大唐诗仙李白，精忠报国岳武穆，理学大师朱熹，一代天骄成吉思汗，七下西洋郑和，民族英雄郑成功……他们或引领了历史的方向，或渲染了历史的色彩，或点缀了历史的天空。历史由他们书写，由他们创造。他们每个人都是历史大厦中的基石，他们的爱恨悲欢交织于这绚烂的历史天空之中。揭秘历史之路，既是对我们现实生活的哲理追问，也是向在这片华夏热土上生活过的所有先辈致敬。

真实的历史是一种状态，曾经存在过，然后被时空消解。但历史的真实却永远是一种梦想，激励着无数人一点一滴地去重新还原它——显然，还原历史，至关重要的一点就是还原历史人物。

本书以历史时期为线索，选取了中国几千年来最典型最有影响的一些著名人物，或是介绍生平功绩，或是联系历史事件，也许不能说是完全找到了历史真实的答案，但至少证明我们在寻找历史的真实这条道路上努力过。正如人们永远不会失去对真实的渴望一样，我们也永远不会放弃寻找真实的努力。

大江东去，浪淘尽，千古风流人物。本书在总结众多历史书籍的基础上，选取了对中国乃至世界历史具有重大影响的一百余位著名人物，将他们的生平事迹和历史作用精要地介绍给读者。内容涉及政治名人、军事名将、科学巨匠、文哲泰斗、艺术大师、商界巨子等六大门类，时间跨度从先秦到近现代，描述了三千余年的中国历史进程。拥有它，就等于拥有了整个中国历史的人物精华。

功高盖世的政治领袖，真知灼见的思想巨擘，有勇有谋的传奇英雄，妙笔生花的文坛泰斗，匠心独运的艺术大师，铸造科技辉煌的科学精英，白手起家的商界奇才……阅读这些杰出人物的传奇故事，就可以理清中国数千年复杂的历史脉络，从而还原历史，使已经远去和消逝了的历史情境在我们脑海里再现、演绎，使我们的思想自由游弋于历史的海洋……

目录
CONTENTS

第二讲　军事将领战沙场

文化名人六讲

中华文化公开课

第三讲　科学巨匠献技艺

第四讲 文哲泰斗创文脉

文化名人六讲

中华文化公开课

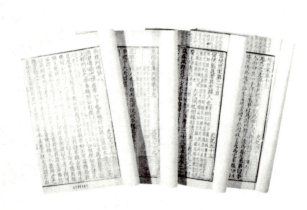

第五讲　艺术大师竞风流

第六讲 商界巨子闯世界

政治名人定天下

天齐至尊——吕尚

　　吕尚是齐国的缔造者,周文王倾商武王克殷的首席谋主、最高军事统帅与西周的开国元勋,齐文化的创始人,也是中国古代一位影响久远的杰出的韬略家、军事家与政治家。历代典籍都公认他的历史地位,儒、道、法、兵、纵横诸家皆尊他为本家人物,被尊为"百家宗师"。

　　吕尚,生卒不详,姜姓,吕氏,名尚,字牙,尊称子牙,号太公望,周武王尊之号为"师尚父",为炎帝神农氏54世孙,东海(今山东日照市)人。吕尚一生坎坷多磨难而又轰轰烈烈,在政治、军事、经济思想等方面都有卓越的贡献。

　　吕尚的祖先在舜时当过一方的部落酋长,曾协助夏禹治水有功,被封于吕,以地为姓。夏以后,吕姓子孙繁衍分化,吕尚家已很贫穷了。吕尚是一位很有才能、很有抱负的人。但在商纣王的残暴统治下,他怀才不遇。为了生计,他曾经在朝歌城里宰牛卖肉,在孟津街头开店卖酒。光阴似箭,吕尚已是70多岁的老人,而他的抱负仍然未能实现。

　　后来文王访贤,吕尚做了他的谋士,官封太师。周武王在吕尚的辅佐下灭商,为了有效地统治幅员辽阔的疆土,采取"封建亲戚,以藩屏周"的政策。吕尚被封为齐侯,都营丘(今山东临淄县)。后来,吕尚治理齐国,能够因地制宜,充分利用傍海的自然条件开发渔盐资源,发展工商业,使人民安居乐业,使周朝在东方的统治得到了巩固。

　　吕尚的文治武略影响深远。他不仅是西周的功臣,而且是辅佐文王、武王、成王、康王四朝之元老,积累了丰富的治国经验,推动了社会的发展和进步。

韬略鼻祖,千古武圣

吕尚作为中国韬略鼻祖、千古武圣,

◆ 姜太公像

其文韬武略、经国治军，理民化俗之论、之策、之术，都为后人奠定了良好的基础，并为华夏民族所称颂、效法。

权谋思想

吕尚被封齐，建立齐国之后，推行的根本方针是"天下非一人之天下，乃天下人之天下也"的思想。吕尚认为，人的本性是恶死而乐生，好德而归利，能给予人以生利的是道义，能行仁义道德者，则能使天下人归服。因此，国君应当以天下之利为利，以天下之害为害，以天下之乐为乐，以天下之生为务。只有以仁义道德为天下兴利除害，使天下人与之共利害，同生死，共忧患，共苦乐，这样才可以得民心，得天下，使万民归心、拥君。

爱民思想

吕尚认为，爱民之道，就是以仁义之道，修德惠民，使民和服。要尊重民意，敬爱民众，聚合宗亲，行仁举义，才会受到民众的拥护爱戴，这样使天下和服，才可以守土、固国而王天下。因此，威服天下者，不必专任武力，不可横暴百姓，而要以仁义为本，修德禁暴。

顺民思想

吕尚通过自己长期生活在民众中的亲身经历，不断观察，精心研究，对于民为贵、民为本的思想有深刻的认识，并树立了牢固的民本意识，所以他在出山之前和立国治国之中，都始终坚持以民为本，实行仁政，收

◆ 周文王姬昌像

服民心，使万民归心。对如何安定天下，吕尚指出：天有其自己的运行规律，民众有其自己的日常生活事业。

吕尚是中国历史上一位全智全能的人物，也是中国文艺舞台上一个"高、大、全"的形象，还是中国神坛上一位居众神之上的神主。作为宗教的神仙，他是武神、智神，被奉为"太公在此，百无禁忌"的护佑神灵。

延伸阅读

姜太公钓鱼

商纣暴虐，周文王决心推翻暴政。太公姜牙受师父之命，下界帮助文王。但姜子牙觉得自己半百之龄，又和文王没有交情，很难获得文王赏识。于是在文王回都途中，在一河边，用没有鱼饵的直钩钓鱼。大家知道，鱼钩是弯的，但是姜子牙却用直钩、不用鱼饵，钓到了很多鱼。周文王见到了，觉得这是奇人（古代人对奇人都很尊敬的），于是主动跟他交谈，发现这真是个有用之才，招入帐下。后来姜子牙帮助文王和他的儿子推翻商纣统治，建立了周朝。

第一相杰——管仲

　　管仲文韬武略，是旷世奇才，中国春秋时代齐国杰出的政治家、理财家、改革家，他的治国方略，影响了此后中华民族历史的全过程。他辅佐齐桓公，打着"尊王攘夷"的旗号，存邢、救卫、援燕、安周，九合诸侯，一匡天下。他是中国历史上治国安邦、富国强兵第一人。

　　管仲(约前725—前645)，名夷吾，字仲，又称管敬仲。管仲家贫，自幼刻苦自学，通"诗""书"，懂礼仪，知识丰富，武艺高强。他和挚友鲍叔牙分别做公子纠和

◆ 管仲像

公子小白的老师。齐襄公十二年，齐国动乱，公孙无知杀死齐襄王，自立为君。一年后，公孙无知又被杀，齐国一时无君。逃亡在外的公子纠和公子小白，都力争尽快赶回国内夺取君位。

　　管仲为能使纠当上国君，埋伏途中欲射杀小白，箭射在小白的铜制衣带钩上。小白装死，在鲍叔牙的协助下抢先回国，登上君位。他就是历史上有名的齐桓公。桓公即位，设法杀死了公子纠。为报一箭之仇，又欲除掉管仲。鲍叔牙极力劝阻，指出管仲乃天下奇才，要桓公为齐国强盛着想，忘掉旧怨，重用管仲。桓公接受了建议，接管仲回国，不久即拜为相，主持政事。

经济改革

　　管仲强调"仓廪实而知礼节，衣食足而知荣辱"，认为国家能否安定，人民能否守法，都与经济是否发展密切相关。他废除了齐国仍保留的公田制，实行按土地肥瘠定赋税轻重的土地税收政策，使赋税趋于合理，

文化名人六讲

中华文化公开课

◆ 《管子》书影

提高了人民生产的积极性。设盐官煮盐，设铁官制农具，发展渔业，由国家铸造钱币调节物价，推动商品流通；鼓励商民与境外贸易。齐国的经济得到很快发展。

政治改革

整顿行政区划和机构。把国都划分为21个乡。其中工商乡6个，乡民专营本业，不服兵役。农乡15个，乡民平时种田，战时当兵。国都以外划分为邑、卒、乡、县，均设官员管理。10县为1属，全国共有5属，设5位大夫管理。每年初，5位大夫要向国君报告属内情况。这就形成了对全国的统治。

军事改革

管仲认为兵在精不在多，强调寓兵于农，把行政上的保甲制度同军队组织紧密结合起来。在农乡，5家为1轨，10轨为1里，4里为1连，10连为1乡，5乡为1军。每家出1人当兵，1军为1万人。全国有3军，国君自率1军，两位上卿各率1军。每年春秋通过狩猎训练军队，提高军队的战斗力。

齐国由于管仲实行改革，很快强盛起来。管仲又向齐桓公提出了在中原称霸的谋略，即"尊王攘夷"。所谓"尊王"，就是拥护周王室。那时，西周王室衰微，造成列国互相争战。首先举起尊王的旗帜，就能借周天子之命，名正言顺地得到盟主的地位。所谓"攘夷"，是指当时我国北方的狄人和西方的戎人借中原各国争战之机内侵，对各国造成严重威胁，领头伐夷就能得到各国的拥戴。

延伸阅读

齐纨鲁缟

　　春秋时期，鲁庄公一直不服齐桓公，两国之间经常发生摩擦。桓公与管仲商议对付鲁国的办法，管仲想了一条奇计。他请桓公带头穿缟做的衣服，令大臣也要穿缟做的衣服，于是齐国百姓也都纷纷效仿。一时间，缟服遍及齐国。管仲下令齐国百姓不准织缟。于是，缟的价格猛增。鲁国百姓见织缟有利可图，便纷纷放弃农事织起缟来。家家纺机响，户户织缟忙。管仲又派人贴出告示：鲁国商人给齐国贩来一千匹缟得三百金；贩来一万匹得三千金。这样一来，更给鲁国的织缟热加了温。鲁侯高兴了，于是下令全国织缟。鲁国百姓忙于织缟，田地都荒芜了。

　　转眼就是一年。管仲突然下令封闭关卡，不让鲁缟进入齐国。同时，又让桓公和大臣们改穿齐纨做的服装。于是，齐国上下纨料衣服又大流行，无人再穿缟衣了。这一下可苦了鲁国。人误地一时，地误人一年。两季庄稼收成没了，堆积成山的缟卖不出去，百姓顿时陷入了饥饿之中。鲁庄公发现中了管仲的计谋，急忙下令停止织缟，可为时已晚。他只好派人到齐国购粮。管仲把粮价一提再提，把鲁庄公弄得内外困窘，迫不得已，鲁庄公派人向齐求援，请求借粮，并表示今后愿听齐桓公调遣，决不再找齐国的麻烦。管仲建议桓公接受鲁庄公的请求，开仓向鲁国放粮。

卧薪尝胆——勾践

勾践，春秋时期最后一个霸主，著名的政治家和军事家。曾兵败于吴，屈服求和。后卧薪尝胆，发奋图强，终成大事，公元前473年灭吴。

勾践，生卒不详，姓姒（大禹的后代），名勾践，又名菼执，春秋末越国国君。公元前496年，越王勾践即位。吴王阖闾乘越国丧乱之际兴兵伐越，勾践率兵抵抗，战于携李（今浙江嘉兴市）。吴军战败，阖闾死于归国途中。其子夫差即位后，勤于练兵，欲报杀父之仇。

勾践闻吴王夫差日夜练兵，欲先发制人，于周敬王二十六年（前494）率军攻吴。吴王亲率精兵迎战，两军大战于夫椒（今江

◆ 越王勾践石刻像

苏吴县），越军大败。勾践带着剩下的5000人逃至会稽山（今浙江绍兴南），被吴军包围。范蠡向勾践献策，让大夫文种贿赂吴太宰伯嚭，向夫差跪求称臣纳贡。夫差免勾践一死，但要勾践夫妇到吴国做他的奴仆。

勾践被夫差押解到吴国，夫差有意羞辱他，要他住在阖闾坟前的一个小石屋里，白天为夫差喂马擦车，黑夜为阖闾守坟看墓。夫差每次驾车出游，勾践都要给他牵马，步行在车前。夫差生病，勾践前去问候，还掀开马桶盖亲尝夫差的排泄物，极力显出体贴的样子，以博取夫差的信任。时间过了三年，由于勾践尽心服侍，再加上吴国太宰不时接受文种的贿赂，并在夫差面前为勾践说好话，夫差认为勾践已真心臣服，决定放勾践夫妇和范蠡回国。

勾践回到越国后，为了激励自己不忘报仇雪耻，睡觉时不铺褥子而铺上柴草；在房间里挂了一个苦胆，每顿饭前都要尝尝。这就是"卧薪尝胆"典故的由来。为向百姓做出表率，他和夫人始终过着清贫的生活，吃饭没有鱼、肉，穿粗布衣衫，自己经常同百姓下田耕种，夫人自己也养蚕织布。

越国遭受战争的重创，田地荒芜，人口减少，生产受到很大破坏。为使国家迅速富强，勾践采纳了范蠡、文种提出的"十年生聚，十年教训"之策。由范蠡负责练兵，文种管理国家政事，推行让人民休养生息的政策，由国家奖励耕种、养蚕、织布，尤其鼓励生育，增加人口。

在内部，越国休养生息，恢复生产；在外部，勾践又采取许多办法麻痹吴国，造成吴国内耗。勾践年年按时给吴国纳贡，使夫差始终相信他是真心臣服，并且继续贿赂吴太宰，派出奸细刺探吴国的消息，散布谣言以离间吴国君臣关系，使夫差杀害了忠臣伍子胥。勾践又以越国遭遇自然灾害为理由，不时向吴国借粮，使吴国粮食储存减少，而越国则储备充足。得知夫差要建造姑苏台，勾践派人运去特大木料，夫差非常高兴，扩大了姑苏台的设计，使吴国劳民伤财。

公元前482年，勾践亲率五万大军攻打吴国，吴军大败，太子友阵亡。这时，夫差打败齐、晋、卫、鲁等国，在黄池(今河南封丘)会盟，当上了霸主。接到消息，夫差只得派伯嚭向越求和。

公元前478年，吴国多年灾荒又遇大旱，勾践乘隙攻吴。越军采取两翼佯动、中央突破、连续进攻的作战方法，大败吴军于笠泽。吴王夫差被越军长期围困，力不能支，遂派王孙雒袒衣膝行向勾践求和。范蠡

◆ 越王勾践剑

力劝勾践说："大王您忍辱受苦二十余年，为了什么?怎能就此前功尽弃呢?"就回绝王孙雒说："过去是上天把越赐予吴国，你们不受；今天是上天以吴赐越，我们不敢违背天命而听从你们的请求。"王孙雒还要哀求，范蠡毅然击鼓进兵。吴王夫差见大势已去，遂自杀而亡。

勾践率得胜之师，北渡淮河，与齐、晋等国会于徐州(今山东滕县)。周王派使臣送来祭肉，封勾践为"侯伯"。自此，越军横行江淮一带，诸侯尽来朝贺，勾践的霸业完成。

延伸阅读

越王勾践剑

越王勾践有一把绝世兵刃——越王勾践剑。此剑寒气逼人、锋利无比，历经2400余年，仍然纹饰清晰精美，加之"物以人名"，此剑被当世之人誉为"天下第一剑"。

越王勾践剑于1965年在湖北江陵望山一号墓出土，保存完好，剑长55.7厘米，出土时寒光闪闪，剑刃仍很锋利。剑身布满黑色菱形花纹，纹饰精美，镂刻最细处仅0.1毫米。近剑格处有两行鸟篆铭文："越王鸠浅(勾践)自作(作)用鐱(剑)"八字。剑柄、剑格乌黑，剑格两面铸有花纹，分别嵌有蓝色玻璃与绿松石。剑首向外翻卷作圆箍形，内铸11道宽度不到1毫米的同心圆。越王勾践剑制工精美，显示出铸剑师的卓越技艺，堪称我国国宝。

政治改革家——商鞅

商鞅的法令对后世产生了巨大而深远的影响。他统一的度量衡成为秦始皇统一天下度量衡的基础和标准；他推行的编户制和什伍制，成为后世保甲制度的重要依据；他制定的郡县制后来被秦始皇推向了全国，也被以后的历代王朝所沿用。梁启超将商鞅誉为中国六大政治家之一。

商鞅(约前390—前338)，姓公孙，名鞅。因为是卫国人，也称卫鞅，出生在一个没落的宗室贵族家庭。他入秦后向秦孝公进谏强国之术，提出"治世不一道，便国不法古"的主张，从而得到孝公的赏识，支持他变法。卫鞅因变法有功，被秦王封为"商君"，因而被称为"商鞅"。

商鞅年轻时好刑名之学，胸怀大志。由于他很崇拜魏国的李悝，因此学成之后，就去了魏相公叔痤门下任中庶子，掌卿大夫家族事务。公叔痤虽很赏识他的才华和抱负，但是却直到临死前才向魏惠王推荐商鞅任国相之职，并对魏惠王说："如若不用，一定要杀了他，以绝后患。"可是，魏惠王不赏识商鞅，拒绝接纳商鞅为国相，也没有杀他。

公叔痤死后，商鞅听说秦孝公下令求贤，就赶到秦国，建议孝公变法图强。当时，奴隶主贵族在秦国还有很大势力，一些守旧派竭力反对变法，主张"法古"和"循礼"。商鞅根据历史事实加以驳斥，指出三代以来礼、法已经发生很大变化，"治世不一道，便国不法古"。秦孝公对商鞅的意见非常赞赏，任命他为左庶长，实行变法。

◆ 商鞅像

公元前359年，商鞅开始变法，颁布变法命令。命令奖励耕织，对于生产粮食布帛多的人，可免除徭役。有两个以上成年男子的人家，如不分立门户，必须加倍交纳租税。把大家庭拆散为小家庭，使农民能更多地提供租税和力役。禁止游手好闲，弃农经商。又鼓励人民立军功，有功者可得爵禄，军

◆ 西安商鞅广场徙木立信雕塑

功越大，授给的爵位越高，赐给的田宅也越多。宗室无军功者，便不能取得贵族身份。还编制户籍，五家编为一"伍"，十家编为一"什"，使各户互相监督。

商鞅的变法命令和旧贵族的利益是有冲突的。新法实行了一年，旧贵族都说不便。当时恰逢太子犯法，商鞅就严惩太子太傅，儆戒众人。从此，再没有人敢公开反对了。

商鞅不仅在政治上表现出卓越的才能，而且在军事上也成就非凡。公元前340年，当时正处于新兴的封建制取代腐朽的奴隶制的变革时期，商鞅率秦军攻打魏国西部边境，双方势均力敌，秦军很难在短时间内取胜。商鞅就写信给魏公子，假意谈和，待魏公子前来谈和，乘机将其扣押。魏失去主帅从而大败。魏国归还了过去从秦国掠去的河西之地，解除了魏对秦的威胁。

秦孝公死后，惠文王继位。当时，商鞅威望极高，惠文王对他有所猜忌，一些旧贵族就乘机诬告他谋反。商鞅被迫出秦，想到魏国去，但魏国不让他入境。他只得回到自己的封邑，出兵抵抗，结果失败，被车裂而死。

商鞅是我国古代著名的法家代表。后人记述他的言行的著作，《汉书·艺文志》里有《商君》29篇，今存24篇。又有《公孙鞅》27篇，已散佚不存了。

延伸阅读

南门立柱

公元前356年，商鞅拟定变法法令后，在秦国都城的南门放了一根3丈长的木头，并宣布说，谁能把木头从南门搬到北门，就可得到"十金"的奖赏。老百姓觉得不可信，所以谁也没有去。商鞅看了就说，如果有人搬，可以奖赏五十金。然后就有一人把木头搬到了北门，于是商鞅就赏他五十金。

商鞅以此做法表明新法的言而有信和赏罚分明。南门立柱的事情传遍全国，震动了百姓，为朝廷树立了威信，为变法打下了基础。

千古一帝——秦始皇

秦始皇为统一中国多民族的封建国家作出了不可磨灭的贡献。他顺应了中国历史发展的倾向，充当了新兴地主阶级开辟道路的先锋，开创了一个中央集权的封建专制主义的新的历史时代，被称为"千古一帝"。

秦始皇（前259—前210），姓赵氏，名政，秦庄襄王之子，中国历史上杰出的政治家、军事家、统帅。

秦王政初即位时，国政为相国吕不韦所把持。公元前238年，他亲理国事，免除吕不韦的相职，并任用尉缭、李斯等人。自公元前230年至前221年，先后灭韩、魏、楚、燕、赵、齐六国，终于建立了中国历史上第

一个统一的、多民族的、专制主义中央集权制国家——秦朝。

秦王政创立了皇帝的尊号，自称始皇帝。随后，他在全国范围内废除分封制，代以郡县制。在皇帝的直接控制下，建立自中央直至郡县的一整套官僚机构。以秦国原有的律令为基础，吸收六国法律的某些条文，制定和颁行统一的法律。明令禁止民间收藏武器，将没收得来的武器，销毁并铸造了12个金人。

在经济上推行重农抑商政策，扶植封建土地私有制的发展。下令占有土地的地主和自耕农只要向政府申报土地数额，交纳赋税，其土地所有权就得到政府的承认和保护，并以商鞅所制定的度量衡为标准统一全国的度量衡制度。统一全国币制。为发展全国水陆交通，又实行"车同轨"，修建由咸阳通向燕齐和吴楚地区的驰道，以及由咸阳经云阳直达九原的直道；在西南地区修筑了"五尺道"，开凿沟通湘江和漓江的灵渠。

在文化思想方面，以秦国通行的文字为基础制定小篆，颁行全国。并利用战国阴

◆ 秦始皇像

◆ 阿房宫图

和人力，加深了人民的苦难。始皇三十七年，秦始皇巡游返至平原津得病。于是作书命长子扶苏送葬，并继嗣帝位。行至沙丘，秦始皇病死，结束了他的帝王生涯。

秦始皇完成了统一大业，建立了中央集权制度，统一了文字、货币、车轨、度量衡，筑长城、修灵渠，对后世影响深远，这都是他的丰功伟绩。但他实施暴行，刑法残酷，"焚书""坑儒"等，这都是他的过失。

阳家的五德终始说，以秦得水德，水色黑，终数六，因而规定衣服旄旌节旗皆尚黑，符传、法冠、舆乘等制度都以六为数。水主阴，阴代表刑杀，于是以此为依据加重严刑酷法的实施。始皇三十四年，下令销毁民间所藏《诗》、《书》和百家语，禁私学。后因求仙药的侯生、卢生逃亡，又牵连儒生、方士400余人，秦始皇将其全部坑杀于咸阳，史称"焚书坑儒"。

秦始皇即位后，派大将蒙恬率兵出击匈奴，还把战国时秦、赵、燕三国北边的长城连结起来，修筑西起临洮、东至辽东的万里长城。在征服百越地区后，设置桂林、象郡、南海等郡。始皇末年，秦郡数由统一之初的36郡增至40余郡，其版图"东至海暨朝鲜，西至临洮、羌中，南至北向户，北据河为塞，并阴山至辽东"。

秦始皇在统一六国之后，修建豪华的阿房宫和骊山墓，先后进行5次大规模巡游，在名山胜地刻石纪功，炫耀声威。为求长生不老之药，又派方士徐福率童男童女数千人至东海访求神仙等等，耗费了巨大的财力

延伸阅读

"皇帝" 称谓的缘由及象征

已经一统天下的秦王政，下令大臣们议称号。众臣认为，秦王政"兴义兵，诛残贼，平定天下"，功绩"自上古以来未尝有，五帝所不及"。他们援引传统的尊称，说"古有天皇，有地皇，有泰皇，泰皇最贵"，建议秦王政采用"泰皇"头衔。然而，秦始皇对此并不满意。他只采用一个"皇"字，而在其后加一"帝"字，创造出"皇帝"这个新头衔授予自己，"皇帝"从此成为中国古代国家最高统治者的称谓。

"皇帝"称谓的出现，反映了一种新的统治观念的产生。在古代，"皇"有"大"的意思，人们对祖先和其他一些神明，称"皇"。"帝"是上古人们想象中的主宰万物的最高天神。秦始皇将"皇"和"帝"两个字结合起来，说明了他想表示其至高无上的地位和权威是上天给予的，即"君权神授"；反映了他觉得仅仅是做人间的统治者还不满足，还要当神。可见，"皇帝"的称号，乃是神化君权的一个产物。

商人政治家——吕不韦

吕不韦，作为一个商人，他开创了商人从政的历史先河，甚至可以说他改变了中国历史。他任丞相，先后辅佐秦庄襄王和秦王嬴政十几年，使秦国保持强盛的势头，把东方六国远远甩在了后面，拉开了统一天下的大幕。

吕不韦（前292—前235），姜姓，吕氏，名不韦，卫国濮阳（今河南濮阳南）人。战国时代著名商人，战国后期秦国杰出的政治家、思想家，后来位及秦国丞相。

在古代，商人的地位是比较低的，是难登大雅之堂的。为了改变自己的地位，吕不韦决定弃商从政，以达到成为贵族的目的。

◆ 吕不韦像

作为商人的吕不韦，如果想在从政上取得成功，单纯靠拉关系、贿赂官员是很难取得重大成功的。因此，他决定把"奇货可居"的经商理论应用于政治权谋，直接从高层入手，孤注一掷，把秦国的质子异人作为自己进入上层的阶梯。又以五百金购珍宝献与当时受宠的华阳夫人，华阳夫人劝安国君嬴柱立异人为嫡嗣，改名子楚。在花费巨资包装质子的同时，吕不韦还大演美人计，把自己心爱的女人赵姬送质子异人为妻，以博得异人的欢心。

公元前251年，秦昭襄王嬴稷死后，安国君继秦王位，守孝一年后，加冕才三天就突发疾病去世了，谥号为孝文王。子楚继位，即秦庄襄王。公元前249年，任命吕不韦为丞相，封为文信侯，以河南洛阳十万户作为他的食邑。

三年后秦庄襄王病死，13岁的嬴政继位，即后来的秦始皇，尊吕不韦为"仲父"。在那时，魏国有信陵君，楚国有春申君，赵国有平原君，齐国有孟尝君，他们都礼贤下士，结交宾客，并在这方面要争个高

◆ 《吕氏春秋》书影

低上下。吕不韦认为秦国如此强大，理应事事强于诸国，所以他也招来了文人学士，给他们优厚的待遇，门下食客多达3000人。吕不韦命他的食客各自将所见所闻记下，综合在一起成为八览、六论、十二纪，共二十多万言。其中包括了天地万物古往今来的事理，号称《吕氏春秋》。并把它悬挂在咸阳的城门上，贴出告示：若有人增删一字，就给予一千金的奖励。

随着嬴政越来越大，吕不韦怕自己与太后私通之事败露，于是把自己的食客嫪毐伪装成宦官而进献给太后，嫪毐进宫后受到太后专宠。嬴政发现母亲赵氏与吕不韦、嫪毐有奸情，并且还听到自己是吕不韦儿子的说法，就先把嫪毐家三族人众全部杀死，又杀太后所生的两个儿子，并把太后迁到雍地居住。后将吕不韦发配到蜀地，吕不韦不能自安，最后饮鸩自杀。

吕不韦作为一名由商人跃上政治舞台的封建地主阶级的政治家，固然有他唯利是

图、贪求权势的阶级局限性，但是他的历史地位和历史功绩是不容抹杀的。两任秦国相邦，主持朝政，在政治、经济、军事、思想方面为秦统一创造了有利条件，打下了基础。他主持编写的《吕氏春秋》为封建大一统的理论作了新的探索。尽管他和秦始皇政见有所不同，又发生了激烈的权力冲突，但是事实说明秦始皇的统一与吕不韦的功业有不可分割的联系。总结其一生，他对秦统一天下所做的贡献是巨大的，无愧为中国古代杰出的政治家、思想家。

延伸阅读

成语典故之"奇货可居"

卫国的富商吕不韦经常往来于中原各地做买卖。一次他到赵国的都城邯郸去做买卖，巧遇在赵国做人质的秦国公子异人。吕不韦从商人角度看到了异人身上的价值，认为他是稀有的值得投资的"货物"。

回家后，吕不韦问父亲："农民种田，一年能得几倍的利益？""可得十倍的利益。"父亲回答说。"贩卖珠宝能得几倍的利益？""可得几十倍的利益。""要是拥立一个国君，能得几倍的利益？""那就无法算得清楚了。"于是吕不韦向父亲说起巧遇秦国公子异人的事，并表示要设法把他弄到秦国去做国君，做个一本万利的大买卖。父亲非常赞成。

在与异人密谋后，吕不韦立即带了大量财宝到秦国求见华阳夫人，说服她认异人为自己的亲生儿子，并通过她说服安国君派人将异人接回秦国。

后来，子楚如愿当上国君，他没有食言，让吕不韦享受10万户的纳税，并当上了丞相。自此，吕不韦所买下来的这个"奇货"，终于为他换得了无法估量的名利。

谋深如海——李斯

战国末期，群雄并起，诸侯争霸，秦国从七雄中异军突起，成为最强大的国家。李斯辅佐秦王嬴政，结束了分裂割据、诸侯混战的局面，统一了中原，建立了中央集权制国家。在秦始皇显赫一世的历史功绩中，李斯功不可没。

李斯（前280—前208），楚上蔡人。年轻时当过小吏，后拜荀子为师，学习帝王之术、治国之道。学业完成以后，他分析了当时的形势，认为"楚国不足事，而六国皆弱"，唯有秦国具备统一天下、创立帝业的条件，于是他决定到秦国去施展自己的才能与抱负。

公元前247年，李斯来到秦国，先在秦相吕不韦手下做门客，取得信任后，当上了秦王政的近侍。李斯利用接近秦王的机会，进献《论统一书》，劝说秦王抓紧"万世之一时"的良机，"灭诸侯成帝业"，实现"天下一统"。秦王政欣然接受了李斯的建议，先任命他为长史，后又拜为客卿，命其制定吞并六国、统一天下的策略和部署。

书谏逐客妒杀韩非

公元前237年，秦国宗室贵族以韩国水工郑国在秦搞间谍活动事件为借口，要求秦王下令驱逐六国客卿，李斯也在被逐之列。李斯在被逐离秦途中，写了《谏逐客书》，劝秦王收回成命。他在《谏逐客书》中列举大量历史事实，说明客卿辅秦之功，力陈逐客之失，劝秦王为成就统一大业，要不讲国别，不分地域，广纳贤才。秦王看了《谏逐客书》深受感动，立即取消了逐客令，并恢复了李斯的官职，不久又提升他当廷尉。

秦王欣赏李斯的同时，也十分喜爱韩非的才华。李斯害怕韩非对自己的前途不利，就向秦王讲韩非的坏话。他说："韩非是韩王的同族，大王要消灭各国，韩非爱韩不爱秦，这是人之常情。如果大王决定不用韩非，把他放走，对我们不利，不如把他杀

◆ 李斯像

掉。"秦王轻信李斯的话，把韩非抓起来。事后秦王向姚贾问起韩非的为人，因为韩非得罪过姚贾，他当然不会讲韩非的好话。在李斯和姚贾的串通下，韩非求生无路，只好吃了李斯送来的毒药，自杀而死。

政治功绩

李斯以卓越的政治才能和远见，顺应历史发展的趋势，辅助秦王政制定了吞并六国、实现统一的策略和部署，并努力组织实施。结果仅仅用了十年的时间，就先后灭了六国，于公元前221年建立了我国历史上第一个统一的、中央集权制的封建国家，第一次完成了统一大业。秦朝建立以后，李斯升任丞相，继续辅佐秦始皇，巩固秦朝政权，维护国家统一，在促进经济和文化的发展等方面屡建奇功。他建议秦始皇废除了造成诸侯分裂割据、长期混战的分封制，实行郡县制。把全国分为36郡（后增加到41郡），郡下设县、乡，归中央直接统辖，官吏由中央直接任免。在中央设三公、九卿，分职国家大事。这一整套封建中央集权制度，从根本上铲除了诸侯王国分裂割据的祸根，对巩固

◆ 李斯的书法

国家统一、促进社会发展起了积极作用。所以，这一制度在秦以后的封建社会里一直沿用了近两千年。

秦统一后，由于过去各诸侯国长期分裂割据，语言、文字有很大差异，对于国家的统一和经济、文化的发展极端不利。于是，李斯向秦始皇提出了统一文字的建议，并亲自主持这一工作，他以秦国文字为基础，废除异体字，简化字形，整理部首，形成了笔画比较简单、形体较为规范，而且便于书写的小篆，作为标准文字。他还亲自用小篆书写了一部《仓颉篇》，作为范本，推行全国。

公元前210年，秦始皇死后，李斯为保全自己的既得利益，附和赵高伪造遗诏，立少子胡亥为帝，赵高篡权后又施展阴谋，诬陷李斯"谋反"，将其腰斩于市，并夷灭三族。

延伸阅读

焚书坑儒

秦始皇三十四年（前213），博士齐人淳于越反对当时实行的"郡县制"，要求根据古制，分封子弟。丞相李斯加以驳斥，并主张禁止百姓以古非今，以私学诽谤朝政。秦始皇采纳李斯的建议，下令焚烧《秦记》以外的列国史记，对不属于博士馆的私藏《诗》《书》等，限期交出烧毁；有敢谈论《诗》《书》的处死，以古非今的灭族；禁止私学，想学法令的人要以官吏为师。此即为"焚书"。第二年，两个术士侯生和卢生暗地里诽谤秦始皇，并亡命而去。秦始皇得知此事大怒，派御史调查，审理下来，得犯禁者460余人，全部坑杀。此即为"坑儒"。两件事合称"焚书坑儒"。

开国名相——萧何

萧何是汉初一位具有卓越谋略的"镇国家、抚百姓"的治世能臣，一代名相，辅助汉高祖刘邦建立汉政权。他不论在战争期间，还是在汉初恢复时期，都表现出了中国古代杰出政治家的风度和治国才能，几千年来都被人们所称颂。

萧何（前257—前193），沛县人，年轻时任沛县功曹，平日勤奋好学，思想机敏，对历代律令很有研究，并好结交朋友，与刘邦是贫贱之交。刘邦当时只是一个小亭长，平时不拘小节，经常惹事。萧何就曾多次利用职权暗中袒护他，所以他们两个人的交情很好。

沛县起兵追随刘邦

公元前209年，陈胜、吴广起义。萧何和曹参、樊哙、周勃等人聚集商议，观察形

◆ 萧何像

势，并与早已起义的刘邦联系。当时的沛县令也想归附陈胜，为了保住官位，与萧何、曹参商议，共同起义。萧何建议赦罪并重用刘邦。他们就到芒砀山去找刘邦。当他们回到沛县后，县令却变卦扣押了萧何。刘邦知道后大怒，带兵打回沛县，杀了县令，救出了萧何，共谋大计。萧何向大家宣布，公推刘邦为县令。

深谋远虑收存典籍

公元前206年十月，刘邦率大军兵临咸阳城。萧何进入咸阳后，急如星火地赶往秦丞相、御史府，并派士兵迅速包围丞相、御史府，不准任何人出入。然后让忠实可靠的人将秦朝有关国家户籍、地形、法令等图书档案一一进行清查，分门别类，登记造册，全部收藏，留待日后查用。

萧何收藏的这些秦朝的律令图书档案，使刘邦对天下的关塞险要、户口多寡、强弱形势、风俗民情等了如指掌，对日后西汉政权的建立和巩固起到了巨大的作用，为建立汉朝制定正确的方针政策和律令制度找到了

◆ 金石镶嵌朱雀杯 西汉

可靠的根据，足见萧何的深谋远虑。

坐镇关中保障军饷

刘邦令萧何坐镇关中，安抚百姓，同时负责兵员和粮饷的筹措与补给，自己则率大队人马浩浩荡荡地向彭城进发。

由于几经战事，这时的关中已是满目疮痍，残破不堪。萧何留守关中后，马上安抚百姓，恢复生产，全力收拾关中的残破局面。他一方面重新建立已经散乱的统治秩序，另一方面对百姓施以恩惠，以定民心。他不仅颁布实施新法，重新建立统治秩序和统治机构，修建宫廷、县城等等，另外又开放了原来秦朝的皇家苑囿园地，让百姓耕种，减免租税。这样，由于萧何办事精明，施政有方，颁布利民法令，农业生产迅速得到恢复，建立了稳固的后方，保障了前线的需要。

开国首功位列三杰

刘邦称帝后，在洛阳南宫大宴群臣。

席间，觥筹交错，君臣共饮。刘邦显得特别高兴，他说："你们都说实话，我为什么能够夺取天下？项羽又为什么会失去天下？"群臣众说不一。刘邦最后说："你们只知其一，不知其二。运筹于帷幄之中，决胜于千里之外，我不如子房(张良)；镇国家、抚百姓、供军需、给粮饷，我不如萧何；指挥百万大军，战必胜，攻必克，我不如韩信。这三个人都是人中豪杰，我能用他们，所以能得天下。项羽只有一个范增还不能重用，因此最后败在我的手中。"其后，刘邦论功行赏，定萧何为首功，封他为酇侯，食邑最多。

布衣天子——刘邦

汉高祖刘邦是中国历史上一位杰出的军事家和政治家，他知人善任，推翻暴秦，消灭项楚，荡平群雄，统一中国，并加强了中央集权。作为汉朝开国皇帝，刘邦在位八年，政绩斐然。

刘邦(前256或前247—前195)，楚国沛丰邑中阳里(今江苏沛县)人。他出身农民家庭，排行第三，小号刘三。刘邦年轻的时候，好交游，爱饮酒，性格开朗，有大志向，就是不爱种田。后来被录用为沛县泗上的一个亭长，掌管一亭之内的治安和道路。他结交的好友如萧何、曹参，后来都成了他打天下的得力助手。当时，沛县来了一位吕公，是县令的贵客，全县大小官员都前往祝贺，负责收礼的萧何宣布说："送礼一千钱以内的坐堂下。"刘邦官小，工资微薄，这

◆ 汉高祖刘邦像

一天他根本就没带一分钱，他大呼一声"贺礼一万"，便大摇大摆地坐到贵宾席上去了，谈笑自若，气度非凡，引起了吕公注意。席散后，吕公叫刘邦留下来，与他交谈，认定他前程远大，不顾家中老妻反对，将女儿吕雉许配给了刘邦。

刘邦身为亭长，经常押解囚犯到京都咸阳。他看到秦始皇出行的威严气势，十分羡慕，感叹说："大丈夫应该这样呀！"在他的心里，隐隐有着富贵的梦想。

由于秦的暴政，天下老百姓都非常痛苦。陈胜、吴广在大泽乡揭竿而起，很快全国起义风起云涌。这时刘邦也拉起了900人的队伍，回到沛县，在萧何、曹参、樊哙等人的支持下，攻下县城，杀了县令，打起了拥陈诛秦的旗帜。但没有多久，陈胜失败了。项梁、项羽率军队从江东渡长江，进入山东，成了抗击秦军的主力。刘邦带兵去投奔项梁，与项羽拜了把兄弟。

公元前208年八月，刘邦和项羽决定分兵两路攻秦。刘邦带兵从河南西进入关破秦。项羽带领主力北上救赵，牵制秦军主

力。反秦将领们相约："先入关中的人做关中王。"

项羽作战英勇，孤身与秦军主力搏斗，在巨鹿城下大战秦军，一天九次激战，喊杀震天，终于打败秦军主力。但是项羽十分残暴，他的军队所到之处，经常烧杀抢夺，极大地失掉了民心。

与项羽相反，刘邦一路招抚降兵、安抚百姓。他趁项羽在河北与秦军主力决战的时机，乘虚而入，迂回进入咸阳，秦王子婴投降，秦王朝彻底灭亡了。刘邦下令与老百姓约法三章，杀人者偿命，伤人和盗窃的按罪处罚，秦朝的残暴法律全部废除。

项羽攻破函谷关，也进入关中，见刘邦势力越来越大，便想一举除掉刘邦。其时项羽的军队远远多于刘邦。危急时刻，刘邦带少数随从赶赴鸿门，向项羽请罪，鸿门宴上，总算骗得项羽信任，逃过了一劫。其后，项羽分封诸侯，自以为天下归一了。

后汉王刘邦乘项羽率楚军主力北上击齐之机，率诸侯联军攻楚。项羽随即率数万精兵远道奔楚，打败联军，几乎生擒刘邦。此后在长达三年的楚汉征战之中，项羽虽然几次击败刘邦，陷汉军于困境，但终因不度大势，不善于用人，缺乏全面谋略，被动应付，以致兵疲粮断，丧尽优势，后被汉军围困于垓下。项羽决战失利，自刎于乌江。

刘邦做皇帝后，为重建和稳定封建地主阶级的统治，采取了许多措施。在楚汉战争中，刘邦为了打败项羽，分封了一些异姓

◆ 刘邦气黥布

诸侯王。这些异姓诸侯王拥有强大的兵力，各据一方，大大削弱了中央政权的力量。西汉建立后，刘邦把韩信、彭越、英布等异姓诸侯王先后消灭了。当时，六国的旧贵族仍然是很强大的地方势力。刘邦把六国旧贵族和地方豪强十余万人口，全部迁到关中。这样，他们基本上被控制了。

西汉初年，正是长期战争之后，社会十分贫困，刘邦又实行休养生息的政策，让士兵复员生产，免除若干年徭役；让战争中流亡的人各归本土，恢复原有的田宅；把因饥饿卖身做奴隶的人释放为平民；减轻田租，规定十五税一，即每年征收田产的十五分之一。另外，他还命萧何以《秦律》为依据，制定《汉律》九章。这些措施，对于巩固中央集权，恢复社会经济，都有重大的作用。

公元前195年，刘邦在东征异姓诸侯王英布时，所受箭伤发作，并于这一年的四月病死于长安。

西楚霸王——项羽

项羽，楚国名将项燕之孙，中国古代起义军领袖，秦亡后自封西楚霸王。著名军事家，"勇战"派代表人物，是中国历史上的一名强悍武将，更是力能举鼎气压万夫的盖世豪杰。

项羽（前232—前202），名籍，字羽，下相（今江苏宿迁）人。楚国名将项燕之孙。楚亡后，他随叔父项梁流亡吴中（今江苏苏州）。

项羽身高八尺，力能扛鼎，年青时志向远大。公元前210年，秦始皇巡游路过吴中，大家都纷纷跑去看秦始皇的风采。项梁和项羽也在人群之中，项羽看着秦始皇前呼后拥、威风凛凛的样子，发出了"彼可取而代也"的豪言，令叔父对他刮目相看。

公元前209年，陈胜在大泽乡发动起义后，各地英雄纷纷响应，项梁和项羽也揭竿而起。项梁起义后，许多地方上的英雄纷纷率队伍投靠项梁，不久，他手下的士兵就达到了六七万人。

公元前207年，项羽为次将，随宋义率军救援被秦军围困的赵国军队。行至安阳，宋义只顾个人享乐，而士兵却忍冻受饿，项羽一怒之下，在帐中斩了宋义，并假楚王名义向军中命令："宋义与齐阴谋反楚，楚王密令我杀死他。"于是众人拥立他为上将军，接着项羽又派人杀了宋义之子。

项羽率兵救赵，此时赵王歇在秦将章邯和王离的进攻下，正处在危急之中。当时来救援的诸侯军有十几路，均不敢与秦军交战，只在营垒里作壁上观。项羽亲率主力渡过漳河，下令每人只带三天的干粮，沉没全部渡船，砸毁饭锅，以此向士兵表示要决一死战，决无生还之心。楚军人人死战，无不以一当十，终于九战九捷，大破秦军。此一战，项羽威震各诸侯国，成为诸侯上将军，各路诸侯都归他指挥，项羽骁勇善战的威名

◆ 项羽塑像

也传遍了天下。

公元前206年，项羽杀进咸阳，火烧秦朝宫殿，自称"西楚霸王"，分封刘邦为汉王，王汉中、巴蜀，企图限制刘邦势力的发展，使其不得东进。结果养虎为患，导致汉军势力日后卷土重来。

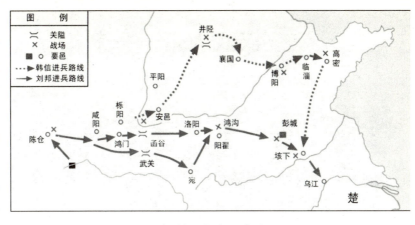

◆ 楚汉相争示意图

由于项羽分封不公，引起诸侯和功臣不满。先是田荣据齐反楚，项羽急忙率军讨伐，刘邦便乘隙东进。公元前208年八月，汉军从汉中潜出故道，打败项羽所分封的秦地三王，迅速东进，直抵阳夏（今河南太康）。接着，又乘项羽与齐军交战之际，一举攻入楚都彭城，项羽急忙率三万精兵还救彭城。

此时，刘邦仗恃兵多将广，麻痹轻敌。项羽军则收复失地心切，斗志旺盛。三万楚军在项羽率领下，出山东经胡陵（今山东鱼台东南）趋萧（今江苏萧县西北），直抵彭城汉军侧背。战斗从拂晓开始，楚军勇猛顽强，边打边冲。到了午时，已将汉军打得大败。楚军追到彭城东北的泗水，汉军纷纷落水，死者十余万。汉军向南方山地溃逃，楚军追击至灵壁（在今安徽省）以东的睢水上，又歼灭数十万人。刘邦只率数十骑逃出重围，连妻子吕雉和父亲刘太公都作了项羽的俘虏。彭城一战，项羽决策果断，迅速率精兵回救彭城，出敌不意，击溃汉军数十万之众，是战史上以少胜多的范例。

彭城之役后，项羽乘胜进军，在京邑、索亭间（荥阳西、南）同刘邦再战，结果被阻於荥阳以东。双方在成皋一带相持两年之久。这期间，刘邦采取了正确的作战方法，扼守成皋，在持久战中消耗对方实力，伺机反击。双方力量由此发生了根本变化，汉军由弱变强，项羽由强变弱。

汉高帝五年（前202），刘邦向项羽发动总攻，在垓下把楚军团团包围。此时，十万楚军已兵疲粮尽，士气低落。夜间又听到汉军在四面唱起了楚歌。项羽大为惊骇，便借酒浇愁，并慷慨悲凉地唱道："力拔山兮气盖世，时不利兮骓不逝。骓不逝兮可奈何，虞兮虞兮奈若何？"唱罢飞身上马，带领800骑突围南去。到东城（今安徽定远东南）只剩28人，项羽想东渡乌江重整旗鼓，又觉无颜见江东父老，遂横剑自刎而死，年仅31岁。

汉武大帝——刘彻

汉武帝刘彻(前156—前87)，初名彘，字通，是我国历史上与秦始皇并称为"秦皇汉武"的一位非常有作为的封建君主。刘彻不足弱冠而登基，在位54年，执政期间以勇武大略而震撼天下，造就了大一统的汉王朝，成就了中国封建王朝的第一个鼎盛时期。

汉武帝是汉景帝刘启的第十个儿子，三岁时被封为胶东王。他的姑母刘嫖和景帝同出于文帝窦后，嫁给陈午后，生下女儿阿娇，她很想将阿娇嫁给刘彻，更希望刘彻能继承帝位。于是，她经常在景帝面前说太子刘荣生母栗姬的坏话。栗姬心里很清楚这种处境，但她是个非常刚烈的女人，为此对景帝也出言不逊，终于触怒景帝，于是将太子贬为临江王，栗姬悲愤自杀，六岁的刘彻

◆ 汉武帝像

被封为太子。有一次，刘嫖问刘彻："把阿娇嫁给你做妻子，怎么样？"刘彻大声说："如果把阿娇嫁给我，我就用金屋把她藏起来。"这就是"金屋藏娇"典故的来历。

刘彻16岁那年，景帝驾崩，他继承了帝位。

汉武帝是一个很有作为的君主。经过汉初六七十年的生产，西汉政府积聚了大量的财富。在这个基础上，他在政治、经济、军事和文化等各个方面，都实行了许多措施，使汉王朝出现空前的繁荣景象。

他进一步削弱地方势力，加强中央集权。他颁布了推恩令，准许诸侯王把自己的封地再分给子弟，建立侯国。一个王国分出许多小侯国，直属的领地就小了，再没有力量对抗中央。又借口诸侯贡献的黄金质量低劣，夺去了许多诸侯的爵位与土地。他把郡国划为十三部(州)，每部设刺史一人，巡视监察官吏和豪强，以加强中央对地方的控制。他还在宫廷内设立一个处理文书的机构，直接处理大臣们的奏章，操持权柄，以

削弱丞相的职权。这样，君主专制就进一步加强了。

汉武帝在政治上加强中央集权的同时，又在经济上采取一系列措施，加强朝廷的地位和权力。他把铸币权收归中央，铸造新的五铢钱，通行全国，严禁地方和私人铸钱。又把盐铁收归官营，在指定地区设官，专卖盐铁。另外，他又设法调剂运输和平抑物价。各郡都设立均输官，负责收购和运输货物，调剂有无。京城设立平准官，负责平抑物价。这样，朝廷就掌握了大批物资，并从商人手里夺取了大量利润。他还采取直接剥夺商人的措施，对商人加重征税。商人有财产不呈报或以多报少，罚戍边二年，财产没收。通过这些经济措施，国家财政收入大大增加，地方豪强势力在经济上受到了很大的打击，封建专制主义中央集权的政治制度得到了经济上的保证。

在农业方面，汉武帝注意兴修水利，发展农业。当时兴修的水利工程，著名的有龙首渠、六辅渠、白渠等。他调集了几万民工，治理黄河决口。还亲自到工地视察，命令将军以下的官员和随从，都去背木材堵塞决口。这些水利工程的建成，大大减少水旱灾害，有利于农业生产的提高。同时，他又任用赵过为搜粟都尉，改进农具和耕作方法，提高农作物的产量。

在军事方面，他任用卫青、霍去病为将，多次向匈奴发动大规模的出击，解除了匈奴对汉王朝的威胁，保障了边境地区人民的安居生产。为了战胜匈奴，他又两次派张骞出

◆ 武帝茂陵

使西域，加强了对西域地区的控制和联系。

在学术文化方面，他接受儒生董仲舒提出的"罢黜百家，独尊儒术"的建议，使儒家思想逐渐成为封建社会的统治思想。这在历史上起过一定的作用。西汉王朝盛世的到来，和汉武帝推崇的这项措施有直接的的联系。

汉武帝一生叱咤风云，运筹帷幄，在帝王事业上屡立丰碑。而其晚年生活暗淡，在寂寞、猜忌、疑虑、不安与自责中结束了波澜壮阔的一生。

延伸阅读

汉武帝的历史性首创

1. 汉武帝是第一位使用年号的皇帝，于公元前113年创建了年号，先是六年一个年号（前140—前104），后来四年一个年号（前104—前87）。

2. 汉武帝是第一位在统一的国家制定、颁布太初历的皇帝，以正月为岁首这一点，一直沿用到现在。

3. 汉武帝时期写出了我国第一部纪传体的史书《史记》，对后世的史学产生了巨大影响。

4. 汉武帝派张骞通西域，打通了丝绸之路，促进了中、西双方的经济、文化交流。这在中国历史上属首次。

5. 汉武帝独尊儒术，以儒家思想作为国家的统治思想始于此。

神机妙算——诸葛亮

诸葛亮是三国时期蜀汉杰出的政治家、军事家、战略家、外交家，他是一位家喻户晓、妇孺皆知的历史人物，忠义、智慧，历来在百姓心中位置如神。

诸葛亮(181—234)，字孔明，号卧龙先生。诸葛亮于汉灵帝光和四年(181)出生于琅琊郡阳都县(今山东沂南县)的一个官吏之家。诸葛氏是琅琊的望族，先祖诸葛丰曾在西汉汉元帝时做过司隶校尉(卫戍京师的长官)。诸葛亮父亲诸葛珪，字君贡，东汉末年做过泰山郡丞。

诸葛亮9岁母亲张氏病逝，12岁丧父，与姐姐以及弟弟诸葛均一起跟随由袁术任命为豫章太守的叔父诸葛玄到豫章赴任。

叔父诸葛玄病逝后，诸葛亮和姐弟失

◆ 诸葛亮像

去了生活依靠，便移居南阳，17岁的诸葛亮与友人徐庶等从师于水镜先生司马徽。后在隆中隐居，广交江南名士，其智谋为大家所公认，有匡天下之志。他密切注意时局的发展，所以对天下形势了如指掌，人称"卧龙"先生。

出山之前的《隆中对》

经人推荐，刘备亲自前往卧龙岗拜访诸葛亮，去了三次才见到(史称"三顾茅庐")。刘备叫其他人避开，对诸葛亮提问道："汉室倾颓，奸臣窃命，主上蒙尘。孤不度德量力，欲信大义于天下，而智术浅短，遂用猖獗，至于今日。然志犹未已，君谓计将安出？"

诸葛亮遂向刘备陈说了三分天下之计，分析了曹操不可取、孙权可作援的形势；又详述了荆、益二州的州牧懦弱，有机可乘，而且只有拥有此二州才可争胜天下；更向刘备讲述了攻打中原的战略。诸葛亮这些论述后世称之为《隆中对》。刘备听后大赞，力邀诸葛亮出山相助。于是诸葛亮步入仕途。

出山之后的功绩

诸葛亮一生的功绩大致可分为三个阶段。

第一阶段是从出山至入川前。这一阶段，诸葛亮主要表现的是自己的外交能力。尤其是他在赤壁之战中的游说，使得孙刘结成同盟。诸葛亮在孙权面前谈论战事时的精细，与当时东吴大都督周瑜、参军校尉鲁肃等人的不谋而合，说明他对这场战争看得很清楚，诸葛亮确有军师之才。

第二阶段是诸葛亮入川到白帝城托孤。这一阶段诸葛亮主要表现的是自己出色的治政能力。可以说，蜀国在诸葛亮死后还能撑一段时间，和这一阶段诸葛亮对西川的治理有关。这一阶段，刘备先后屯兵于公安和阳平关，成都的全部内政都交给了诸葛亮。和演义中不同，汉中之战以及此前的定军山之战，诸葛亮都没有参与，他一直守在成都。

第三阶段是刘备死后到诸葛亮病逝，这一阶段，诸葛亮的精力已经由内政转向了军事。

诸葛亮的发明

1.木牛流马

"木牛流马"使得蜀兵能在险恶的蜀道上迅速行军，对当时的军粮运输有很大的贡献。

2.八阵图

诸葛亮为了提高蜀军的战斗力，将古代的"八阵"加以变化，成了后世所说的"八阵图"。八阵图纵横各八行，用辐车作为主要掩体，以鼓声和旗帜等指挥军队，可以变化许多阵法。

3.连弩

类似架设在兵车上的武器，是一种可

◆ 三顾茅庐图

以连续发射的弓箭，在当时是很有威力的武器，是诸葛亮根据旧有的技术所制成的。

4.孔明灯

诸葛亮发明的一种用来向救兵传递信息的空飘灯，也是热气球的起源。

建兴十二年（234）二月，诸葛亮于北伐途中在五丈原（今陕西岐山南）病故，谥曰忠武侯。

延伸阅读

诸葛亮丑妻——黄月英

黄月英为沔阳名士黄承彦之女，黄承彦以女儿有才识向诸葛亮推荐，请求配婚，诸葛亮答应后遂与黄月英结为夫妻。相传黄月英黄头发黑皮肤，容貌甚丑，但知识广博。诸葛亮发明木牛流马，相传就是从黄月英传授的技巧上发明出来。荆州一带的特产，相传部分也由黄月英所制造或发明。现今襄樊一带，还可以听到很多关于诸葛亮与黄月英的动人传说。

旷世枭雄——曹操

曹操一生顺应时代潮流，统一北方，创立魏国，抑制豪强，发展生产，实行屯田制，还督促开荒，推行法制，提倡节俭，使遭受大破坏的社会开始稳定、恢复、发展。史书称之为"清平之奸贼，乱世之英雄"。

曹操（155—220），字孟德，沛国谯（今安徽亳州）人。出生于一个显赫的官宦家庭。东汉末年杰出的政治家、军事家、文学家、诗人。

年轻时期的曹操机智警敏，有随机权衡应变的能力，而任性好侠、放荡不羁，不修品行，不研究学业，所以社会上没有人认为他有什么特别的才能，只有梁国的桥玄等人认为他不平凡。桥玄对曹操说："天下将乱，非命世之才不能济也，能安之者，其在君乎！"

曹操于汉末黄巾时显露头角，后被封为西园八校尉之一，参与了天下诸侯讨伐董卓的战争。董卓死后，独自发展自身势力，纵横乱世，南征北战，先后战胜了吕布、袁术，并接受了张绣的投降。公元200年，曹操在官渡（今河南中牟县东北）以少胜多挫败河北袁绍；公元201年在仓亭（今河南管县东北）再次击破袁绍大军，并于207年北伐三郡乌桓，彻底铲除了袁氏残余势力，基本统一了中原地区。208年，曹操成为东汉政权丞相，南征荆州刘表，十二月于赤壁与孙刘联军作战失利。211年七月，曹操领军西征击败了以马超为首的关中诸军，构筑了整个魏国基础。公元212年又击败了汉中张鲁，至此，三国鼎立之势基本成型。公元213年，汉献帝派御史大夫郗虑册封曹操为魏王，于邺城建立魏王宫铜雀台，享有天子之制，获得"参拜不名、剑履上殿"的至高权力。公元220年，曹操于洛阳逝世，享年66岁，谥号"武王"，死后葬于高陵。曹操一生未称帝，他病死后，曹丕继位后不久称

◆ 曹操像

帝，追谥为"武皇帝"。

曹操的政治功绩

曹操在北方屯田，兴修水利，解决了军粮缺乏的问题，对农业生产恢复有一定作用；用人唯才，打破世族门第观念，罗致地主阶级中下层人物，抑制豪强，加强集权。所统治的地区社会经济得到恢复和发展。黄河流域在曹操统治下，政治有一定程度的清明，经济逐步恢复，阶级压迫稍有减轻，社会风气有所好转。

曹操一生以"安民定天下"为己任，以齐桓公、晋文公为榜样。但曹操对自我有着许许多多的自卑和不安全感，信奉"宁我负人，毋人负我"的人生哲理，所以个性极为猜疑和残忍，行为复杂多变，

◆ 曹操三道求贤令木雕

令人难以捉摸。

曹操的文学成就

在文学方面，曹操父子形成了以"三曹"（曹操、曹丕、曹植）为代表的建安文学，史称"建安风骨"。曹操善诗歌，如诗歌《蒿里行》《观沧海》等抒发自己的政治抱负，诗中反映汉末人民苦难的生活，气魄雄伟，慷慨悲凉，在文学史上留下了光辉的一笔。

◆ 官渡之战示意图

延伸阅读

得人心者得天下

官渡之战之后，曹操缴获了袁绍大量的图书、资料、文件、书信等，发现其中有自己的人写给袁绍的信。按照一般人的反应，这是通敌、背叛的证据，应该拿出来，一个一个按图索骥，把那些叛徒、异己清除掉。曹操没有拆信，也没有看内容，而是将书信全部烧毁。当时很多人不理解，就问曹操，为什么把这么重要的证据都毁掉了。曹操很清楚，他是以弱胜强，老实说，自己心里都没底，何况大家呢？这勾结袁绍的人又不是一个两个、三个五个，可能是几十个、上百个，可能都清算不过来，何必要清算呢？

曹操很会装糊涂，装糊涂才能宽容人，宽容人才能得人心，得人心才能得天下。

东吴雄主——孙权

孙权是三国时期最重要的历史人物之一，在推动三国鼎立局面的形成过程中，起着至关重要的作用。孙权还是中国历史长河中屈指可数的有作为的帝王之一，在内政、外交、军事、经济等各个方面都有卓越的建树。

孙权（182—252），字仲谋，吴郡富春（今浙江富阳）人，是东吴政权的开国皇帝。

传说，孙权的母亲吴氏夜晚梦见红日东升，黄龙入体，不久就生下了孙权。孙权的父亲孙坚原来只是一县的小吏，黄巾起义爆发后，他招募兵勇千余人拥兵自守，升为别部司马，继为长沙太守，曾依附袁术巩固势力，192年在与刘备作战中中箭身亡。孙坚的长子，当时年仅17岁的孙策以孙坚旧部为基础占据江

◆ 阎立本《历代帝王图》中的吴主孙权像

东，不到十年时间便削平江东各方割据势力，成为江东霸主。孙策非常喜欢弟弟孙权，经常把他带在身边。公元200年，孙策被刺，18岁的孙权便成为了江东的新主人。

孙权的一个长处是"好侠，养士"，能好侠，就会义声远播；能养士，就有士肯出死力。孙权继承了孙策的基业之后举贤任能，把父亲的旧部下、哥哥的部下及好朋友都团结在一起，并很快赢得了部下的支持，使江东名士张昭、周瑜、鲁肃、程普、太史慈等对他"委心而服事焉"，因此很快稳定了东吴的局势。

在当时混乱的局面下，每一个稍有能力割据一方的势力都想得到扩充。北方的曹操、襄阳的刘表、盘踞蜀地的刘备以及孙权都在明争暗夺。但是刘表无能，举措失宜，所以地位不稳。其他三家都将目光投向了他。建安十三年（208），孙权一举灭掉刘表的江夏太守黄祖。但未等孙权对刘表用兵，曹操已率大军袭襄阳，继承刘表的刘琮不战而降，荆州被曹操占领。接着，曹操从江陵顺江东下，图谋一举消灭孙权，席卷江

东。出发前，他写信恫吓孙权说："今治水军八十万众，方与将军会猎于吴。"对此，年仅26岁的孙权显露出他的足以与曹操、刘备并称无愧的政治家的才干。当他听了东吴内部主战派和主降派七嘴八舌的辩论以后，"拔刀砍前奏案曰：'诸将吏敢复有言当迎操者，与此案同！'"这是何等的气魄！也正因为他有抗曹的巨大决心，在各方面又处置得宜，因而才取得了在赤壁之战中以孙、刘五万联军大破二十多万曹军的奇迹。从而形成了三分天下、三足鼎立的局面。

219年，孙权夺取了荆州，袭杀了蜀国大将关羽，次年又在彝陵之战中大败刘备，控制了长江中下游地区。229年，孙权趁魏明帝年轻、吴国与蜀汉关系较好的时机称帝，改元黄龙。

孙权在开展军事、外交活动和扩大地盘的同时，还注重发展生产、富国强兵。他的另一大历史功绩就在于对江南的开发。

东汉以前，江南经济虽有进步，但还相当落后。东吴政权是在江南建立的第一个大政权，它的规模和实力，要远超过秦以前的吴、越、楚，而足以与北方的曹魏和西南的蜀汉相抗衡。为了维持这个大政权，需要相应的人力、文化、技术和经济条件，这对江南的开发是有利的。

孙权接替孙策主事不久就开始推行屯田制度，他还兴修水利，开凿了几条运河，使江南地区的农业、手工业、商业和航海业有了长足的进步，促进了我国经济重心由北向南的转移。另外，孙权在称帝之前就在交州和广州设立郡县，242年又派兵攻占海南岛，此

◆ 赤壁的周瑜雕像

间还发兵横渡海峡到达台湾岛，基本上统一了江南地区。

东吴在孙权统治时期，始终保持着较强的实力，成为三国中延续时间最长、最后一个灭亡的政权，连同时期著名的政治家曹操也感叹道："生子当如孙仲谋！"

延伸阅读

孙权"草船借箭"

在《三国演义》里，罗贯中写了诸葛亮"草船借箭"，其实这是作者为诸葛亮锦上添花，历史上真正"借箭"的，是孙权。"借箭"的时间是赤壁之战四年多之后。曹操为了报仇而率军南下，进攻濡须口。一天，孙权亲自乘坐战船，深入曹营，来到前方视察。曹操下令弓箭手射箭，一时万箭齐发，矢下如雨。不一会儿，孙权的舰船上便射满了箭。因受箭的一面偏重，船体渐渐倾斜，眼看就要翻覆，孙权急忙下令把舰船调转身来，用另一面受箭。等到舰船的两面被射上差不多数量的箭后，船体又恢复了平衡，孙权满载而归。由此看来，孙权的"借箭"，完全是在紧急情况之下采取的一种急中生智的应变手段。但这种客观的"借箭"效果，正好反映了孙权卓越的军事才干和临危不惧的指挥能力。

忠义之君——刘备

刘备一生的大部分时间是在战争环境下度过的，可谓鞍马劳顿，倥偬数十载，终于成就大业。作为三国时期的蜀国皇帝，他在中国历史上留下了深刻的足迹。

三国时代，曹操、刘备、孙权都是杰出的政治家。若论他们的德行、品格，曹、孙则远远不如刘备。刘备立身处事所表现出的品格特点，虽属于中国传统的政治思想理念范畴，但作为政治家的品格而言，至今仍不失为一面光亮的镜子。

刘备（161—223），字玄德，河北涿县人，三国时期著名的军事家、政治家。蜀汉

◆ 阎立本《历代帝王图》中的蜀主刘备像

王朝的建立者。

据说，刘备是汉景帝之子中山靖王刘胜的后代。刘胜之子刘贞，西汉元狩六年（前116）被封为涿县陆城亭侯，因为不及时向皇帝缴纳贡金，失去侯爵之位，于是家道中落，世代成为涿县人。

刘备少年丧父，家境贫寒，与母亲贩鞋织席为生，虽然处境艰难，但他却胸怀大志，对前途充满了憧憬和希望，他坚信终有一日能够摆脱贫困，干一番大事业。小时候，家中有株大桑树，遥望如同车盖，刘备与同宗族中的小孩在树下玩耍时说："我一定会坐有羽饰华盖的车。"叔父刘子敬听到后，当下斥责他："不许胡说，你想招来灭门之祸吗？"可见其志不在小。

刘备平时不大讲话，喜怒不形于色，但很善于接近他人。由于他喜欢结交天下豪侠，所以周围聚集了包括关羽、张飞在内的一批有作为的青年人。

东汉末年，朝政混乱，百姓不堪其苦。张角领导黄巾起义军趁势而起。188年，刘备与关羽、张飞在涿县组织起了一支地方武

◆ 汉昭烈帝刘备之墓

装，加入东汉王朝扑灭黄巾起义军的战争，史料记载他"数有战功""有武勇"。战争结束后，刘备建立了正规武装力量，任平原相（县令）。196年升任徐州牧，官拜镇东将军，封宜城亭侯。徐州被吕布攻占后改任豫州牧。

在东汉末年的军阀混战中，刘备集团的力量相对较弱，又无稳定的根据地，一直处于颠沛流离的境地，曾经一度寄居于大军阀曹操、袁绍、刘表之下。但刘备为人的品质和品格方面符合中国传统的政治思想理念，所以所到之处都深受礼遇和尊敬。而且，他的这种政治品格也使他能够将一大批优秀的政治、军事人才收为己用，最典型的范例就是诸葛亮。

建安十二年（207）末，徐庶拜见刘备，刘备非常器重他。徐庶就向刘备举荐了诸葛亮。三顾茅庐之后，诸葛亮向刘备献上了隆中对。刘备按照诸葛亮的战略方针：占荆州、联孙吴、退曹兵、入四川，最后在221

年，以汉室之正宗后裔的身份于成都称帝，建立蜀汉王朝，疆土包括今四川及云南、贵州北部、陕西旧汉中府一带。刘备对诸葛亮始终非常爱惜、尊重。

刘备作为一个优秀的政治家、军事家，他的优点是多方面的，如爱民爱才、宽厚仁义、知人善任，待人公正真诚等。《三国志》评论刘备："先主之弘毅宽厚，知人待士，尽有高祖之风，英雄之器焉。及其举国托孤于诸葛亮，而心神不二，诚君臣之圣公，古今之盛轨也。机权干略，不逮魏武，是以基宇亦侠，然折而不挠，终不为下看，抑揆彼之量，必不容己，非唯竞利，且以避害云尔。"

223年，蜀国在刘备执意要为关羽报仇而发动的对吴战争中失败。同年四月，刘备在白帝城（今重庆奉节）病逝，谥号为"昭烈"。

延伸阅读

《三国演义》尊刘贬曹

《三国演义》是元末明初的罗贯中在民间传说和民间艺人创作的话本、戏曲的基础上，运用了陈寿的《三国志》和裴松之注的正史材料，结合自己丰富的生活经验写成的。原名《三国志通俗演义》，也称《三国志演义》，是我国第一部章回小说，也是我国最有代表性的长篇历史演义小说。

《三国演义》从东汉灵帝中平元年（184）黄巾起义写起，到西晋武帝太康元年（280）全国统一为止，前后共97年。它描述了三国时期纷繁的事件和众多的人物，广泛地反映了当时的社会生活。

《三国演义》一书中"尊刘贬曹"的思想倾向十分鲜明。它贯穿于整个小说的始末，特别表现在对刘备、曹操两大集团代表人物形象的塑造中。作者以儒家道德思想为核心，糅合民众情感，不仅反映出封建正统观念对统治权威的影响，更表现了复杂的时代背景和民族文化背景影响下，人民政治上向往"仁政"，人格上注重道德的价值观念。

第一谏臣——魏征

魏征，敢言他人所不敢言之言，而且不达目的不罢休，创了历史上君"畏"臣之先例，树了历代君臣关系的典范。魏征曾向太宗面谏50次，呈奏11件，一生谏诤多至"数十万言"，其次数之多、言辞之激烈、态度之坚定，在中国历史上无人能出其右。

魏征（580—643），字玄成，馆陶（今河北馆陶）人，一说巨鹿下曲阳（今河北晋县）人。唐初政治家。少时丧父，家贫，但胸有大志，喜好读书，曾出家为道士。隋末参加李密的瓦岗军起义。后随李密归唐，又为窦建德俘获，任起居舍人。窦建德死后，他为李渊太子李建成信重，任太子洗马。玄武门之变后，李世民即位，喜欢他直率，擢为谏议大夫。他为太宗参谋国事，遇事进谏，所提意见贯穿一条"居安思危、节奢以俭"的主导精神，对太宗贞观年间的政治裨益很大。

魏征犯言直谏

1. 直谏军事

有一次，唐太宗鉴于兵源短缺，下诏征用不到参军年龄的男丁入伍。当诏令转到门下省时，魏征竟拒诣意而不签字。太宗大怒，直斥道："朕意已决，事与汝何干？"

魏征回道："竭泽而渔，明年无鱼；焚林而猎，明年无兽。中男充军，租赋杂徭下降，更何况兵不贵多而贵精，毋须凑数。"唐太宗沉吟半晌，下令停止征兵之事，还赏魏征一口金瓮。

2. 直谏家事

贞观八年，长孙皇后替唐太宗找来了一位才貌出众的女子郑氏为嫔妃，正要纳入宫中，魏征毅然劝阻，道："此女子已与陆氏订有婚约，皇帝不抢民女，勿坏人家好事，愿皇上体恤百姓之苦。"但是，其余大臣则称陆郑之间本无什么婚约，而陆氏亦上

◆ 魏征像

表否定婚约一事。魏征清楚简单地说："陆氏否定此事，是避杀身之祸，不得已才这么做。"太宗不愿再纠缠，于是取消纳郑氏为妃之事。

3．直谏政事

贞观八年，皇甫德参上书道："修东宫洛阳，劳民伤财。地租收取过多。妇女喜梳高髻，宫中所化。"太宗怒道："德参要大唐不役一人，不收斗租，宫人无发，就心满意足。"魏征谏道："上书不偏激不能动主人心，狂夫之言，择善而从。陛下因不再爱听直言而发怒，没了以往胸襟。"太宗听了魏征的谏言，转怒为喜，还升了皇甫德参为监察御史。

唐太宗对魏征的评价

贞观十六年（642），魏征染病卧床，唐太宗派人探望。魏征一生节俭，家无正寝，唐太宗立即下令把为自己修建小殿的材料，全部为魏征营构大屋。公元643年，魏征病逝家中。太宗亲临吊唁，痛哭失声，说："夫以铜为镜，可以正衣冠；以史为镜，可以知兴替；以人为镜，可以明得失。我常保此三镜，以防己过。今魏征殂逝，遂亡一镜矣。"并亲书碑文。魏征葬礼按其遗愿，极其简单。

魏征死后

因魏征曾经举荐过先后被黜戮的中书侍郎杜正伦和吏部尚书侯君集，称赞他们有宰相之才，李世民便怀疑魏征私结朋党。加之又有传闻，说魏征生前曾自录下给皇帝的谏

◆ 魏征书法

词，给当时记录历史的官员褚遂良观看，李世民更加火冒三丈。他不仅取消了衡山公主许配魏征长子魏叔玉的婚约，而且在魏征死后半年尸骨未寒之际，下令推倒了魏征的墓碑。

贞观十八年初，李世民君臣在商议是否对高丽用兵时，再次提到已经去世一年多的魏征。李世民自负地说，魏征生前劝他不要东征高丽是个错误，事后他很快后悔了。之所以没有再提这件事，主要是怕堵塞进言渠道。李世民东征高丽失败后，耳边重又响起自己大言不惭地批评魏征的话，不得不对群臣说出了"如果魏征在，决不会让我有今天"的反省话，一边承认错误，一边又下令重修了魏征墓，并且让魏征的儿子承袭了国公的爵位。

政治明君——李世民

　　李世民在位23年间国泰民安，社会安定，经济发展繁荣。他积极听取群臣的意见，努力学习文治天下，成功转型为中国历史上最出名的政治家与明君之一，为后来的"开元盛世"奠定了重要的基础。后人称他的统治为"贞观之治"。

　　李世民（599—649），陇西成纪（今甘肃省静宁县）人，祖籍赵郡隆庆（今邢台市隆尧县）。唐朝第二代皇帝，中国封建社会卓越的政治家，伟大的军事家，著名的书法家和诗人。

　　唐太宗出生于贵族之家，是唐高祖李渊与窦皇后的次子。隋炀帝杨广大业末年，李世民随父在晋阳。当时农民起义风起云涌，力量日益壮大。李渊、李世民父子看到隋朝将亡，遂于大业十三年（617），在晋阳起兵，接着南攻霍邑（今山西霍县），西渡黄河，攻取长安（今陕西西安）。太原起兵之初，李渊以长子李建成为陇西公，左领军大都督，统左三军；李世民为敦煌公，右领军大都督，统右三军。

　　攻克长安后，李渊立隋炀帝孙代王杨侑为帝，改元义宁，是为恭帝。恭帝进封李渊为唐王，以李建成为唐王世子；李世民为京兆尹，改封秦国公；封李元吉为齐国公。义宁二年（618），李世民徙封赵国公。三月，隋炀帝被杀。五月，李渊即位，国号唐，建元武德，是为唐高祖。李渊以李世民为尚书令。不久，又立李建成为皇太子，封李世民为秦王，李元吉为齐王。

玄武门之变

　　据说太原起兵是李世民的谋略，李渊曾答应他事成之后立他为太子。但天下平定后，李世民功名日盛，李渊却犹豫不决。李

◆ 唐太宗像

建成随即联合李元吉，排挤李世民。李渊的优柔寡断，也使朝中政令相互冲突，加速了诸子的兵戎相见。

这一年，李建成向李渊建议由李

◆ 晋祠铭 唐 李世民

元吉做统帅出征突厥，借此要把握住秦王的兵马，然后趁机除掉李世民。李世民在危急时刻决定背水一战，先发制人。武德九年（626）六月四日，李世民率秦府幕僚长孙无忌、尉迟敬德等，在宫城的北面玄武门内，一举杀死了太子李建成和四弟齐王李元吉。两天以后，唐高祖下诏将李世民立为太子。八月，唐高祖禅位而为太上皇，李世民登上帝位，是为唐太宗。第二年年初，唐太宗改元贞观。

贞观之治

唐太宗李世民在位23年，使唐朝经济发展，社会安定，政治清明，人民富裕安康，出现了空前的繁荣。唐太宗吸取隋朝灭亡的教训，非常重视百姓的疾苦。他说："民，水也；君，舟也。水能载舟，亦能覆舟。"太宗即位之初，下令轻徭薄赋，让老百姓休养生息。唐太宗爱惜民力，从不轻易征发徭役。

唐太宗轻徭薄赋、以民为本的思想，广开言路、虚怀纳谏的胸襟，重用人才、唯才

是任的准则，铁面无私、依法办事的气度，构成了贞观之治的基本特色，成为封建治世最好的榜样。唐朝在当时与西方的国家相比，无论在政治、经济还是文化上都走在世界的前列。由于唐太宗在位时年号为贞观，所以人们把他统治的这一段时期称为"贞观之治"。这一时期也是我国历史上最为璀璨夺目的时期。

延伸阅读

鹞死怀中

一天，唐太宗得到一只雄健俊逸的鹞子，他让鹞子在自己的手臂上跳来跳去，正赏玩得高兴时，魏征进来了。太宗怕魏征看到又要提意见，回避不及，赶紧把鹞子藏到怀里。这一切早被魏征看到，他禀报公事时故意喋喋不休，拖延时间。太宗不敢拿出鹞子，结果鹞子被憋死在怀里。

由此事可见魏征的直言善谏，当然也可知唐太宗的气度胸怀。

第一讲 政治名人定天下

唯一女皇——武则天

武则天是我国历史上第一位、也是唯一的一位女皇帝，她既有容人之量，又有识人之智，还有用人之术，前后执政近半个世纪，上承"贞观之治"，下启"开元盛世"，史称"贞观遗风"。她的历史功绩，昭昭于世，是封建时代杰出的女政治家。

武则天（624—705），并州文水（今山西文水东）人，于唐高祖武德七年（624）生于长安。其父武士彟以经营木材为业，家境殷实，富有钱财。武则天从小性格强直，不习女红，唯喜读书，故知书达礼，深谙政事。

贞观十一年，唐太宗听说年轻的武则天长得明媚娇艳，楚楚动人，便将她纳入宫中，封为五品才人，赐号"武媚"，故称武媚娘。

◆ 武后步辇图

贞观十七年，太子李承乾被废，晋王李治被立。此后，在侍奉太宗之际，武则天和李治相识并产生爱慕之心。唐太宗死后，武则天依唐后宫之例，入感业寺削发为尼。永徽元年，唐高宗在太宗周年忌日入感业寺进香之时，又与武则天相遇，两人相认并互诉离别后的思念之情。这时，由于无子而已失宠的王皇后看在眼里，便主动向高宗请求将武则天纳入宫中，企图以此打击受宠的萧淑妃。唐高宗早有此意，当即应允。永徽二年，唐高宗的孝服已满，武则天便再度入宫。次年五月，被拜为二品"昭仪"。

弘道元年，唐高宗病逝，临终遗诏：太子李显于枢前即位，军国大事有不能裁决者，由武则天决定。李显即位，是为唐中宗。武则天被尊为皇太后。

武则天称帝

武则天谋夺李唐的社稷，翦除唐宗室。僧人法明等撰《大云经》四卷，指则天后是弥勒佛下世，当代唐为天下主，武后下令颁

中华文化公开课 文化名人六讲

行天下。命两京诸州各置大云寺一所，藏《大云经》，命僧人讲解，并提升佛教的地位在道教之上。侍御史傅游艺率关中百姓九百人上表，请改国号为周，赐皇帝姓武。于是百官及帝室宗戚、百姓、四夷酋长、沙门、道士共六万余人，亦上表请改国号。武后准所请，改唐为周，改元天授。武后称圣神皇帝，以睿宗为皇嗣，赐姓武氏，以皇太子为皇孙。立武氏七庙于神都，追尊周文王为始祖文皇帝。立武承嗣为魏王，武三思为梁王，其余武氏多人为王及长公主。

武则天的政治功绩

1．打击了保守的门阀贵族

武则天把反对她做皇后的长孙无忌、褚遂良等人都赶出了朝廷，这些关陇贵族和他们的依附者，在当时已经成为一种既得利益的保守力量。把他们赶出政治舞台，标志着关陇贵族从北周以来长达一个多世纪统治的终结，也为社会进步和经济发展创造了一个良好的条件。

2．促进了经济的发展

武则天在建言十二事中就建议"劝农桑，薄赋役"。在她掌权以后，又编撰了《兆人本业记》颁发到州县，作为州县官劝农的参考。她还注意地方吏治，加强对地主官吏的监察。对于土地兼并和逃亡的农民，也采取比较宽容的政策。

3．稳定了边疆形势

武则天执政后，边疆并不太平。她一方面组织反攻，恢复了安西四镇，打退了突厥、契丹的进攻，同时在边地设立军镇，常

◆ 武则天墓前无字碑

驻军队，并把高宗末年在青海屯田的做法推广到甘肃、张掖、武威、内蒙古、五原和新疆吉木萨尔一带。以温和的文化政策，接纳多元文化的发展。

公元705年正月，武则天病笃，卧床不起，被迫传位给太子李显，恢复唐国号，百官、旗帜、服色、文字等皆复旧制，恢复以神都为东都。705年十一月，武则天在上阳宫病死，终年82岁。

延伸阅读

关于"无字碑"的说法

自秦汉以来，帝王将相无不希望死后能树碑立传，而中国历史上惟一一个女皇帝的石碑却没有刻一个字。其说法有几种：第一种说法认为，武则天立"无字碑"是用以夸耀自己，表示功高德大非文字所能表达；第二种说法认为，武则天立"无字碑"是因为自知罪孽重大，感到还是不写碑文为好；第三种说法认为，武则天是一个有自知之明的人，立"无字碑"是聪明之举，功过是非让后人去评论，这是最好的办法。

护国良相——狄仁杰

狄仁杰一生宦海沉浮，作为一个封建统治阶级中杰出的政治家，他每任一职，都心系民生。在他身居宰相之位后，辅国安邦，对武则天弊政多所匡正，为上承"贞观之治"、下启"开元盛世"的武则天时代作出了卓越贡献。

狄仁杰（630—700），字怀英，并州太原人。出生于一个官宦之家，祖父狄孝绪，任贞观朝尚书左丞，父亲狄知逊，任夔州长史。狄仁杰为武则天时期宰相，应试明经科，从而步入仕途。从政后，经历了唐高宗与武则天两个时代。初任并州都督府法曹，转大理丞，改任侍御史，历任宁州、豫州刺史、地官侍郎等职。狄仁杰为官，如老子所言"圣人无常心，以百姓心为心"，为了拯

◆ 狄仁杰像

救无辜，敢于拂逆君主之意，始终保持体恤百姓、不畏权势的本色，始终是居庙堂之上，以民为忧，后人称之为"唐室砥柱"。

圣历元年（698），狄仁杰以政治家的深谋远虑，劝说武则天顺应民心，还政于庐陵王李显。当时，武则天的侄儿武承嗣、武三思数次使人游说太后，请立为太子。武则天犹豫不决。大臣李昭德等也曾劝武则天迎立李显，但没有为武则天接受。对武则天了解透彻、洞烛机微的狄仁杰，从母子亲情的角度从容地劝说："立子，则千秋万岁后配食太庙，承继无穷；立侄，则未闻侄为天子而附姑于庙者也。"武则天说："此朕家事，卿勿预知。"狄仁杰沉着而郑重地回答："王者以四海为家。四海之内，孰非臣妾？何者不为陛下家事！君为元首，臣为股肱，义同一体。况臣位备宰相，岂得不预知乎？"最终，武则天感悟，听从了狄仁杰的意见，亲自迎接庐陵王李显回宫，立为皇嗣，唐朝得以维系。

作为一名精忠报国的宰相，狄仁杰很有知人之明，也常以举贤为意。一次，武

则天让他举荐一名将相之才，狄仁杰向她推举了荆州长史张柬之。武则天将张柬之提升为洛州司马。过了几天，又让狄仁杰举荐将相之才，狄仁杰说："前荐张柬之，尚未用也。"武则天答已经将他提升了。狄仁杰说："臣所荐者可为宰相，非司马也。"由于狄仁杰的大力举荐，张柬之被武则天任命为秋官侍郎，又过了一个时期，升任宰相。

狄仁杰还先后举荐了桓彦范、敬晖、窦怀贞、姚崇等数十位忠贞廉洁、精明干练的官员，他们被武则天委以重任之后，政风为之一变，朝中出现了一种刚正之气。以后，他们都成为唐代中兴名臣。对于少数民族将领，狄仁杰也能举贤荐能。契丹猛将李楷固，曾经屡次率兵打败武周军队，后兵败来降，朝中官员主张处斩之。狄仁杰认为李楷固有骁将之才，若恕其死罪，必能感恩效节，于是奏请授其官爵，委以专征，武则天接受了他的建议。果然，李楷固等率军讨伐契丹余众，凯旋而归，武则天设宴庆功，举杯对狄仁杰说："公之功也。"由于狄仁杰有知人之明，后人对狄仁杰赞誉："天下桃李，悉在公门矣。"

在狄仁杰为相的几年中，武则天对他的信重是群臣莫及的，她常称狄仁杰为"国老"而不名。狄仁杰喜欢面引廷争，武则天"每屈意从之"。后来狄仁杰年事已老，多次以年老告退，武则天不许，入见，常阻止其拜。武则天曾告诫朝中官吏："自非军国大事，勿以烦公。"

狄仁杰是公正廉明、大气磅礴的政治家，他机智果断，运筹帷幄，辅佐武则天的

◆ 唐高宗书《大唐记功颂》

同时，又巧妙安排接班人，在狄公死后促使武则天让位于李唐，为稳定武则天身后的政局以及大唐中兴作出了杰出贡献。

延伸阅读

狄仁杰认错

狄梁公与娄师德一同做相国。狄仁杰一直排斥娄师德，武则天问他说："朕重用你，你知道原因吗？"狄仁杰回答说："我因为文章出色和品行端正而受到重用，并不是无所作为而依靠别人。"过了一会，武则天对他说："我曾经不了解你，现在你做了高官，全仗娄师德提拔。"于是令侍从拿来文件箱，拿了十几篇推荐狄仁杰的奏折给狄仁杰看。狄仁杰读了之后，惭愧得连忙认错，武则天没有指责他。狄仁杰走出去后说："我没想到竟一直被娄大人容忍！而娄公从来没有骄矜的表现。"

黄袍加身——赵匡胤

赵匡胤是一位推动历史发展的杰出人物。"陈桥兵变，黄袍加身"便是由他发起的一次成功的政变。赵匡胤兵不血刃登上帝位，不仅统一了大半个中国，而且治国有方。宋王朝的经济和文化经过他的治理达到我国历史上的又一个高峰。

赵匡胤（927—976），涿州人，出生在一个官僚家庭里，为宋朝第一代皇帝。青年时的赵匡胤，爱好骑马射箭，练得一身好武艺。后来，他做了后周的将领，立了不少军功，被提拔为殿前都点检，掌握了后周的军事大权。

公元959年，周世宗柴荣病死，七岁的柴宗训继位。柴宗训年幼无能，赵匡胤就和他的亲信策划政变。第二年春，他借口北汉和契丹会师南侵，率领大军，从开封出发，前往抵抗。大军走到陈桥驿，他手下的将士把一件皇帝穿的黄袍披在他的身上，拥立他做皇帝。这就是历史上所说的"陈桥兵变"。

赵匡胤登基后，定国号为宋，为宋朝的开国皇帝，将开封作为都城，历史上称为北宋。宋太祖建立北宋后，各地的割据政权依然存在。他采用各个击破的战略，花了十来年时间，陆续攻灭了荆南、湖南、后蜀、南汉、南唐诸割据政权，顺利地实现了南方的统一。

为了防止唐末以来藩镇割据政权的再现，宋太祖接受宰相赵普的建议，削夺朝中大将的兵权，加强中央集权。公元961年初秋的一个晚上，他召集石守信等大将饮酒，对他们说："要不是靠你们出力，我不会有今天。不过，我做了皇帝，没有一夜睡好觉。"

石守信等人忙问原因。他说："如果有朝一日，你们的部下把黄袍披到你们身上，

◆ 宋太祖赵匡胤像

◆ 陈桥兵变遗址

要作用。但是，由于他重文轻武，偏重防内，因此，国力日渐衰弱，军队缺乏战斗力，留下了宋代外患不断的祸根。

公元976年，年满50岁的宋太祖，正当大有作为时，突然逝世了。

你们能不做皇帝吗？"

石守信等听了，大吃一惊，急忙问宋太祖怎么办？

宋太祖说："你们不如交出兵权，到地方上做官，买些良田美宅，再买些歌妓舞女，享乐一辈子。这样，君臣没有猜疑，上下相安，不是很好吗？"

第二天，石守信等人称病辞职，交出兵权，得到很多赏赐。不久，宋太祖又用同样手段，解除了一些地方节度使的兵权，各给他们一个没有实权的官职，留在京城居住。宋太祖这种做法，就是历史上有名的"杯酒释兵权"。

节度使交出兵权以后，宋太祖就派遣文臣到各地做知州，管理地方政事。后来，又派转运使到各地管理地方财政。他还把地方上的精兵抽调到中央，编成禁军，由皇帝直接控制。边防重要地方，派禁军轮流戍守。宋太祖加强中央集权的措施，对于结束唐末以来藩镇割据、战乱不断的局面，起了重

延伸阅读

赵匡胤的传说

相传，宋太祖赵匡胤自小家贫，早年曾浪游楚地，以推车贩运为生。一年寒冬，他手推独轮车，到孝感西湖村，当独轮车满载贩购的西湖莲藕后，却时值风雪黄昏，饥寒交迫，赵匡胤便推车投宿酒家。

因兵祸战乱频繁，朝廷严禁民间酿酒，加之此时酒馆饭菜俱空，厨间仅剩两张未用完的"豆油皮"及葱姜等零星物料。聪明的厨师便随机应变，即取用客人车上的莲藕作原料，经洗净去皮，切成细丝，略用盐腌渍后，拌入葱、姜、香菇丝等调料和少许面粉，用净布紧紧卷捏成一字条形，再用抹过面糊浆的豆油皮包牢，用刀切成形似"车轮"一样的片，并经油炸烹制，稍许，酒家端上一盘"豆油藕卷"和一壶私人家酿陈酒送上餐桌。赵匡胤非常感激，便一人独酌起来，边吃边赞叹说："豆油藕卷肴，兼备美酒好，落肚体通泰，今朝愁顿消。"于是，"豆油藕卷"这一佐酒美肴即问世，并沿传下来。大约过了十多年，在公元960年，陈桥兵变，赵匡胤一跃而当上了宋朝的开国皇帝。

一天，他忽然想起当年在西湖酒馆吃过的那难得的美酒和佳肴，顿时感慨万分，为了不忘旧情，便特对孝感颁发诏书，取消西湖禁酒令。

第一讲 政治名人定天下

宰相之杰——王安石

王安石，北宋杰出的政治家、思想家、文学家。宋神宗时宰相，创新法，改旧政，是一个进步的政治家。他政治变法对北宋后期社会经济具有很深的影响，已具备近代变革的特点，被列宁誉为是"中国十一世纪伟大的改革家"。

王安石（1021—1086），字介甫，号半山，临川人。安石少好读书，记忆力强，受到了较好的教育。他心怀大志，博学多思，随父宦游各地，目睹了北宋"民劳财匮"的社会状况，在哲学、经济、教育、伦理等方面，提出了一个完整的新的思想体系——"荆公新学"，旗帜鲜明的标明自己的唯物主义立场，给当时的思想界带来一丝清新的空气，对后来中国学术思想产生了较大的影响，也同时为王安石的政治改革奠定了思想基础。王安石自22岁考中进士，踏入仕途，几近三十年地方官生涯，兴修水利，发展生产，局部地推行了改革弊政的革新措施。

由于深得神宗赏识，熙宁二年（1069），王安石出任参知政事，次年，又升任宰相，开始大力推行改革，进行变法。王安石明确提出理财是宰相要抓的头等大事，阐释了政

◆ 楞严经要旨卷　宋　王安石

◆ 王安石杂诗卷

不能把改革推行下去，于熙宁九年（1076）辞去宰相职务，从此闲居江宁府。宋哲宗元祐元年（1086），保守派得势，此前的新法都被废除。王安石不久便郁然病逝。

事和理财的关系，并认为，只有在发展生产的基础上，才能解决好国家财政问题。执政以后，王安石继续发挥了他的这一见解。在改革中，他把发展生产作为当务之急而摆在头等重要的位置上。王安石虽然强调了国家政权在改革中的领导作用，但他并不赞成国家过多地干预社会生产和经济生活，反对搞过多的专利征榷，提出和坚持"榷法不宜太多"的主张和做法。

在王安石上述思想的指导下，变法派制订和实施了一系列新法，从农业到手工业、商业，从乡村到城市，展开了广泛的社会改革。与此同时，以王安石为首的变法派改革军事制度，以提高军队的素质和战斗力，强化对广大农村的控制；为培养更多的社会需要的人才，对科举、学校教育制度也进行了改革。变法触犯了大地主、大官僚的利益，两宫太后、皇亲国戚和保守派士大夫联合起来，共同反对变法。因此，变法失败，王安石在熙宁七年（1074）罢相。次年复拜相。王安石复相后没有得到更多支持，

延伸阅读

少年王安石智胜厨师

一天，王安石去面馆吃面，进门后，找了个座位坐下，老板、伙计有心考考他，故意不给他端面。等了好久，他看见后进门的人都吃上了面，便问跑堂的伙计："师傅，我的面做好了吗？"伙计答道："就来！"不大一会儿，跑堂的伙计拿了一双筷子交给王安石道："你的那碗面做好了，大师傅说要你自己去端。"王安石径直来到厨房，见灶墩上放着一碗热气腾腾的肉丝面，滚烫的面汤快要溢流碗外，大师傅对王安石说："这碗面是我特意为你做的，味道格外好，肉也特别多，你能把它端到堂前去，不泼了一滴汤，算你自吃，不要钱。"王安石问："此话当真？"大师傅说："偌大的一个面馆，还出不起一碗面吗？"只见王安石用筷子轻轻地往碗里一伸，把面条挑了起来，碗内自然只剩半碗汤了。就这样，他左手端起汤碗，右手拿着筷子挑起面，顺顺当当地把一碗满满的热面条端到店堂前，津津有味地吃了起来。面馆里的人都翘起大拇指称赞道：王安石真是个神童啊！

第一讲　政治名人定天下

43

一代天骄——成吉思汗

成吉思汗是中华民族发展史上一位杰出的人物，其本人及其子孙的军事征服活动，克服了当时东西方陆路交通的人为障碍，极大地促进了东西方文化交流，推动了人类文明的进步。在东方，成吉思汗及其子孙荡平了中国大陆自唐朝以后形成的数个政权分立对峙的局面，最终奠定了现代中国的基本版图。

成吉思汗(1162—1227)，蒙古国的创建者。蒙古乞颜部人，名铁木真，贵族也速该之子。铁木真的父亲也速该因为作战英勇，被推举为尼伦诸部的领袖，1170年被塔塔儿人毒死，从此家族败落，也速该的妻子带着铁木真过着颠沛流离、异常艰苦的生活。

蒙古部主忽都剌汗死后，蒙古部众大都在札木合控制之下，铁木真投靠札木合，随他游牧。后来，铁木真笼络人心，招徕人马，最后脱离札木合。约在12世纪80年代，铁木真称汗。札木合率领札答阑、泰赤乌等十三部来攻，铁木真兵分十三翼迎战，因实力不敌而败退，史称十三翼之战。

1196年，铁木真和克烈部脱里汗出兵助金，于斡里札河(今蒙古东方省乌勒吉河)打败塔塔儿人。金授铁木真以察兀忽鲁(部长)官职，封脱里汗为王(脱里从此称王汗，语讹为汪罕)。铁木真与王汗联兵攻打乃蛮部，回师途中又与乃蛮本部相遇。王汗见敌势盛，不告而退，把铁木真留在乃蛮兵锋之下。铁木真发觉后，迅速撤兵，回到自己牧地撒里川(在今蒙古克鲁伦河上游之西)，反而把王汗暴露在敌前。王汗大败。因为有许多蒙古部众在王汗处，铁木真怕他们被乃蛮吞并，对自己不利，便派称为四杰的博尔术、木华黎、博尔忽、赤老温领兵援救王汗，击退乃蛮。铁木真在部落争战中善于利用矛盾，纵横捭阖，逐渐摆脱了对王汗的臣

◆ 铁木真像

属地位。

1201—1202年，铁木真和王汗联兵，与札木合联盟(塔塔儿、乃蛮等部落联盟)大战获胜，札木合投降王汗。1202年，铁木真消灭了四部塔塔儿，占领了呼伦贝尔高原，实力猛增。1203年王汗对铁木真发起突然袭击，铁木真败退到哈勒哈河以北。不久，铁木真乘王汗不备，奇袭王汗牙帐，克烈部亡。同年，汪古部也归附铁木真。1204年，铁木真成为蒙古高原最大的统治者。

◆ 蒙古军西征作战图

成吉思汗立国后，势力日盛，开始对外发动大规模战争。经过二十余年的蒙夏战争，屡创夏军主力，迫西夏国王乞降，削除金朝西北屏障，得以顺利南下攻金。六年，亲率大军进攻金朝，开始了为时24年的蒙金战争。十二年，成吉思汗封木华黎为太师，指挥攻金战争，自率主力返回蒙古准备西征。次年，遣先锋将领哲别灭西辽屈出律势力，扫清西征障碍。十四年，以西域花刺子模国杀蒙古商人和使者为由，以军事扩张和掳掠财物为目的，亲率大军约20万分路西征。数年间先后攻破讹答刺(在今锡尔河中游)、布哈拉及撒马尔罕等地。并命哲别、速不台继续西进，远抵克里米亚半岛。

十九年，班师返漠北。

二十一年，率军10万歼灭西夏军主力(次年西夏灭亡)。当成吉思汗正欲集中全力攻金时，却于二十二年七月十二(1227年8月25日)在六盘山下清水县(今属甘肃)病逝，时年66岁。

延伸阅读

苏勒德的传说

传说一次战役中成吉思汗在无可奈何的情况下，跪拜乞求长生天保佑他一定打胜仗。突然一声巨响，天降一柄神矛落在枝叶繁茂的大树上。成吉思汗命大将木华黎将神矛取下后，并用九九八十一匹黑马的马鬃将它装饰起来，作为行军作战的前导徽标和旗帜握杆，称之为苏勒德。从此，成吉思汗无往而不胜，横扫欧亚。成吉思汗十分敬重苏勒德，在大蒙古汗国成立庆典上庄重地将其供在祭坛上，标志胜利、成功、吉祥、太平。

第一讲 政治名人定天下

乞丐皇帝——朱元璋

朱元璋出身贫寒，也没有很高的文化，但后来却成为了中国历史上一位很有作为的英明帝王、伟大的政治家。民间关于他的传说很多，所以他也是一位传奇皇帝。

朱元璋（1328—1398），字国瑞，原名朱重八，后取名朱兴宗，后再改名元璋，濠州钟离（今安徽省凤阳县）人。

朱元璋出生在贫苦农民家庭。在幼年时，以给大户人家放猪放牛为生，吃尽了苦头。公元1344年，淮北发生了严重的旱灾和虫灾，疾病到处流行。在这场劫难中，朱元璋的父母和长兄都先后病死、饿死。16岁的朱元璋靠乡邻的帮助，草草埋葬了亲人之后，孤苦无依的他只好到附近的皇觉寺当了小和尚。不久，灾情越来越重，寺庙中的和尚也不得不外出讨吃就食。朱元璋入寺后不到几个月，就被打发出去，做了游方僧。他云游四方，到处乞讨，受尽了风霜之苦。但同时这

也使他了解到民间疾苦，增长了社会见识。

将帅之才

元朝末年，政治越发黑暗腐败，阶级矛盾和民族矛盾十分尖锐。广大人民不堪忍受剥削、压迫和歧视，纷纷拿起武器起来斗争。公元1351年，爆发了韩山童、刘福通领导的元末农民大起义。公元1352年朱元璋云游回到家乡，接到濠州起义军中同乡汤和的相邀信，就投奔于濠州红巾军郭子兴的队伍。由于他勇武过人，很快就被提拔为亲兵九夫长。不久，又成为郭子兴的亲信，并娶了郭子兴的养女马氏为妻。朱元璋以战功先任镇抚，后升总管之职，成为濠州红巾军中统兵一方的大将。

统一全国

公元1355年郭子兴病死，朱元璋以左副元帅职，成为这支起义军的实际领袖。他率军南下，攻破集庆，招降康茂才等军民50余万，改集庆为庆天府。龙凤政权任命朱元璋为江南等处行中书省平章。这时的朱元璋，局面小，兵力弱，四面受敌，形势不利。他利用元朝军队主力和小明王作战的机会，向南面和东南的元军主力进攻，取得胜利。

◆ 明太祖朱元璋像

中华文化公开课
文化名人六讲

46

在率军打下徽州时，朱元璋采纳了老儒朱升"高筑墙，广积粮，缓称王"的献策，命令军队自己动手生产，兴修水利，减轻农民负担，因而兵强粮足。之后朱元璋又把军事进攻的矛头指向土地肥沃、盛产粮食丝绸的浙江一带，先后占领诸暨、处州。孤立的元军据点次第被消灭。随后，他又适应新的军事形势，采取对东南取守势、东北和西面取攻势的战略，在军事上取得了有利的局面；然后又战鄱阳，取东吴，南征北伐，奠定了统一全国的基础。

◆ 朱元璋牵马出征雕像

在位期间的政绩

休养生息

明朝建立初期，经过近二十年战乱的破坏，社会一片凋敝。对此情形，朱元璋实行了发展生产、与民休息的政策。他接受大臣建议，鼓励开垦荒地，并下令：北方郡县荒芜田地，不限亩数，全部免三年租税。他还采取强制手段，把人多地少地区的农民迁往地广人稀的地区；对于垦荒者，由政府供给耕牛、农具和种子，并规定免税三年，所垦之地归垦荒者所有；还规定，农民有田五至十亩的，必须栽种桑、棉、麻各半亩，有田十亩以上者加倍种植。这些措施大大激发了农民垦荒的积极性。为了恢复和发展生产，朱元璋十分重视兴修水利和赈济灾荒。

官僚改革

明初，官僚机构基本上沿袭元朝，朱元璋逐渐认识到其中的弊病，于是进行了改革。首先是废除行省制。公元1376年，朱元璋宣布废除行中书省，设立承宣布政使司、都指挥使司和提刑按察使司，分别担负行中书省的职责，三者分立又互相牵制，防止了地方权力过重。

打击贪官

首先，对贪污60两银子以上的官员格杀勿论；其次，朱元璋敢于从自己身边的"高干"开刀；第三，朱元璋发明"剥皮实草"的残酷刑法处置贪官；第四，朱元璋对自己培养的干部决不姑息迁就；第五，制定整肃贪污的纲领——《大诰》。

兴学立教

朱元璋采取了一系列强制措施，兴建学校，选拔学官，并坚持把"教育工作"作为衡量地方官政绩的重要指标。为了选拔能听命于皇帝的官吏，明朝政府规定科举考试只许在四书五经范围内命题，考生只能根据指定的观点答卷，不准发挥自己的见解。答卷的文体，必须分成八个部分，称为"八股文"。

延伸阅读

朱元璋出生传说

传说朱元璋的母亲刚怀孕时，曾经做了个梦，梦中有一个神仙给了她一粒仙药，放在手中闪闪发光，于是她就吃了下去，待到从梦中惊醒仍余香满口。等到朱元璋出生时，红光满屋，时值夜晚，红光从屋中射出，邻居见后以为失火，忙奔走相救，结果是虚惊一场。

第一讲 政治名人定天下

救时宰相——张居正

　　张居正，明万历年间，因厉行改革而彪炳史册的一位传奇人物。他荣登首辅之位后，理政十年，整饬吏治，刷新颓风，整肃教育，延揽济世之才，革新税赋，梳理财政。拯朱明王朝将倾之厦，使万历时期成为明王朝最为富庶的时代，被后世誉为"宰相之杰"。

　　张居正（1525—1582），字叔大，少名张白圭，号太岳，谥号"文忠"，湖广江陵（今湖北荆州）人，又称张江陵。中国历史上优秀的内阁首辅之一，明代伟大的政治家、改革家。

　　张居正是出身于湖北江陵的农家子弟，自幼就以神童蜚声乡里。5岁入学，7岁能通六经大义，12岁考中了秀才，13岁时就参加了乡试，写了一篇非常漂亮的文章，只因湖广巡抚顾璘有意让张居正多磨练几年，才未中举。16岁中了举人，23岁经会试、殿试取中进士，并选为庶吉士，25岁升为翰林院编修，43岁进入内阁，任大学士，48岁任宰相。那时，封建统治阶级昏庸腐化，军政败坏，财政破产，农民起义此起彼伏，阶级矛盾尖锐，危机严重。为了巩固明王朝的统治，一方面，张居正以"得盗即斩"的手段加强镇压，另一方面采取了一系列富国强兵、使民"足食足衣"的政治措施。

主要政绩

　　精简机构，裁汰冗员。当时行政机构臃肿，人浮于事。张居正把能合并的机构都合并了。在精简机构时，还进一步划清了政府各部门的权限职责，严格官吏考核制度，加强了人事管理。这样一来，既减轻了朝廷支出，又鞭策着官吏们更好地工作，提高了行政效率。

　　严肃法纪，信赏必罚。张居正认为，"赏罚功罪，须至公至平，人心乃服，人心服，而后可责其用命"。因此，在他执政

◆ 张居正像

中华文化公开课

文化名人六讲

期间，凡是违法犯纪的人，不管是皇亲国戚，还是地方豪强，一概绳之以法。他一面大刀阔斧地整肃吏治，一面带头不搞行贿受礼。比如被他推荐任用的辽东总兵李成梁，后来被封为宁远伯。李为了报答他的推荐之恩，曾派人给他送去钱财。他坚决不受。因此，他主持颁布的一切政令，"虽万里外，朝下而夕奉行。"

蠲免积负，减负于民。他对神宗说："今尚有一事为民害者，带征税粮也。夫百姓财力有限，一岁之入，仅足供一岁，不幸岁歉，目前尚不能办，岂复有余力更完累岁积逋乎？有司避责，往往将今年所征，抵完旧逋，即今岁所欠，又为将来带征矣。"要求神宗责令户部"核万历七年以前积负，悉行蠲免"。神宗采纳了他的意见，免去了农民在万历七年以前积欠国家的钱粮田赋。

重视人才，知人善任。他曾上书神宗说："今后用人，但问功能，不可拘资格。"他曾引用李成梁镇辽东，戚继光镇蓟门，使得"荒外詟服，边境坐拓"。又用潘季驯治理黄河，使得"堤工早完，转漕无患"。

人在政在，人亡政息

公元1582年，张居正去世，过去因攻击他而受到处分的人，一个个官复原职。中官张诚在神宗面前说他与冯保"交结恣横"，并说他家"宝藏逾天府"。御史羊可立指责他构陷辽王。辽妃又上书为辽王辩冤，并说辽府金宝以万计，全部入居正家。神宗被这

◆《帝鉴图说》书影 张居正著

些谗言迷惑了，遂公布张居正罪状，下令削去了他的官秩，剥夺了他的谥号，查抄了他的家产，几乎劈棺戮尸。

到熹宗朱由校即位，恢复了张居正的官秩，重新予以葬祭。直到崇祯三年礼部侍郎罗喻义等为他鸣冤，他的冤案才逐步得到了纠正。他的子孙也官复原职。张居正不仅热心于革新政治，还留下了一些内容丰富的政治论文和感情真挚的诗篇。有《张文忠公全集》传世。

延伸阅读

救时宰相张居正的出生传说

据说张居正小名叫张白圭，他的名字的由来还有一段传说，说是他的爷爷张镇有一天晚上做了一个梦，梦见家中发大水，水里有一只大白乌龟。据说这是一个很吉祥的梦，正巧他的孙子就在当天晚上出生了，于是他就给孙子起了一个张白圭的名字。张白圭小时候非常聪明，和当时的唐寅、徐文长一道被誉为大明王朝的三个神童。全家人都对他寄予莫大的期望，希望他来日能够光宗耀祖。

盛世君王——康熙

康熙帝，我国封建社会后期著名的君主，杰出的政治家，也是中国历史上在位时间最长的皇帝，在位61年。康熙是清朝十二帝中一个很有作为的皇帝，他智擒鳌拜，三征准噶尔，平定三藩，打击沙俄侵略，收复台湾，蠲免赋税，为后来的"康乾盛世"奠定了基础。

康熙（1654—1722），姓爱新觉罗，名玄烨，满族人，是清世祖的儿子。他八岁继承皇位，世称清圣祖。因为他在位时年号"康熙"，所以人们通常称他为康熙皇帝。

康熙登基时，由鳌拜等四个大臣辅政。鳌拜结党营私，把持朝政，严重地影响着康熙的统治地位。康熙十四岁开始亲政，为了对付鳌拜集团，就在宫中训练了一批少年侍卫。过了两年，他以下棋为

◆ 康熙戎装像

名，召亲信大臣索额图进宫，定下计谋，然后突然召见鳌拜。当鳌拜入朝，康熙历数他的罪状，预先埋伏好的少年侍卫出其不意，一拥而上，把他逮捕。结果，鳌拜被革职拘禁，他的心腹党羽也都被诛杀。就这样，16岁的康熙初次显示了他的政治才能，开始亲自掌握政权。

康熙掌权后，为了维护全国的统一，抵御外来的侵略，进行了一系列的卫国措施。从1673年起，原已降清的明朝将领吴三桂、耿精忠和尚之信发动叛乱，这就是历史上所说的"三藩之乱"。康熙调兵遣将，经过八年的战争，平定了这次叛乱。1683年，康熙又出兵进攻台湾，郑成功的孙子郑克爽战败投降。康熙在台湾驻兵防守，抵御西方殖民者的侵略。清军入关时，沙俄侵略者乘机侵入我国东北，强占黑龙江流域雅克萨等地。沙俄侵略者所到之处，杀人放火，奸淫掳掠，无恶不作。1685年，康熙派兵出击，攻克雅克萨，俄军被迫投降。但是清军撤回后，俄军又重新侵入雅克萨。第二年，康熙

又派兵讨伐。俄军被围困城内,伤亡惨重。沙俄政府被迫进行边界谈判。1689年,康熙派索额图等订立《中俄尼布楚条约》,确定了中俄之间的东段边界。当时,蒙古族的准噶尔部贵族噶尔丹勾结沙俄,发动叛乱,康熙三次带兵亲征,平定了叛乱。后来,噶尔丹的侄子策妄阿拉布坦又和藏族少数上层分子勾结起来,发动叛乱,康熙又派兵平定了叛乱。康熙在位期间,我国统一的多民族国家得到了进一步的巩固。

清军入关后,镇压各地人民的抗清斗争,战争延续了很久,生产遭到了严重的破坏。康熙为了巩固统治,采取一系列的措施,恢复和发展社会经济。顺治时,清朝统治者为满足满洲贵族对土地的贪欲,曾下令圈地。虽然规定只圈占近京各州县无主荒地及明朝皇室勋戚的庄田,但实际上很多农民的土地也被圈占了进去。康熙下令停止圈地,后来又规定,民间所垦土地,永不许圈。他还改革赋役制度,从1712年开始实行"滋生人丁,永不加赋"。后来,又实行"摊丁入亩"的方法,把丁税平均摊入田赋中,征收统一的地丁税。这样,就完全按土地的多少来征税,在一定程度上改变了赋役不均的现象。他还奖励垦荒,减免钱粮,赈济灾民,兴修水利。这些措施都有利于生产的恢复和发展。他在位期间,耕地面积、人口数字和财政收入都有很大的增加。

另外,康熙对我国传统的封建文化非常重视。康熙自己也具有丰富的学识。他不仅受过系统的儒家经典教育,还聘用教授西方科学文化的传教士,向他们学习天文、历

◆ 康熙帝大阅盔甲

法、数学、地理学、医学、音乐和绘画等方面的知识。他的知识和爱好这样广博,在历代帝王中也是少见的。

康熙在位时间很长,达61年。他一生勤奋治国,在政治上和经济上都有重大的建树。对于中国历史的发展,他功不可没。

延伸阅读

粥公粥婆的传说

清康熙十六年,康熙皇帝为体察民情,第五次离京微服私访。是年秋天,康熙帝携随从来到广州,路染风寒,久治不愈。广东封疆大吏察哈尔下文通告岭南各路名医为皇上疗疾,未果。后闻知梅州乡间有一对年逾八旬的阿公阿婆擅长熬粥,其所熬之粥乃据家传密发配制,除了滋润可口,还能养生健体、消病祛疾。于是察哈尔派专人把这对阿公阿婆接到巡督府,并按要求架起了柴锅土灶,精选岭南特有乌梅为主料,配以其它辅料及若干味中药,经过若干时辰的文火慢熬,一锅飘着药香的养生粥熬制完成。康熙小啜一口,顿感气顺,三碗下肚,血脉开张,印堂发亮。没出三日,便精神气爽,彻底痊愈。这对年迈的阿公阿婆一时远近闻名。

第一讲 政治名人定天下

文治武功——乾隆

　　乾隆皇帝是中国历史上知名度最高的皇帝之一，是他把清朝的"康乾盛世"推向顶峰，但也是他亲手将它带向低谷，他是影响中国18世纪以后历史进程的重要皇帝。

　　乾隆(1711—1799)，名爱新觉罗·弘历。乾隆朝的政治、经济、军事、文化，达到我国封建时期的最高峰。康乾盛世局面也达到高峰。

　　乾隆是雍正皇帝第四子，也是雍正诸子中最有才干的一位，自小甚得其祖父康熙喜爱，在雍正即位当年，就被以"秘建皇储"的方式确立为继承人。1735年，雍正暴崩，乾隆顺利继承皇位。

　　乾隆帝自称是历代封建帝王中文治武功第一人。

　　在文治方面，他很注意招贤纳士以为己用。南巡时诏试士子，使一批有才华的读书人破格得到提拔。他非常重视科举取士，曾多次亲临考场，看到考场矮屋风檐，命发给考生蜡烛木炭，准许入场时携带手炉以温笔砚。因会试时间是京师的严冬，为了使考生们能在考场更好地发挥，命延期三个月以等春暖。

　　清朝曾大规模地编书，但最宏伟的一次，是乾隆组织大量人力物力编成巨型文献《四库全书》。《四库全书》共收有图书3503种，79337卷，基本上包括了我国历代的重要著作，分经、史、子、集四部，收录的书籍远远超过历史上任何一部官修的大类书，为我国古代思想文化遗产的总汇，很多有价值的古代书籍由此得以保存了下来。

　　在武功方面，乾隆朝也是极盛的。先后

◆ 乾隆威弧射鹿图

巡江南，奢靡无度，增加了百姓的负担；重用和珅，政治败坏；不思进取，民生艰难。他统治的晚年，内有白莲教起义，外有资本主义势力试探觊觎。

乾隆帝是中国历史上在位时间第二长的皇帝，仅次于康熙，而实际执政时间是最长的皇帝，达到63年，他又是中国历史上最长寿的皇帝。乾隆于1799年在太上皇位子上病逝，时年88周岁。

◆ 乾隆皇帝礼冠上的顶珠

噶尔丹之役，回疆之役，大小金川之役，两次廓尔喀之役，缅甸之役，安南之役等等。乾隆帝对每一场战役都很重视，注意选帅任将，每攻克一个地方，都要举行盛大的仪式，祭告先祖，嘉赏有功之士。这些战役，不论是对内还是对外，都以清廷全面获胜告终。乾隆帝因此志骄意满，自诩"十全武功"，晚年自号"十全老人"，好大喜功溢于言表。

乾隆六年，全国人口达到1.4亿，超过历史最高值。乾隆六十年，人口已达2.97亿，国家财政、国库储备都达到历史最高值。

乾隆晚年沉浸在繁华自足的美梦中，六

延伸阅读

乾隆与和珅的传说

乾隆做太子的时候，一次因事进宫，看到父王雍正的一个妃子娇艳无比，正对镜梳妆，不禁想和她开个玩笑，于是就从后面用双手捂住了那个妃子的眼睛。妃子不知就里，遂用梳子往后击去，正好打到了乾隆的额头上。乾隆的母后见了，就说那个妃子调戏太子，将她赐帛自尽。乾隆觉得对不住这个妃子，就用朱砂在妃子的颈上点了一下，悲痛地说："我害尔矣，魂而有灵，俟二十年后，其复与吾相聚乎？"

后来，和珅入宫侍驾，乾隆越看和珅越像那个冤死的妃子，验其项颈，果见其颈上有一红色胎记。问其年龄，也与那妃子死去的时间相合，正是二十五年。乾隆愈发吃惊，遂认为和珅就是那冤死的妃子之后身所化。为偿还年轻时的"孽债"，乾隆对和珅关爱有加，处处袒护，致使和珅平步青云，步步高升，以致权倾朝野，作威作福长达二十余年而不倒。直到后来乾隆死后，嘉庆皇帝才将他扳倒，死时居然也是白绫赐死，与那妃子一般无二，真是历史的巧合。

第一讲 政治名人定天下

53

垂帘听政——慈禧太后

　　慈禧在清末时，执政同治、光绪两朝，统治中国长达半个世纪之久。在她执政时期没有让清王朝稳定繁荣，没有积极抵抗外来侵略，反而签订了一系列丧权辱国的不平等条约，使200多年的大清王朝轰然坍塌。

　　慈禧太后（1835—1908），又称"西太后""那拉太后""老佛爷"，死后清朝上谥号为"孝钦慈禧太后端佑康颐昭豫庄诚寿恭钦献崇熙配天兴圣显皇后"，总共25字，为有清以来，一代皇后身后哀荣之最。

◆ 慈禧太后油画像

文化名人六讲　中华文化公开课

　　慈禧太后是满洲镶黄旗人，1851年以秀女被选入宫，号懿贵人，因得咸丰皇帝宠幸，1854年进封懿嫔。1856年生子载淳。次年进位为"储秀宫懿贵妃"。1861年8月，咸丰帝病死热河，遗诏立载淳为皇太子，继承皇位。并任命怡亲王载垣、郑亲王端华、户部尚书肃顺等八人为"赞襄政务王大臣"辅政。年号"祺祥"，尊生母那拉氏为"圣母皇太后"。同年11月，那拉氏与恭亲王奕䜣发动政变，将八名"赞襄政务王大臣"分别革职或处死。改元同治，那拉氏实行垂帘听政，实际控制了国家大权。

　　1873年，载淳成年，那拉氏宣布撤帘归政，但仍阴持朝柄。次年，载淳病死，那拉氏立宗室载湉继承皇位，年号"光绪"，复行垂帘听政。

　　1889年，光绪19岁，已经成年，慈禧不得不表面上"归政"，实际上通过清朝政府里一大批顽固守旧的官僚，仍然掌握着实权，因此和光绪的矛盾日益加深。

　　中日甲午战争后，中国民族危机空前严重。1898年6月以后，资产阶级改良派康有为、梁启超等利用光绪的权力，实行变法维新。慈禧对此仇视之极，经过密谋策划，终于在11月发动政变，幽禁了光绪，杀害了一些维新爱国志士，把变法维新运动镇压下去，重新垂帘听政。

1900年初，义和团运动在京津地区暴发，很快危及清朝的统治。这年6月，帝国主义又组成八国联军，从天津向北京进发，慈禧这时便利用义和团的力量，对外宣战。但是，当八国联军攻入北京，慈禧慌乱中挟持着光绪，逃亡到西安，并立即命令搜杀义和团，又派李鸿章和侵略者签订《辛丑条约》。

1901年，资产阶级民主革命的怒潮已不可阻挡，慈禧才表示愿意施行以练兵、筹饷为中心的"新政"，想借此抵制革命。而实际上，她仍在加紧训练新军和警察，准备对人民实行镇压。1905年秋，她更进一步玩弄"预备立宪"的骗局。到1908年11月，她和

◆ 养心殿东暖阁——垂帘听政处

光绪先后患病，14日光绪先死，第二天她也跟着死去。

◆ 慈禧太后书法

第一讲 政治名人定天下

官场楷模——曾国藩

曾国藩是中国历史上最具影响的人物之一，毛泽东"独服曾文正"，蒋介石也对他推崇备至。他创办湘军，为清王朝平定了太平天国运动，被封为一等勇毅侯，成为清代以文人而封武侯的第一人。后历任两江总督、直隶总督，官居一品，死后被谥"文正"。

曾国藩（1811—1872），字伯涵，号涤生，原名子城，清湘乡县荷叶塘人。出生在一个豪门地主家庭，兄妹九人，曾国藩为长子。祖辈以务农为主，生活较为宽裕。祖父曾玉屏虽少文化，但阅历丰富；父亲曾麟书身为塾师秀才，作为长子长孙的曾国藩，自然得到二位先辈的伦理教育了。他自幼天资聪明，勤奋好学，6岁时入塾读书，8岁能读八股文、诵五经，14岁时能读周礼、史记文选，并参加长沙的童子试，成绩俱佳，列为优等。

从政经历

曾国藩28岁考中进士，此后，他踏上了一步一阶的仕途之路，并成为军机大臣穆彰阿的得意门生。在京十多年间，他十年七迁，从七品官职升到二品大员，担任过内阁学士，兵部、刑部等部侍郎。后创办湘军，平定太平天国，被封为一等勇毅侯，官居一品。从文才上看，曾国藩的仕途畅通与他好学有关，他学习孜孜不倦，苦读日夜不息，尤其在京参加朝考进入庶常馆学习后，"日以读书为业"。勤于求教，不耻下问，博览历史，重视理学，还读了大量的诗词古文，才华横溢，满腹经纶。官吏中如此勤奋好学者实不多见。由于他博览群书，涉猎极广，故在政治上有自己的独特观点。

◆ 曾国藩像

政治主张

曾国藩作为近代著名的政治家，对"乾嘉盛世"后清王朝的腐败衰落，洞若观火，他说："国贫不足患，惟民心涣散，则为患甚大。"他认为"吏治之坏，由于群幕，求吏才以剔幕弊，诚为探源之论"。基于此，曾国藩提出"行政之要，首在得人"，危急之时需用德器兼备之人，要倡廉正之风，行礼治之仁政，反对暴政、扰民，对于那些贪赃枉法、渔民肥己的官吏，一定要予以严惩。至于关系国运民生的财政经济，曾国藩认为，理财之道，全在酌盈剂虚，脚踏实地，洁己奉公，渐求整顿，不在于求取速效。曾国藩将农业提到国家经济中基础性的战略地位，他认为，民生以穑事为先，国计以丰年为瑞。他要求：今日之州县，以重农

◆ 湖南省双峰县曾国藩故居富厚堂

为第一要务。受两次鸦片战争的冲击，曾国藩对中西邦交有自己的看法，一方面他十分痛恨西方人侵略中国，认为卧榻之旁，岂容他人鼾睡，并反对借师助剿，以借助外国为深愧；另一方面又不盲目排外，主张向西方学习其先进的科学技术。

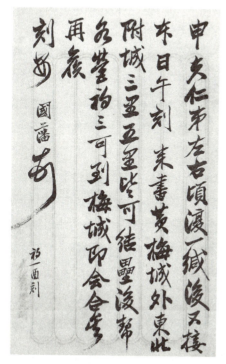

◆ 曾国藩手札

延伸阅读

幼年曾国藩审案

一天，天气晴朗，年幼的曾国藩从学堂回到了家里。刚放下书包，就听见父亲焦急地说："我明明煮了五个鸡蛋，怎么只有四个？"于是就把曾国藩叫来，对他说："煮熟的鸡蛋是分给你们吃的，现在少了一个，不知是哪个偷吃了，快帮你母亲查一查。"曾国藩思索了一下，答到："这个很容易，我有办法查出来。"说罢，曾国藩端出一个脸盆，倒了几杯茶，把家里的人都喊拢来，叫每人喝一口茶水，吐到盆里，他站在旁边观察，结果有一个佣人吐出的茶水里夹有鸡蛋黄粉。曾国藩的父亲高兴极了，觉得儿子聪明，将来能当官审案子。

革命先行者——孙中山

　　辛亥革命是一次具有伟大历史意义的民主革命。以孙中山为代表的革命先驱，领导人民推翻了中国延续两千多年的皇权帝制，建立了亚洲第一个民主共和国，开创了完全意义上的近代民族民主革命。孙中山是中国民主革命的先行者，是在中国倡建民主共和国的第一人。

　　孙中山（1866—1925），原名孙文，字德明，号日新，改名逸仙。

　　1866年(同治五年)11月12日，孙中山诞生在广东香山县(今中山县)翠亨村的一个贫苦农家。1892年7月，他以优异的成绩在香港西医书院毕业，后在广州、澳门等地以行医为职业。由于他医术高超，前来求医的人很多。但他认为"医国"比"医人"更重

◆ 孙中山像

要，便决定联络有志改造中国的志士仁人。1894年夏，他受当时蓬勃兴起的维新思潮的影响，抱着一线希望来到天津，上书李鸿章，要求"仿行西法，以筹自强"，希望统治阶级上层实行一些改良措施，以西方资产阶级国家为楷模，采用先进科学技术以发展工农业生产。但他的上书遭到冷遇。

　　1894年10月，孙中山远渡重洋，到檀香山联络华侨，宣传革命思想。经过多方联络发动，孙中山于同年11月24日，在檀香山建立了中国最早的民主革命团体——兴中会。兴中会一成立，便组建军队，进行军事训练。1895年4月，清政府与日本签订了《马关条约》，举国一片反对之声。孙中山认为这是发动起义的好时机，便与陆皓东等策划起义。他们决定利用重阳节回乡群众来省城扫墓的机会举行起义。但由于走漏了风声，清政府派兵封闭了革命机关，搜捕起义人员，起义还未正式发动就失败了。陆皓东壮烈牺牲，孙中山流亡海外。

　　1905年8月，孙中山与黄兴等人以兴中

会、华兴会等革命团体为基础，在日本东京创建同盟会，孙中山被推举为总理，他所提出的"驱除鞑虏，恢复中华，创立民国，平均地权"的宗旨被采纳为同盟会纲领。在同盟会机关报《民报》发刊词中，孙中山首次提出"民族、民权、民生"三大主义。同盟会的成立，有力地促进了全国革命运动的发展。

1906—1911年，同盟会在华南各地组织多次武装起义，孙中山为起义制定战略方针，并在海外奔走，为起义筹募经费。各次起义都因缺乏群众基础、组织不够严密而失败，但革命党人前仆后继，英勇战斗，给清政府以沉重打击，给全国人民以极大的鼓舞。特别是1911年4月27日的广州黄花岗起义，在全国引起了巨大震动。

1911年10月10日，武昌起义爆发，各省纷纷响应。孙中山在美国得知消息后，于12月下旬回国，即被17省代表推举为中华民国临时大总统。1912年1月1日，孙中山在南京宣布就职，组建中华民国临时政府。1912年2月12日，清朝宣统帝（溥仪）被迫宣布退位。自此，中国结束了长达2000多年的君主专制制度。3月11日，孙中山颁布《中华民国临时约法》。由于帝国主义、封建主义的强大压力与革命党本身的涣散无力，孙中山被迫于1912年2月13日辞去临时大总统职位，让位于袁世凯，并于4月1日正式解职。此后一年多，孙中山积极宣传民生主义，但因政权落在袁世凯手中，他的努力并未取得成果。

1912年8月，同盟会改组为国民党，孙中山被推举为理事长。1913年3月，袁世凯刺杀国民党代理理事长宋教仁，孙中山主张武力讨袁；7月发动二次革命，失败后再度流亡日本。1914年6月，孙中山在东京组织中华革命党。1915年5月初回到国内，继续为捍卫共和制度而斗争。旋又返日，10月25日在东京与宋庆龄结婚。1917年7月，因段祺瑞为首领的北洋军阀解散国会和废弃《临时约法》，孙中山联合西南军阀在广州建立军政府，9月被推举为大元帅，进行护法战争。但孙中山在军政府内备受军阀、政客的排挤，不得不于1918年5月辞去大元帅职务，经日本赴上海。

1917年俄国十月革命胜利，孙中山于1918年夏，致电列宁和苏维埃政府祝贺俄国革命胜利。1919年，五四运动暴发，给予孙中山很大的鼓舞。1920年11月，孙中山回到广州，重举护法旗帜。

1925年3月12日，孙中山因患肝癌在北京逝世。

延伸阅读

国父名称的由来

孙中山于1925年3月12日因肝癌逝世，由于孙中山重视保护国家环境，故每年3月12日定为植树节，以纪念孙中山。当时在北京中央公园社稷坛为孙中山举行公祭时，豫军总司令樊钟秀特致送巨型素花横额（阔丈余，高四五尺），当中大书"国父"二字，他的唁电挽幛，均称"国父"，此为孙中山在公开场合被尊称为"国父"之始。

第一讲

政治名人定天下

第二讲
军事将领战沙场

伟大的军事理论家——孙武

孙武在军事科学这门具体科学中，概括和总结出了异常丰富、多方面的哲学道理，确立了他在春秋末期思想界中与孔子、老子的并列地位，被并称为春秋末期思想界上空的三颗明亮的星体。

孙武(约前551—？)，春秋时期吴国名将，伟大的军事理论家，字长卿，齐国乐安(今山东惠民)人，后人尊称孙子、孙武子。

孙武的祖先是陈国公子完，由于陈国内部发生政变，公子完携家眷逃到齐国，投奔齐桓公，改姓田，故他又被称为田完。田完的五世孙田书，很有军事才干，做了齐国的大夫，因为领兵伐莒(今山东莒县)有功，齐景公在乐安封给他一块食邑，并赐姓孙氏。因此，田书又被称为孙书。孙书的儿子孙凭做了齐国的卿，孙凭就是孙武的父亲。此时的齐国，内部矛盾重重，危机四伏。田、鲍、栾、高四大家族之间争权夺利，斗争愈演愈烈。大约在公元前517年，年轻的孙武

◆ 孙武像

毅然离开乐安，投奔了吴国。

孙武来到吴国后，在吴都(今苏州市)郊外结识了伍子胥。两人谈得十分投机，结为密友。这时吴国的局势也在动荡不安之中，两人便避隐深居，待机而发。孙武一边灌园耕种，一边写作兵法，写成13篇兵法。公元前515年，吴国公子光利用吴国伐楚、国内空虚的机会，以专诸为刺客，袭杀吴王僚，然后自立为王，称阖闾。阖闾即位后，礼贤下士，任用伍子胥等一批贤臣。后来，伍子胥将孙武推荐给吴王阖闾。

在孙武的严格训练下，吴军的军事素质有了明显的提高。公元前512年，阖闾、伍子胥和孙武，指挥吴军攻克了楚的属国钟吾国(今江苏宿迁东北)、舒国(今安徽庐江县西)，阖闾想要长驱直入攻克楚都郢(今湖北江陵县纪南城)，孙武认为疲惫之师不宜久留，伍子胥也完全同意孙武的主张，吴王便下令班师。回朝后，孙武和伍子胥共同商订了一套扰楚、疲楚的计策，即组成三支劲旅，轮番袭扰楚国，弄得楚国连年应付吴军，人力物力都被大量耗费，国内十分空虚，属国纷纷叛离。

公元前506年，楚国攻打已经归附吴国

中华文化公开课
文化名人六讲

的小国——蔡国，阖闾和伍子胥、孙武便指挥训练有素的3万精兵，乘坐战船，溯淮而上，直趋蔡国与楚国的交界处。楚军见吴军来势凶猛，不得不收缩部队，调集主力，防守于汉水一带。不料孙武突然改变了进军的路线，放弃战船，改从陆路进攻，直插楚国纵深。孙武选择了强壮敏捷的3500人为前阵，身穿坚甲，手执利器，连连大败楚军。然而，这时越国乘吴军伐楚之机进攻吴国，秦国又出兵帮助楚国对付吴军，这样，阖闾不得不引兵返吴。

◆ 孙五（武）子演阵教美人战 版画

孙武在帮助阖闾西破强楚的同时，计划征服越国。公元前496年，阖闾听说越王允常去世，新即位的越王勾践年轻稚弱，越国国内不大稳定，认为机不可失，时不再来，便不听孙武等人的劝告，仓促出兵越国。两军相遇于吴越边境的木隽李(今浙江嘉兴县西南)。勾践施展巧计，派死刑犯出阵排成三行，把剑放在脖子上，一个个陈述一番后，自刭于阵前。吴国士兵看傻了眼，越军乘机发动冲锋，吴军仓皇败退，阖闾负重伤身亡。

阖闾去世后，由太子夫差继承王位。公元前494年春天，勾践调集军队从水上向吴国进发，夫差率10万精兵迎战于夫椒(今江苏吴县西南太湖边)。在孙武、伍子胥的策划下，吴军大败越军，勾践带着5000名甲士跑到会稽山(今浙江绍兴市东南)上的一个小城中凭险抵抗，被吴军团团包围。勾践只得向吴屈辱求和。

越王勾践屈辱求和后，卧薪尝胆，立志复仇，他十年生聚，十年教训，使越国富足，越军精悍。公元前482年，越军乘吴军主力聚集黄池与中原诸侯盟会、吴国国内兵力空虚之际，发兵袭击吴国，攻入吴国国都。吴国遭此劫难，便一蹶不振，由盛转衰，至公元前473年，正式被越国灭亡，夫差愧恨交加，自刎而死。孙武所梦想的由吴王统一华夏，也就成为泡影。

孙武的一生，除了其赫赫战功以外，还给后人留下了不少珍贵的论兵、论政的篇章，其中流传下来的《孙子兵法》尤以著名。这短短的13篇兵法，仅5000字，却体现了孙武完整的军事思想体系。

延伸阅读

孙武练兵

孙武带着他《孙子兵法》进见吴王。吴王将兵法一篇一篇看罢，啧啧称好，便对孙武说："你的兵法十三篇，不知实行起来如何，可否演练一下，让我们见识见识？"孙武回答说："可以。"吴王想给孙武出个难题，于是下令将宫中美女180名召到宫后的练兵场，交给孙武去演练。

孙武把180名宫女分为左右两队，指定吴王最为宠爱的两位美姬为左右队长，让她们带领宫女进行操练，孙武站在指挥台上，认真宣讲操练要领。他命令命道："一切行动，都以鼓声为准。你们都听明白了吗？"宫女们回答："明白了。"孙武便击鼓发令，然而宫女们不听号令，捧腹大笑，队形大乱。孙武便召集军吏，根据兵法，斩掉两位队长。当孙武再次击鼓发令时，众宫女前后左右，进退回旋，跪爬滚起，全都合乎规矩，阵形十分齐整。

著名军事家——孙膑

　　孙膑是战国中期兵家的代表人物，伟大的思想家、卓越的军事家。他所著的《孙膑兵法》，继承和发展了孙武和吴起等人的军事思想，总结了当时的作战经验，为我国古代军事理论宝库增添了丰富的内容。

　　孙膑（生卒年不详），吴国大将孙武的后代，齐国人（今山东鄄城人），战国时期著名军事家。

　　相传他少年时与庞涓同师于高人鬼谷子。后来庞涓当了魏国的将军，妒忌孙膑的才能，就派人把他诓骗到魏国，处以膑刑（挖去膝盖骨），所以人们称他为孙膑。

　　后来，孙膑得到齐国使臣的帮助，逃离魏国，到了齐国，做了齐国的军师。

　　公元前354年，魏惠王派庞涓进攻赵国，包围了赵国的国都邯郸。第二年，赵国向齐威王求救。齐威王想拜孙膑为大将，孙膑忙推辞说：“不行。我是个受过刑的残废人，当了大将，会给人笑活。大王还是请拜田大夫为大将吧。”齐威王就拜田忌为大将，孙膑为军师，发兵去救赵国。孙膑坐在一辆有篷帐的车子里，帮助田忌出主意。孙膑对田忌说：“现在魏国把精锐的兵力都调去攻赵国，国内大多是些老弱残兵，十分空虚。咱们不如去攻魏国大梁。庞涓听到消息，一定会放弃邯郸，回救魏国，我们在半道上等着，迎头痛击他一顿，一定能把他打败。”这时，庞涓已经攻下邯郸，忽然听说齐国打大梁去了，立刻吩咐撤兵。刚撤到桂陵（今河南长垣西北）地界，就撞上齐国兵马。两国短兵相接，庞涓大败。齐国大军得胜而归，邯郸之围也解除了。

　　公元前342年，魏国又进攻韩国，韩国向齐国求救。第二年，田忌和孙膑又出兵救韩。孙膑仍采用过去的战略，没有直接发兵

◆ 孙膑像

法中，孙膑结合自己所处年代的特点，溶入了自己的丰富经验和精心研究的成果。

孙膑继承前人，超越前人，形成了独具特色的军事理论体系。他的论著可谓博大精深，确实是留给后人的宝贵的财富。

◆ 马陵之战遗址

韩国，而是直接攻魏。庞涓被迫放弃攻韩，赶回迎战。孙膑认为魏军素来剽悍勇猛，轻视齐军，决定利用他们这种心理，诱敌取胜。于是，齐军假装怯战，向后退却，并采取逐日减灶的办法，迷惑敌人。庞涓追击齐军，到齐军扎过营的地方，发现三天中间齐军的炉灶减少了一大半。他认为齐军已逃亡过半，非常高兴。孙膑估计庞涓晚上可到马陵，就在这里设下埋伏，在道旁树上写了"庞涓死于此树之下"八个字，命令伏兵看到火光就一齐放箭出击。庞涓果然在晚上进入马陵道。他见树上有字，举火看字，还没有看完，齐军已万弩齐发，箭如雨下。结果，庞涓被迫自杀，十万魏军全部被歼，齐军大获全胜。这就是著名的"马陵之战"。

孙膑两次大败魏军，从此名显诸侯，人们都知道他善于用兵了。

《孙膑兵法》又名《齐孙子》，以区别于孙武的《孙子兵法》。仅从现存的30篇就足以看出，《孙膑兵法》继承和发展了孙武和吴起等著名兵法家的兵法思想。在这部兵

知识小百科

《孙膑兵法》的军事思想

1.他既主张"战胜而立"，又指出"乐兵者亡"。他认为，只能通过战争才能实现统一，这在当时无疑是正确的。但他反对滥用战争，更反对打无准备的战争，强调"事备而后动"。

2.他认为决定战争胜负的不是双方的力量对比，而是战争的性质，指出"战而无义，天下无能以固且强者"。

3.他认为军队强大、战无不胜的根本在于士兵和民心。他说，"兵之胜在选卒"，对士兵应"爱之若狡童，敬之若严师"。他多次提到民心问题，并明确指出，使百姓遭受痛苦的军队会遭受失败。

4.他认为强兵的关键是"富国"，而"富国"的途径又是爱惜民力和积聚民力，特别强调休养生息，积蓄民力。

5.他的主导战略战术思想是"奇发而不报，则胜矣"，"有余奇者，过胜者也"。极力倡导因地制宜，因势利导，出奇制胜。

6.他主"必攻不守"。认为积极主动进攻是取胜的法宝，消极防守难逃厄运。

7.他强调领军将帅必须知"道"，要求统兵将帅知天文、明地利、善人和，真正懂得用兵的规律。

8.他很重视正确处理军队内部关系，主张君王全权授命，将领同心协力，官兵上下一心，建立一种和谐的内部关系。

第二讲 军事将领战沙场

赵国名将——廉颇

廉颇是战国时期一位杰出的军事将领，南征北战数十年，攻城无数，从无败绩。为人亦襟怀坦荡，知错就改。他的一生，正如司马光所言："廉颇一身用与不用，实为赵国存亡所系。此真可以为后代用人殷鉴矣。"

廉颇（生卒年不详），战国时期赵国杰出的军事将领。

赵惠文王初，东方六国以齐最为强盛，齐与秦各为东西方强国。秦国欲东出扩大势力，赵国当其冲要。为扫除障碍，秦王曾多次派兵进攻赵国。廉颇统领赵军屡败秦军，迫使秦改变策略，实行合纵，于惠文王五十四年(前258)在中阳(今山西中阳县西)与赵相会讲和。此后，廉颇率军征战，守必固，攻必取，几乎百战百胜，威震列国。

公元前266年，赵惠文王卒，孝成王立。

◆ 廉颇像

这时，秦国采取应侯范雎"远交近攻"的谋略，一边跟齐国、楚国交好，一边攻打临近的小国。周赧王五十五年(前260)，秦国进攻韩地上党。上党的韩国守军孤立无援，太守冯亭便将上党献给了赵国。于是，秦赵之间围绕着争夺上党地区发生了战争。这时，名将赵奢已死，蔺相如病重，执掌军事事务的只有廉颇。于是，赵孝成王命廉颇统帅20万赵军阻秦军于长平(今山西高平县西北)，历史上把这次战役称为"长平之战"。当时，秦军已南取野王(今河南沁阳)，北略上党(今山西中部地区)，切断了长平南北联系，士气正盛，而赵军长途跋涉而至，不仅兵力处于劣势，态势上也处于被动不利的地位。面对这一情况，廉颇正确地采取了筑垒固守、疲惫敌军、相机攻敌的作战方针。他命令赵军凭借山险，筑起森严壁垒。尽管秦军数次挑战，廉颇总是严束部众，坚壁不出。同时，他把上党地区的民众集中起来，一面从事战场运输，一面投入筑垒抗秦的工作。秦军求战不得，无计可施，锐气渐失。

赵王求胜心切，强行罢廉颇职，用赵

中华文化公开课

文化名人六讲

括为将。虽然蔺相如力谏，指出只知纸上谈兵的赵括不适合担此重任，但赵王不听。赵括代替了廉颇的职务后，完全改变了廉颇制定的战略部署，撤换了许多军官。秦国见使用赵括为将，便暗中启用武安君白起率兵攻赵，大败赵括军于长平，射杀赵括，坑赵兵四十余万。

长平之战后，秦国趁势包围赵都邯郸，持续一年多，幸有魏公子信陵君窃取兵符相救得以不灭，但国力已大减。

燕以赵大伤于长平，以丞相栗腹为将，于秦昭襄王五十六年(前251)举兵攻赵。赵使廉颇为将，指挥了著名的鄗代之战。廉颇指挥为保卫乡土而同仇敌忾的赵军，采取集中兵力打敌正面的战法，首战告捷，挫敌兵锋，打掉了燕军的嚣张气焰。接着，他率领赵军大败燕军主力，阵斩栗腹。燕军主帅被斩，惊慌溃退。廉颇抓住燕军败退之机，立命赵军乘胜追击，长驱500里，于公元前250年进围燕国都城蓟(今北京市)。燕王喜眼看燕国危在旦夕，只好答应赵国提出的割让5城等全部要求，向赵国求和。廉颇因功封信平君，为相国。廉颇任相国前后约六七年，多次击退入侵敌军，战功显赫。

秦始皇二年(前245)，赵孝成王卒，其子赵悼襄王继位。襄王听信了奸臣郭开的谗言，解除了廉颇的军职，派乐乘代替廉颇。廉颇因受排挤而发怒，攻打乐乘，乐乘逃走。廉颇于是离赵投奔魏国大梁(今河南省开封市)。廉颇去大梁住了很久，魏王虽然收留了他，却并不信任和重用他。

赵国因为多次被秦军围困，赵王想再任用廉颇，廉颇也想再被赵国任用。赵王派遣使者宦官唐玖，带着一副名贵的盔甲和四匹快马到大梁去慰问廉颇，看廉颇还是否可用。廉颇的仇人郭开却唯恐廉颇再得势，暗中给了唐玖很多金钱，让他说廉颇的坏话。赵国使者见到廉颇以后，廉颇在他面前一顿饭吃了一斗米，十斤肉，还披甲上马，表示自己还可用。但使者回来向赵王报告说："廉将军虽然老了，但饭量还很好，可是和我坐在一起，不多时就拉了三次屎。"赵王认为廉颇老了，就没任用他，廉颇也就没再得到为国报效的机会。

楚国听说廉颇在魏国，就暗中派人迎接他入楚。廉颇担任楚将后，没有建立什么功劳。不久，一代名将廉颇在楚国的寿春(今安徽省寿县)去世。

延伸阅读

廉颇卸职与三个村名

赵王误中秦国反间之计，起用纸上谈兵的赵括为帅，替代廉颇。廉颇告诉赵括"秦军千里奔袭，利在速战，应以守为主"，并以"守势图"相托。不料赵括却冷眼相待，廉颇大怒之下，交出帅印，离开大营，骑马驰奔，要回邯郸。路过一村，百姓跪拜，这才发现自己仍然头戴帅盔，身披铠甲，足蹬战靴，觉得自己已经卸职，无披挂必要，便把这三件东西脱在这里。人们为纪念廉颇的这一壮举，便把这个村叫三甲村。

廉颇越走越不放心，他觉得赵括骄傲自大，轻敌麻痹，若轻率出击，必遭惨败。再加上赵军战士和百姓的挽留，就犹豫起来，一会儿觉得自己已经卸职，干脆走了吧，一会又觉得长平战事，非同儿戏，四十万生灵乃赵国元气……是走，是留，他拿不定主意，在一个村边徘徊犹豫了好长时间，直到邯郸发来诏书催他回朝，这才哀叹一声离去。因此，百姓把这个村叫徘徊村。

虽然诏书催发，去意已定，但沿途百姓仍拦路乞留。百姓为啥能认出他来？除了廉颇的白发白须外，最显著的就是他骑的那匹体格高大、浑身雪白的玉兔赛风驹。廉颇为了摆脱窘境，再经一村时，就忍痛换掉了他的宝马良驹，百姓把这个村叫换马村。

第二讲 军事将领战沙场

67

著名军事谋略家——韩信

　　韩信熟谙兵法，因势用兵，以兵造势，故能出奇制胜、战必胜，攻必取，为后世留下了大量的军事典故。其用兵之道，为历代兵家所推崇，是继孙武、白起之后，最为卓越的将领。

　　韩信（？—前196），汉初军事家，淮阴（今属江苏）人。少时父母双亡，家道贫寒，却刻苦读书，熟演兵法，怀安邦定国之抱负。苦于生计无着，于不得已时，在熟人家里吃口闲饭，有时也到淮水边上钓鱼换钱，屡屡遭到周围人的歧视和冷遇。一次，一群恶少当众羞辱韩信。有一个屠夫对韩信说："你虽然长得又高又大，喜欢带刀配剑，其实你胆子小得很。有本事的话，你敢用你的配剑来刺我吗？如果不敢，就从我的裤裆下钻过去。"韩信自知形单影只，硬拼肯定吃亏。于是，当着许多围观人的面，从那个屠夫的裤裆下钻了过去。史书上称"跨下之辱"。

　　公元前209年，陈胜、吴广揭竿而起。韩信配剑从军，投奔项梁的西楚军。项梁战死后，继随项羽，但未受项羽重用，只是充当一名执戟卫士。他多次向项羽献策，均不被采纳，于是愤然逃出楚营，投奔汉王刘邦。刘邦初始也没把他当将才使用，只任命他为治粟都尉。韩信见刘邦不肯重用，决意离汉营而去。丞相萧何素知韩信之才，闻讯即刻骑马月夜苦追，将他劝回，由此留下了"萧何月下追韩信"的美谈。后来，刘邦在萧何的屡次劝说下，亲自与韩信讨论军国大事，确信韩信为稀世之才，遂举行仪式，拜为大将。

　　拜将之后，韩信建议刘邦出兵

◆ 韩信像

中华文化公开课

文化名人六讲

关中，把关中作为根据地，然后出关夺取天下。韩信分析："大王入关中时曾约法三章，对关中百姓秋毫无犯，关中百姓都盼望您回去做关中王，大王的部下又大都是关中人，可以借此良机，依靠关中人东征，定会取胜。"鉴于韩信的军事谋略与才干，令刘邦相见恨晚。

刘邦入汉中时，为了表明不再东出争夺天下，同时也为了防止关中三王的袭击，烧毁了关中到汉中的栈道。韩信派出人马去修复栈道，给人一种将要从这里进军关中的假象，他自己却率军迂回绕过陈仓，从那里突发攻击，一举大败章邯等三王，占领了关中。

占领关中后，以前归降刘邦的诸侯又都背叛了刘邦，韩信又奉命平定诸王之乱。仅用一个月的时间，就平定了魏地，俘虏了魏王豹。

之后，韩信又奉命去讨伐赵国，路途要通过一道极狭的山口，叫井陉口。赵王手下的谋士李左军，主张一面堵住井陉口，一面派兵抄小路切断汉军的辎重粮草，韩信的远征部队没有后援，就一定会败走。但大将陈余不听，仗着兵力优势，坚持要与汉军正面作战。

韩信了解到这一情况，非常高兴。他命令部队在离井陉三十里的地方安营，到了半夜，让将士们吃些点心，告诉他们打了胜仗再吃饱饭。随后，他派出两千轻骑从小路隐蔽前进，要他们在赵军离开营地后，迅速冲入赵军营地，换上汉军旗号；又派一万军队故意背靠河水排列阵势来引诱赵军。

到了天明，韩信率军发动进攻，双方展开激战。不一会，汉军假意败回水边阵地，赵军全部离开营地，前来追击。这时，韩信命令主力部队出击，背水结阵的士兵因为没有退路，也回身猛扑敌军。赵军无法取胜，正要回营，忽然营中已插遍了汉军旗帜，于是四散奔逃。汉军完胜。

平定诸王叛乱、占领齐国之后，刘邦封韩信为齐王，但同时却调走了韩信的许多军队。

汉朝建立后，公元前201年韩信被人告发谋反，被降为淮阴侯。公元前196年，萧何与吕后为防其谋反，设计诱韩信入宫将其杀害，并灭其三族。

延伸阅读

一饭千金

帮助汉高祖打平天下的大将韩信，在未得志时，境况很是困苦。那时侯，他时常到城下淮水钓鱼，希望碰着好运气，便可以解决生活。但是，这究竟不是可靠的办法，因此，时常要饿着肚子。幸而在他时常钓鱼的地方，有很多漂母（清洗丝棉絮或旧衣布的老婆婆）在河边做工。其中有一个漂母，很同情韩信的遭遇，不断的救济他，给他饭吃。韩信在艰难困苦中，得到那位仅能以双手勉强糊口的漂母的恩惠，很是感激，便对她说，如有出头之日，必定重重的报答她。那漂母听了韩信的话，说并不希望韩信将来报答她。

后来，韩信替汉王立了不少功劳，被封为楚王，他想起从前曾受过漂母的恩惠，便命人送酒菜给她，另外送给她黄金一千两作为答谢。

飞将军——李广

李广出生将门世家，从小勤学苦练，练就一身绝技。特别是他的骑术和箭术，无与伦比。汉文帝对他的军事才能更是赞叹不已，曾经说过："惜乎！子不遇时，如令子当高帝时，万户侯岂足道哉！"

李广(？—前119)，陇西成纪(今甘肃静宁南)人，西汉著名军事将领。李广的祖先是秦朝将军李信，曾率军战败燕太子丹。李广接受世传弓法，射得一手好箭。

公元前166年，匈奴大规模入侵汉境。李广以良家子弟的身份参军抗击匈奴。因为他善于骑马射箭，杀敌很多，便做了汉朝的侍郎。李广曾随汉文帝出行，有过冲锋陷阵以及与猛兽格斗的事迹。

到汉景帝当皇帝时，李广做了陇西都尉。吴楚七国叛乱时，李广随大将军周亚夫进攻吴楚军，李广夺取了敌军的军旗，扬名于天下。但是他回到朝廷后，没有获得奖赏，被调到上谷任太守。

有一次，匈奴进到了上郡，李广带着一百个骑兵去追赶三个匈奴射手，追了几十里地才追上。他射死了其中的两个，把第三个活捉了，正准备回营，远远望见有几千名匈奴骑兵赶了上来。

李广手下的兵士突然碰到那么多匈奴兵，不由得都慌了。李广对他们说："我们离大营还有几十里地。如果现在往回跑，不能及时赶到大营，匈奴兵追上来就完了。不如干脆停下来，匈奴兵以为咱们是来引诱他们的，一定不敢来攻击我们。"接着，下令前进，在离匈奴阵地仅仅两里的地方停了下来，命令兵士一齐下马，把马鞍全卸下来，就地休息。

匈奴的将领看到李广这样布置，真的有点害怕。他们远远地观察汉军动静，不敢上来。

这时候，匈奴阵地上有一个骑白马的将军，走出来巡视队伍。李广突然带着十几名

◆ 李广像

骑兵翻身上马，飞驰过去，一箭把他射死。然后再回到自己队伍，下马躺在地上休息。

匈奴兵越看越怀疑。天黑下来，他们认定汉军一定有埋伏，怕汉军半夜袭击，就连夜全部撤走。到了天亮，李广一瞧，山上已没有匈奴兵，才带着一百多名骑兵安然回到大营。

过了不久，汉武帝即位，派李广去攻打匈奴。匈奴兵很是强悍，打败了李广的部队，活捉了李广。匈奴的骑兵准备把李广押回去，当时李广受了伤，就把他放在两马中间，结了个网兜，让李广躺在里面。走了十几里，李广装睡，斜眼看见旁边有一少年骑着一匹好马，李广突然跃起窜上那少年的马，推落了少年，取过他的弓，向南飞奔。匈奴兵追来，李广射杀了几人，终于逃脱。回来后，朝廷判李广有罪，降为平民。

李广在家闲居了几年，后匈奴又来犯境。天子就召来李广，任命他为右北平太守。匈奴甚是惧怕李广，称他为"汉朝的飞将军"，听说汉朝再次任用李广，躲避他好几年，不敢侵入右北平。

此后3年，李广驻军右北平，一次，李广率四千骑兵从右北平出发攻打匈奴。前进了大约有几百里路，匈奴左贤王率领四万骑兵包围了李广。这次战斗，李广几乎全军覆没，回来后又被朝廷降为平民。

几年后，汉武帝大规模出击匈奴，年事已高的李广随大将军卫青出战。李广的部队在路上迷了路，没按期到达目的地与大部队会合，放跑了匈奴主力。卫青准备调查李广的罪责，就派人来安抚他。

李广非常难过，对他的部下说："我从

◆ 李广射虎图

年青时开始，跟匈奴打了大大小小70多仗，而今很幸运地跟从大将军出征，有了跟单于交战的机会，可又迷失了道路，这难道不是天意吗?况且我已经60岁了，终究不能面对那些执法官吏的审问了。"说完就抽刀自杀了。

延伸阅读

戎马一生 传奇一生

李将军的死，实在是一个令人伤痛的悲剧，纵然不是自尽的下场，其生不逢时，命运多舛的一生，也令人不胜唏嘘。如同太史公描述的一样："天下知与不知，皆为尽哀。彼其忠实心诚信于士大夫也。"这是一个虽败犹荣的英雄故事，令人叹息。李广的一生是极富传奇色彩的，其一生的大部分时光是在与匈奴作战的战场上，但最终不得封侯。这对当时的一个军人来说，是个极大的缺憾。汉朝伟大的史学家司马迁在为李广立传时称赞道："桃李不言，下自成蹊。"

第二讲 军事将领战沙场

常胜将军——卫青

卫青是西汉时期为汉朝北部疆域的开拓作出过重大贡献的一位将领，也是中国历史上为人熟知的常胜将军。他能征善战，率军与匈奴作战，屡立战功。

卫青(？—前105)，字仲卿，西汉河东平阳人，是汉武帝时期抗击匈奴的主要将领。

卫青是平阳侯曹寿(曹参之曾孙)家奴婢卫媪与小吏郑季的私生子，早年作为家奴在平阳侯家长大。卫青长大后做了平阳侯家的骑士，跟随平阳公主。建元二年春，武帝因

◆ 卫青像

喜欢卫青的姐姐卫子夫而任命卫青做了大中大夫。

元光五年(前130)，卫青担任车骑将军，第一次领兵出击匈奴，与太仆、轻军将军公孙贺，大中大夫、骑将军公孙敖，卫尉、骁骑将军李广各领兵一万人，分别从上谷(今河北省怀来县)、云中(今内蒙古托克托东北)、代郡(今河北蔚县东北)、雁门出发。卫青至龙城(今在蒙古，当时为匈奴祭扫天地祖先的地方)，斩杀、俘虏数百敌军，首战告捷。

元朔元年(前128)春，卫夫人生皇子，被立为皇后。同年秋，卫青领三万骑兵出雁门击匈奴，歼敌数千。

元朔五年(前124)春，汉武帝令卫青率三万骑兵出高阙；卫尉苏建为游击将军，左内史李沮为强弩将军，太仆公孙贺为骑将军，代相李蔡为轻车将军，全归卫青指挥，出朔方；大行李息、岸头侯张次公为将军，出往北平，总兵力有十几万人出击匈奴。

匈奴右贤王抵抗卫青等部的进攻。右贤王因轻视汉军而放松了警惕，大饮而醉。汉兵夜间赶到，包围了右贤王，右贤王大惊，

◆ 铜弩机　西汉

◆ 汉代骑马俑

带其爱妾与精兵一百人乘夜奔逃，冲破汉军包围北去。汉轻骑校尉郭成等人追逐数百里，不及。得右贤王属下副将十余人，男女一万五千余人，牲畜数千百万，引兵得胜而归。汉武帝接到战报，喜出望外，派特使捧着印信，到军中拜卫青为大将军，加封食邑8700户，所有将领归他指挥。

公元前121年，西汉对匈奴的河西之战开始，此战汉武帝命霍去病从东方的代郡出塞，卫青从定襄出塞。卫青因前将军李广迷路，错失攻打单于的战机。归来后卫青派长史审问李广，李广愤而自杀。卫青此次出征功不如骠骑将军霍去病，没有增加封邑。漠北之战，基本上解除了匈奴对汉朝的军事威胁。此后卫青未再出征。

公元前106年，大司马大将军卫青去世，汉武帝命人在自己的茂陵东边特地为卫青修建了一座像庐山（匈奴境内的一座山）的坟墓，以象征卫青一生的赫赫战功。

卫青一生七次率兵出击匈奴，用兵敢深入，奇正兼擅，为将号令严明，与士卒同甘苦，作战常奋勇争先，将士皆愿为其效力。而且卫青处世谨慎，奉法守职，为一代将帅的楷模。

延伸阅读

与卫青有关诗词：《将军行》

将军有姊倾国色，宠冠后宫阿娇愁。
将军不是鸢肩辈，耻向椒房取通侯。
匈奴牧马蹂汉地，愿分虎符枭其首。
电扫河南逐陇西，郡县朔方未一秋。
天子不惜长平邑，计馘献俘非干求。
再出高阙将万骑，右贤愦愦兵家谋。
将军夜中斫云垒，掩耳雷霆戮戈矛。
名王遁匿残兵百，暂得颈上寄颅头。
即于军幕大其号，赐诏优渥天子酬。
校尉勋劳未曾答，封及褓褓将军羞。
将军不败讵天幸，肯向国家遗寇仇？
废书慷慨起长叹，默对青史祝其庥。

骠骑将军——霍去病

霍去病是中国西汉武帝时期名将，西汉杰出的军事家。好骑射，善于长途奔袭。他六击匈奴，每战皆胜。可惜24岁英年早逝，死后得到了汉武帝的厚葬，谥封景桓侯。

霍去病（前140—前117），河东郡平阳县（今山西临汾西南）人。霍去病是大将军卫青的外甥，母亲卫少儿，是汉武帝皇后卫子夫的姐姐。由于有皇族关系，霍去病在18岁时就很得皇帝宠信，入宫做了侍中。

在公元前123年，随大将军卫青出征，北击匈奴时，霍去病率领八百精锐骑兵离开大部队几百里去追击匈奴，最后歼敌2028人，其中有相国和单于的祖父，活捉单于叔叔，战后封为冠军侯。

公元前121年春，霍去病被任命为骠骑将军，率领精骑一万人，向河西地区进发。在这场战役中，汉军大获全胜，斩杀匈奴楼兰王、卢侯王，活捉了匈奴浑邪王的儿子及相国、都尉等高官，歼敌8900余人，并且缴获了匈奴休屠王的祭天金神像。战后，汉武帝下令增封霍去病食邑2000户。公元前121年夏的第二次河西战役中，霍去病孤军深入，以他变幻莫测的战术大败匈奴军。这次战役中，匈奴单桓王、酋涂王及相国、都尉等2500人投降，王母、单于阏氏、王子、相国、将军、当户、都尉等120多人被俘虏，匈奴兵30200人被汉军歼灭。霍去病的声望日益显赫，地位也日益尊贵。

后来霍去病由于受降浑邪王有功，又被加封食邑1700户。从此，匈奴的军事力量大大削弱了，他们不得不退出了汉朝的领域，退到了遥远的沙漠以北地区。从那以后，汉朝西部再也没有了异族的危胁，通往西域的道路完全畅通了。然而，匈奴并未停止对汉

◆ "马踏匈奴"石雕　西汉

朝边境的骚扰。公元前120年秋，一万多匈奴骑兵突然袭击定襄、右北平地区，杀掠汉朝边民1000多人。汉武帝决定再次对匈奴反击，以平定汉朝边境。

公元前119年，卫青和霍去病各率五万骑兵，分东西两路向漠北进军。霍去病领兵从代郡出发，大胆地起用匈奴降将赵破奴、复陆支、伊即轩等。大军在霍去病的指挥下，横穿沙漠，行军两千多里后与匈奴左贤王相遇。在汉军的猛攻下，左贤王大败而逃。这次战役中，汉军活捉了匈奴屯头王、韩王和匈奴将军、相国、当户、都尉等80余人，共歼敌七万人，匈奴左贤王的军队几乎全军覆没。

霍去病乘胜追击，率军追至狼居胥山（今蒙古境内德尔山）。霍去病再一次因功受到封赏，加封食邑5800户，与他的舅舅——大将军卫青一起被拜为大司马。从那以后，匈奴迁到了更加偏远的地方，再也不敢来滋扰汉朝边境了。霍去病在他短暂的戎马生涯中曾四次领兵出塞攻打匈奴，歼敌人数达11万之多。

◆ 霍去病墓

霍去病作战时身先士卒，喜欢做先锋。但是，他毕竟在宫中长大，贵族习气较多，所以对于士卒体恤不够。在塞外时，士兵缺少粮食吃，饥饿难当，他却在踢球寻乐。有一次出征时，汉武帝曾经赏赐宫廷膳食几十车。但等到霍去病凯旋而归时，扔掉的很多，而士兵们却还有饥饿的。

公元前117年，霍去病因病而死，年仅23岁。武帝悲痛异常，给他修的陵墓外形很像祁连山，还追封为景桓侯，并在墓前树立了一尊"马踏匈奴"的石像，象征着他为国家立下的不朽功勋。

◆ 元代青花大罐霍去病将军像

延伸阅读

霍去病的死因

1. 据说是在漠北之战中，匈奴人将病死的牛羊等牲口埋入水源中，因此水源区产生了瘟疫。而霍去病在此处饮食了带有瘟疫的水，而后病倒。

2. 因为他杀死李敢，而汉武帝为庇护他让他去朔方城避避风头，在他前往朔方的途中感染了瘟疫而死。

谈笑战赤壁——周瑜

周瑜是汉末著名军事统帅，军事家。他才华横溢，文章词赋鼓琴谱曲样样精通。治兵有谋略，讲战法，是汉末争霸时期众多将领中的佼佼者。

周瑜（175—210），庐江人氏，字公瑾。他少年时期结识了孙策，两人结为好友。后周瑜投奔袁术，想做一番事业。可袁术是个庸才，根本不会识人用人。不久，孙策带了几千兵马准备回江东，路遇周瑜，两人难舍难分，周瑜自此跟随了孙策，真正开始了其建功立业的戎马生涯。

孙策作战很勇猛，在周瑜的帮助

◆ 周瑜像

下，经过几次战斗，扫平了江南的一些地方势力，孙家开始成为一方诸侯。可惜的是，孙策英年早逝，临死前让其弟孙权继承他的事业，并要周瑜辅佐孙权。周瑜悲痛异常，流着泪答应了这一遗命。

孙权刚即位时，因为年轻，朝中多有议论。此时身为江东三军都督的周瑜，穿着盔甲上朝，以大礼参拜孙权，态度极为恭敬。群臣见周瑜如此行事，以后便没有人敢再非议孙权了。

周瑜一边积极训练军队，一边向孙权提出了问鼎中原的计划，并推荐了鲁肃、诸葛瑾等有才华的人来辅助孙权。江东一时出现人才济济、兵广将足的盛景。

公元208年冬，曹操率几十万大军南下，击溃刘备，陈兵长江北岸，直逼江东。群臣大都劝孙权投降曹操。孙权本不愿意，但又恐实力不足而不敢和曹操开战。这时周瑜星夜赶到柴桑，面见孙权。

在第二天的军事会议上，主和派提出双方实力相差悬殊，不可与曹操对战，最好迎接曹军，进行和谈。周瑜听了，厉言反驳道："曹操虽名为汉相，其实是个欺凌天子的汉贼，义理上是站不住的。而孙将军以神武雄才，又承父兄的基业，占据江东，拥有数千里的疆土，军队精良，粮秣充裕，目前正应一显身手，为朝廷除去奸党才对。英雄无不乐于在

◆ 赤壁之战旧址，今湖北蒲圻

此创造一番事业，为何表现出如此软弱的姿态？如今曹操前来送死，为何还要去迎接他呢？"

周瑜接着进一步分析，指出曹军的四大弱点：第一，北方的内部并不安定，函谷关之西，有马超、韩遂在造反，曹军有后顾之忧；第二，天气已冷，曹军的粮草势必不足；第三，北方的兵士来到南方，水土不服，战斗力势必减弱；第四，北方的兵士不习水战。最后，周瑜说："将军，您想捉曹操，最好就在今天决定。"孙权听了分析，非常高兴，当即把破曹的全部军队交给了周瑜统一调度。

公元208年十一月，周瑜用计命黄盖诈降曹操，巧用火攻，一举火烧了曹军的大营。曹操狼狈逃走，在乌林又被孙刘联军截击，军队大半损失，一气溃退了500里。赤壁大战以孙刘联军的胜利而告终。

赤壁之战后，周瑜率军攻取南荆州。在与曹仁军队的作战中，周瑜的右肋中箭受伤。但他为鼓舞士气，令人用木棒支撑身体，使他能坐镇于大本营指挥作战。曹军慑于周瑜军队的气势，便撤军了。周瑜的伤势一直未愈，加上战事紧张，无法静养，渐渐恶化。

210年，周瑜领兵攻打西川，行至巴丘城时箭伤发作，英年早逝，年仅36岁。孙权闻讯后，立即素服迎接周瑜灵柩回柴桑。

延伸阅读

念奴娇·赤壁怀古（苏轼）

大江东去，浪淘尽，千古风流人物。故垒西边，人道是，三国周郎赤壁。乱石穿空，惊涛拍岸，卷起千堆雪，江山如画，一时多少豪杰。遥想公瑾当年，小乔初嫁了，雄姿英发，羽扇纶巾，谈笑间，樯橹灰飞烟灭。故国神游，多情应笑我，早生华发。人生如梦，一樽还酹江月。

第二讲 军事将领战沙场

武圣——关羽

凝聚在关羽身上而为万世共仰的忠、义、信、智、仁、勇，蕴涵着中国传统文化的伦理、道德、理想，渗透着儒学的春秋精义，并为释教、道教教义所趋同的人生价值观念，实质上就是彪炳日月、大气浩然的华夏魂。

关羽(？—219)，字云长，本字长生，并州河东解州(今山西省运城市)人，三国时期蜀国名将。被后来的统治者崇为"武圣"，与号为"文圣"的孔子齐名。

关羽出生在一个有封建文化教养的农

◆ 关公神像 版画

家，青少年时期在家习文练武兼做农事。因其熟读《左传》，长须飘飘，人称美髯公。中平元年(184)，关羽在家乡路见不平，杀死郡豪，逃亡到涿郡。时逢刘备在招兵买马，与其相谈，甚为投机，便投到了刘备的旗下。后辅佐刘备成就大业，曾大破曹军，威震一时。

建安四年(199)，曹操出兵亲征刘备。刘备惨败，北投袁绍，困守下邳(今江苏睢宁县西北)的关羽被俘。曹操十分爱惜关羽的将才，拜为偏将军，礼遇优渥，但关羽丝毫不为之所动。关羽坦率地表达了自己的心迹，说："吾极知曹公待我厚，然吾受刘将军厚恩，誓以共死，不可背之，吾终不留，吾当报曹公乃去。"后袁绍与曹操交战，关羽策马奋勇当先，在万军之中力斩袁绍的两员大将颜良、文丑，解白马之围。曹操上表封关羽为汉寿亭侯，并重加赏赐。关羽却分毫未取，封金挂印，留下书信拜谢曹操，骑赤兔马，提一口青龙偃月刀，千里走单骑，过五关斩六将，赴袁绍营中寻找刘备。

公元219年七月，关羽受刘备取汉中胜

利鼓舞，北上取襄樊；曹操以于禁为将，督7军救曹仁，同时命徐晃率军进驻宛城。八月，山洪爆发，淹于禁等7军，关羽乘机攻击，庞德不降被杀，于禁投降；曹仁沉白马坚守樊城。关羽以偏将攻襄阳，自己亲自攻打樊城，并于樊城北布下阵地，以防北方曹军援兵；同时派人向附近郡县策反，荆州刺史胡修、南乡太守傅方投降，许昌以南部分官吏也暗中策应关羽；陆浑人孙狼聚众暴动，响应关羽，邺城魏讽乘机企图发动政变，即所谓"威镇华夏"。

曹操听取司马懿、蒋济等人意见，与孙权结盟，同时命徐晃率军救曹仁，并命名将张辽火速援曹仁。孙权故意派陆逊代吕蒙，关羽大意，遂抽走荆州部分守军；闰十月，孙权令吕蒙为大督，率军袭取江陵，孙皎后继，另派右护军蒋钦督水军进入沔水(汉水)，防关羽顺流而下。吕蒙至寻阳(今湖北黄梅西南)，将战舰伪装成商船，兵士扮为商人，昼夜兼程。

至公安，迫蜀守将傅士仁归降，继用傅士仁劝降了江陵守将糜芳，并厚待关羽将士眷属，释放关羽俘获的魏军将士，抚慰百姓。同时，令陆逊进至夷陵(今宜昌境)，西防刘备。徐晃到前线后，与曹仁取得联系，曹仁军士气大增；为离间孙刘，从中渔利，乃令部将将孙权来信射入关羽营中，关羽见后，犹豫不决，军心动摇。徐晃乘机大举进攻关羽据点，大破关羽，并乘机打通樊城路线。是时，洪水退，曹仁引军配合徐晃攻击关羽，文聘从水路断关羽粮道，关羽节节败退。

◆ 关羽擒将图　明　商喜

关羽知荆州已失，急忙退军，士兵得知其家属获厚遇，士气剧降。关羽眼见大势已去，就退走麦城，向上庸方向撤退。最后在突围中被吴将潘璋所擒。

不久，孙权诛杀了关羽。一代骁将，从此陨落。

唐朝战神——薛仁贵

薛仁贵是唐朝的爱国名将、民族英雄，官至左威卫大将军、安东都护。著有《周易新注本义》为世界上第一部辩证法理论的军事著作。他是中国历史上唯一一位能让敌人在未开战之时就下马跪拜的将军，打败过铁勒等诸多外族侵略，是中华民族不该忘记的战神。

薛仁贵(614—683)，唐朝名将，绛州龙门（今山西河津）人，名礼，字仁贵，以字行世。父亲薛轨早丧，虽自幼家贫，但是习文练武，刻苦努力，天生臂力过人。但是生于乱世之中，未有什么发展，长大务农，娶妻柳氏。到30岁的时候，记载中描写他穷困不得志，希望迁移祖坟以带来好运。他的妻子说："有本事的人，要善于抓住时机。现在皇帝御驾亲征辽东，正是需要猛将的时候，你有这一身的本事，何不从军立个功

◆ 薛仁贵石雕

名？等你富贵还乡，再改葬父母也不迟！"仁贵听了觉得有道理，就告别妻子，应征入伍，开始了他驰骋沙场40年的传奇经历。

显庆三年（658），唐高宗命程名振征讨高丽，以薛仁贵为其副将。薛仁贵于贵端城击败高丽军。第二年，薛仁贵又和梁建方、契苾何力等，与高丽大将温沙门战于横山。当时，薛仁贵手持弓箭，一马当先，冲入敌阵，所射者无不应弦倒地。接着，又与高丽军战于石城，遇善射敌将，杀唐军十余人，无人敢当。薛仁贵见状大怒，单骑突入，直取敌将。那个敌将慑于薛仁贵勇武，来不及放箭，即被薛仁贵生擒。不久，薛仁贵与辛文陵在黑山击败契丹，擒契丹王阿卜固以下将土，战后他因功拜左武卫将军，封河东县男。

龙朔元年（661），一向与唐友好的回纥首领婆闰死，继位的比粟转而与唐为敌。唐高宗诏郑仁泰为主将，薛仁贵为副将，领兵赴天山击九姓回纥。临行，唐高宗特在内殿赐宴，席间唐高宗对薛仁贵说："古善射有穿七札者，卿试以五甲射焉。"薛仁贵应

命，置甲取弓箭射去，只听弓弦响过，箭已穿五甲而过。唐高宗大吃一惊，当即命人取坚甲赏赐薛仁贵。

郑仁泰、薛仁贵率军赴天山后，回纥九姓拥众十余万相拒，并令骁勇骑士数十人前来挑战。薛仁贵临阵发三箭射死三人，其余骑士慑于薛仁贵神威都下马请降。薛仁贵乘势挥军掩杀，九姓回纥大败，所降全部坑杀。接着，薛仁贵又越过碛北追杀败众，擒其首领兄弟三人。薛仁贵收兵后，军中传唱说："将军三箭定天山，壮士长歌入汉关。"从此，回纥九姓衰败，不再为边患。

乾封元年（666），高丽莫离支泉盖苏文死，其子泉男生继位，但为其弟泉男健驱逐，特遣使者向唐求救。唐高宗派庞同善、高品前去慰纳，为泉男健所拒。于是，唐高宗命薛仁贵率军援送庞同善、高品。行至新城，庞同善为高丽军袭击，薛仁贵得知后，率军及时赶到，击斩敌首数百级，解救了庞同善。庞同善、高品进至金山，又为高丽军袭击，薛仁贵闻讯后，率军将高丽军截为两断奋击，斩首5000余级，并与泉男生相遇。对此，唐高宗特下诏慰勉薛仁贵。接着，薛仁贵又率两千人，进攻高丽重镇扶余城，这时，部将都以兵少劝他不要轻进。薛仁贵说：兵"在善用，不在众"，于是率军出征，这次战役，他身先士卒，共杀敌万余人，攻拔扶余城，一时声威大振，扶余川40余城，纷纷望风降附。这时，唐又派李绩为大总管由他道乘机进攻高丽。薛仁贵也沿海继进，与李绩合兵于平壤城，高丽降伏。之后，唐高宗命薛仁贵与刘仁轨率兵二万留守平壤，并授薛仁贵为右威卫大将军，封平阳郡公，兼安东都护。薛仁贵受命后，移治平

◆ 薛仁贵天盖山活捉董逵传统年画

壤新城。他任安东都护期间，抚爱孤幼，存养老人，惩治盗贼，擢拔贤良，褒扬节义之士，高丽士民安居乐业。

永淳二年（683），薛仁贵去世，终年70岁。死后，朝廷赠左骁卫大将军，幽州都督，官府还特造灵舆，护丧回归故里。

延伸阅读

薛仁贵虎口勇救鲁国公

新绛城西关，有个老虎坡，传说薛仁贵投军时，曾在这里打死猛虎，救过鲁国公程咬金。

当时薛仁贵两次投军，挨打受辱，憋着一肚子气到处转悠。突然听到一阵急促的马蹄声自远而近。抬头望去，只见一员黑面将官气喘吁吁地落慌而来，马后紧追着一只吊睛白额的斑斓猛虎。那将官惊慌失措，倒提大斧，边跑边喊："救命！"说时迟，那时快，只见仁贵大喝一声："我来救你！"便一个箭步从两三丈高的崖上飞身跳下，恰好落在那猛虎的屁股后。老虎猛吃一惊，正要返身相扑，却被仁贵揪住尾巴用力一甩，一下掀了个四脚朝天。那畜生吼声如雷，正待挣扎，仁贵早一脚飞去，直踢得它眼珠暴出，血流如注。接着，仁贵身子一弓，双手把半死不活的老虎高举过头，一下摔死在坡下，鲁国公也因此获救了。

第二讲　军事将领战沙场

沙场老将——郭子仪

　　郭子仪是唐朝有名的将领，他戎马一生，屡建奇功，以84岁的高龄才告别沙场。他"权倾天下而朝不忌，功盖一代而主不疑"，天下因有他而获得安宁达20多年。

　　郭子仪(697—781)，华州郑县(今陕西华县)人。祖籍山西汾阳。唐代著名的军事家。父亲郭敬之，历任绥州、渭州、桂州、寿州、泗州刺史。在父亲的教育和影响下，他从小爱读兵书，练武功，无论读书还是习武都刻苦认真。郭子仪身材魁梧，体魄健壮，相貌秀俊。不仅武艺高强、阵法娴熟，而且公正无私，不畏权贵。

　　传说，他20岁时，在河东服役，曾犯过军纪，按律处斩。在押赴刑场的途中被当时著名诗人李白发现。李白见他相貌非凡，凛然不惧的样子，甚感可惜。他认定此人将来一定会大有造化，会成为国家的栋梁之才，于是便以自己的官职担保，救下了这条年轻的性命。郭子

仪果然不负所望。参加武举考试后，便获高等补左卫长史(皇帝禁军幕府中的幕僚长)之职。因屡立战功，多次被提升晋职。

　　安史之乱爆发后，玄宗提拔郭子仪为卫尉卿，兼灵武郡太守，充朔方节度使。命令他带领本军讨逆，唐朝的国运几乎系郭子仪一身之上了。郭子仪立即亲赴校场，检阅三军，誓师出征。756年四月，朔方军旗开得胜，一举收复重镇云中，大败叛军薛忠义，

◆ 郭子仪上寿砖雕（局部）

◆ 郭子仪祝寿图

坑其骑兵2000人。接着郭子仪又使别将公孙琼岩率2000骑兵攻击马邑，大获全胜。捷报传到京城长安，人心稍安，郭子仪以功加御史大夫。

随后，朝廷命郭子仪回到朔方，补充兵员，从正面战场出击叛军，以图收复洛阳。郭子仪则认为，必须夺取河北各郡，切断洛阳与安禄山老窝范阳之间的联系，绝其后方供给线，才能有效地打击叛军前线的有生力量。这一出击方向的选择无疑是正确的。

经郭子仪的推荐，朝廷任命李光弼为河东节度使。郭子仪分了1万军队给李光弼，送他出征。李光弼由太原出井陉口，一连收复7座县城，直奔常山。史思明闻讯，率5万大军从西包围李光弼于常山。双方展开激战持续40多天。李光弼消耗很大，寡不敌

众，被迫困守。只得派人向郭子仪求援。郭子仪急率军东进，火速驰至常山，与李光弼会合，以10万官军，与史思明会战于九门城南，大获全胜。

之后数年，但凡是郭子仪带兵都会旗开得胜，因此朝廷上下官员对他十分敬重，吐蕃、回纥称他为"神人"，皇帝都不直接呼他的名字，甚至有些安史叛将也很尊重他。

建元二年(781)六月十日，郭子仪以85岁的高龄辞世。德宗沉痛悲悼，废朝5日，下诏书高度评价和追念他。按律令规定，一品官坟墓高1丈8尺，朝廷特下诏给他加高10尺，以示尊崇。君臣依次到府第吊唁，生前死后，哀荣始终。

第二讲 军事将领战沙场

83

金刀令公——杨业

杨业是北宋早期北方边境的抗辽名将，屡次击败当时东亚地区最强大的辽国的入侵，威震塞北，令契丹闻风丧胆，被赞誉为宋朝北方边境的擎天柱。

杨业（？—986），名继业，北宋名将，是杨家将最早的统帅，太原人。本名重贵，原是北汉的大将，北汉被宋朝平定以后，他就做了北宋的将军。因为他能征善战，骁勇无比，所以人们称他"杨无敌"。

宋太宗早就听说杨业武艺高强，十分器重他，任命他做大将。宋太宗灭了北汉，想乘胜攻打辽，收复北方失地。宋军攻势凌厉，北方有几个州的辽国守将纷纷投降。宋军一直打到幽州。后来，辽国派大将耶律休哥救援。双方在高梁河开战，宋兵大败，宋太宗乘了一辆驴车逃回东京。

从此之后，辽军不断袭击宋朝边境。宋太宗十分担心，就派杨业为代州刺史，扼守雁门关。

杨业不负重托，在契丹军出入的各个要道口，连续修建了阳武寨、崞寨、西陉塞、茹越寨、胡谷寨、大石寨（均在今代县、繁峙境内）6个兵寨。宋太宗太平兴国五年（980）三月，契丹十万军马来攻雁门，杨业率部用堵截和奇袭办法，大败契丹军，杀死他们的节度使、驸马、侍中肖咄李，活捉马步军都指挥使李重海。从此，敌兵一见"杨"字大旗，便吓得心惊胆战而不战自退。朝廷由此提升他为云州观察使，仍知代州。杨业驻守雁门关八年之久，契丹军始终不敢侵入一步。

北宋雍熙三年（986）正月，宋军

◆ 杨家将塑像

大举攻辽，以东路军曹彬、崔彦进率主力直取幽州；另以米信、杜彦圭部出雄州，田重进部出飞狐。二月，西路军以潘美为云、应、朔等州都部署，杨业任副都部署，王侁、刘文裕为监军，率部出雁门。宋太宗原计划曹彬所率主力大张声势，扬言直取幽州，持重缓进，将辽军吸引在幽州，以利于西路军顺利攻占沿途州县，然后会师攻取幽州。

◆ 天波杨府

三月，西路军出雁门，击败辽军，辽寰州刺史赵彦辛降宋；进围朔州，辽节度副使赵希赞以城降宋。辽以北院枢密使耶律斜轸为山西兵马都统，率军抵抗潘美、杨业所统宋西路军，尚未到前线，潘美、杨业军又攻辽应州，辽节度使艾正以城降宋。

四月初，潘美、杨业军又攻占云州，辽大同军节度副使赵毅等降宋。在西路宋军攻城俘将、连连得胜的形势下，作为主力的东路宋军为争功，不等与西路军会师，违背诏旨，自行北上攻占涿州，又因粮尽退兵。

五月，宋东路军又进至岐沟关北，受到辽军主力的追击而大败，宋太宗遂令西路军退回代州，护送云、朔、寰、应四州民户南迁。辽军大败宋东路军后，耶律斜轸部得以全军十余万西攻。

六月，攻占寰州，宋守军千余人战死。面对强敌，杨业对潘美、王侁等建议："贼势盛，不可与战，姑密谕云、朔等将先出寰，我师次应州，贼必悉众来拒，俾朔州吏民直入石碣谷，列强弩千人于谷，以骑士援于中路，则三州之众万全矣。"未被采纳。

七月，杨业被迫出军，要求潘美等在陈家谷口接应。辽军主帅耶律斜轸得知杨业出兵，令部将萧挞凛设伏兵于路，杨业战败。而潘美、王侁等则以为契丹败走，欲争其功，即领兵离开陈家谷口，杨业转战退至陈家谷口，无人接应，最终因为寡不敌众而被辽军俘虏，在被押赴辽国途中绝食三天而死。

抗金名将——岳飞

岳飞，著名军事家、抗金名将。他一生坚持抗金，他的反抗民族压迫的爱国主义精神，为中华民族树立了光辉的典范。他是我国历史上一位杰出的民族英雄。

岳飞（1103—1142），南宋军事家，民族英雄。字鹏举，相州汤阴（今属河南）人。

岳飞父岳和，母姚氏，世代务农。岳飞少时勤奋好学，并练就一身好武艺。他青少年时向周同、陈广学习射箭、枪技，成为全县武艺最高强的人，但因家境贫困，后到相州（今安阳），为韩魏公（韩琦）家庄客，耕

种为生。19岁时投军抗辽。不久因父丧，退伍还乡守孝。

公元1126年，金兵大举入侵中原，岳飞再次投军，开始了他抗击金军、保家为国的戎马生涯。传说岳飞临走时，其母姚氏在他背上刺了"精忠报国"四个大字，这成为岳飞终生遵奉的信条。

当时，我国东北女真贵族建立的金国日渐强大。1127年，金兵灭掉了北宋。金兵的侵略，激起了广大人民的反抗。早在北宋灭亡以前，岳飞就应募从军，参加抗金斗争。他英勇善战，立过很多战功。南宋建立后，岳飞以下级军官身份，上书反对宋高宗南迁，要求北伐。不料这次上书触怒了主和派，他们以"小臣越职，非所宜言"的罪名，把岳飞的官职革掉了。于是，岳飞就投奔河北路招抚使张所。张所问他："听说你作战非常勇敢，你自己衡量能对付多少敌人？"岳飞回答说："用兵不能单靠勇敢，首先要靠谋略。"张所很赏识他，任命他为中军统领，不久又升他为统制。

金军南侵时，岳飞转移到江南，在宜

◆ 岳飞铜像

兴一带收编散兵，组成一支能单独作战的队伍。1130年，金兵从建康准备渡江北返。岳飞当时驻扎在建康附近，向金兵发动攻击，打了一个大胜仗，乘胜收复了建康。1134年，岳飞又继续出击，连战连捷，收复了襄阳等六郡。他也以战功被封为清远军节度使，不久又被封为武昌郡开国侯。

◆ 岳王墓

那时候，岳飞带领的军队称为"岳家军"。岳家军纪律严明，作战勇敢，遭到敌人袭击时一点不慌乱。金兵非常惧怕岳家军，他们说："撼山易，撼岳家军难！"可见岳家军声威之高了。

1140年，金兵又大举进攻南宋。岳飞带兵进入河南，坚决反击。他把大本营驻扎在郾城，一面派兵收复颍昌、郑州、洛阳等地，一面派人到河北一带联络当地的抗金义军作战。金将完颜兀术探听到岳飞在郾城的兵力不多，就命人率领一万五千骑兵向郾城进攻。金兵以披着重铠的"铁塔兵"列在正面，左右两翼布列骑兵，叫"拐子马"，准备夹击。岳飞命令将士们手执刀斧，冲入敌阵，上砍敌人，下砍马腿，杀得金兵人仰马翻，歼灭了这支骑兵。这就是有名的郾城大捷。后来，完颜兀术集合12万军队再来进攻，又被岳飞打得大败。

在朱仙镇，岳飞招兵买马，连络河北义军，积极准备渡过黄河收复失地，直捣黄龙府。他斗志昂扬地对诸将说："直捣黄龙府，与诸君痛饮耳！"这时高宗和秦桧却一心求和，连发12道金字牌班师诏，命令岳飞

退兵。岳飞抑制不住内心的悲愤，仰天长叹："十年之功，毁于一旦！所得州郡，一朝全休！社稷江山，难以中兴！乾坤世界，无由再复！"他壮志难酬，只好挥泪班师。

岳飞回临安后，即被解除兵权，任枢密副使。绍兴十一年（1142）八月，高宗和秦桧派人向金求和，完颜兀术要求"必杀飞，始可和"。秦桧乃诬岳飞谋反，将其下狱。绍兴十一年十二月二十九日，秦桧以"莫须有"的罪名将岳飞毒死于临安风波亭，是年岳飞仅39岁。

延伸阅读

满江红（岳飞）

怒发冲冠，凭栏处，潇潇雨歇。
抬望眼，仰天长啸，壮怀激烈。
三十功名尘与土，八千里路云和月。
莫等闲、白了少年头，空悲切。
靖康耻，犹未雪，臣子恨，何时灭？
驾长车，踏破贺兰山缺。
壮志饥餐胡虏肉，笑谈渴饮匈奴血。
待从头、收拾旧山河，朝天阙。

第二讲 军事将领战沙场

87

民族英雄——郑成功

　　郑成功，明清之际的民族英雄，我国历史上著名的军事家、政治家。郑成功一生最伟大的功绩是收复台湾，驱逐荷兰侵略者和大规模开发台湾。

　　郑成功（1624—1662），原名郑森，字明俨，号大木。生于日本河内浦，父亲郑芝龙是贩运于中国和日本之间的富商，后归顺明朝。郑成功七岁回国。少年时代，正值明王朝土崩瓦解的时候，国家势力衰退，内忧外患，民怨甚深。郑成功的老师也是爱国之士，常用英雄志士的诗篇教育郑成功。

　　郑成功天资聪明，涉猎广泛，8岁时就会背诵"四书五经"，10岁时能写八股文。12岁时，老师以"洒扫应对进退"为题命他作文，他在文章中写道："汤武之

◆ 郑成功像

征诛，一洒扫也；尧舜之揖让，一进退应对也。"文章意境开阔、新奇，令老师感叹不已，大赞郑成功是"天下奇才"。文由心动，郑成功小小年纪就能说出修身、齐家、治国、平天下的大道理，足可见他的敏锐才思和博大胸怀。

　　郑成功任南明隆武帝御营中军都督。清顺治三年（南明隆武二年，1646），清军攻克福建，唐王隆武皇帝遇害，在清大学士洪承畴的招抚下，郑成功的父亲认为明朝气数已尽，不顾郑成功的反对，只身北上向清朝朝廷投降。清军在这时掠劫郑家，郑成功的母亲田川氏为免受辱于清兵，切腹自尽。"国仇家恨"之下，隆武二年十二月（1647年1月）郑成功在烈屿（小金门）起兵，旗帜上的称号是"忠孝伯招讨大将军罪臣朱成功"。永历三年（1649）改奉南明永历年号，永历帝封他为延平郡王，故亦有称其为郑延平者。1651年到1652年在闽南小盈岭、海澄（今龙海）等地取得3次重大胜利，歼灭驻闽清军主力。后挥师北取浙江舟山，南破广东揭阳。顺治十二年（1655），清定远大将军济度率兵约3万入闽，会同驻闽

清军，进攻郑军。郑成功利用清军不善水战的弱点，诱其出海作战，次年四月将其水师歼灭于厦门围头海域。在起义后的16年间，郑成功据地在现今小金门和厦门（当时为一小岛，并没有和大陆连在一起）一带的小岛，完全控制了海权，以和外国人做生意收集资金，筹备军力，并且深入内陆广设商业据点，收集许多有关清军与朝廷的情报，曾经几次起兵，也和清朝廷议和以争取时间恢复兵力。

1661年康熙皇帝初即位，之前的郑氏降将黄梧陈灭贼五策，包括长达20年的迁界令，自山东至广东沿海廿里，断绝郑成功的经济支援。由于清政府的新策略，郑成功和他的军队断绝了经济来源，面临着严重的财政危机，不得不放弃以近岸离岛为基地。骚扰东南沿海的军事策略，转而进攻已久为大航海时代以来远渡重洋来到亚洲的葡萄牙人、西班牙人、英国人、荷兰人所分别殖民割据的台湾，作为新的基地。这一年三月二十三日，郑成功亲率将士2.5万、战船数百艘，自金门料罗湾出发，经澎湖，出敌不意地在鹿耳门及禾寮港登陆。先以优势兵力夺取荷军防守薄弱的赤嵌城（今台南市内），继又对防御坚固的首府台湾城（今台南市安平区）长期围困。经过九个月的苦战，在早年由其父协助渡海的汉人移民的支持下，于1662年打败荷兰人，迫使殖民总督揆一于同年十二月十三日

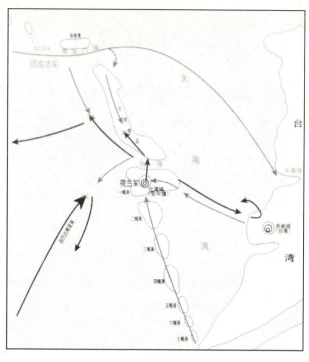

◆ 郑成功收复台湾路线图

（1662年2月1日）签字投降，撤离台湾。

虽然仍有其他明朝宗室在台，但成功已决定不再拥立新帝，自为台湾之主。郑成功在台成立第一个汉人政权，然而，因为当时热带地方卫生条件不好，郑成功感染时疫，同年五月病逝，享年39岁。

第二讲 军事将领战沙场

抗倭名将——戚继光

　　戚继光出身将门，17岁即担负防御倭寇的重任，立"封侯非我意，但愿海波平"之志，率军于沿海诸地抗击来犯倭寇，历十余年、大小八十余战，终于扫平倭寇之患，被誉为民族英雄。世人称其所率军队为"戚家军"。

　　戚继光(1527—1587)，明朝抗倭名将、军事家。字元敬，号南塘，又号孟渚。山东登州(今山东蓬莱)人。原籍河南卫辉。一说祖籍安徽定远，生于山东济宁。于闽、浙、粤沿海诸地抗击来犯倭寇，历十余年，大小80余战，终于扫平倭寇之患。

　　日本从14世纪30年代以后，长期处于南北分裂状态。14世纪末，北朝足利氏征服了南朝，内战失败的南朝武士流亡海上，纠合部分破产农民和一些不法商人，到我国沿海走私兼抢劫，这就是臭名昭著的"倭寇"。

　　1555年戚继光刚到浙江上任的时候，一股由50至70人组成的倭寇，堂而皇之登陆后深入腹地，到处杀人越货，如入无人之境，竟越过杭州北新关，经淳安入安徽朗县，迫近芜湖，围绕南京兜了一个大圈子，然后趋秣陵关至宜兴，退回至武进。后来虽然被歼，但是被他们杀伤的明军据称竟有4000之多。

　　戚继光进驻浙东不久，就在龙山(今属慈溪县)与登陆的倭寇打了第一仗。他在慈溪县人民的配合下，三战三捷，使倭寇遭到沉重的打击。倭寇乘夜幕降临，向西南方向窜逃。由于其他明军缺乏战斗力，最后，倭寇由乐清从容出海。针对明军战斗力奇差的状况，嘉靖三十八年(1559)九月，戚继光提出招募浙兵训练新军的建议，得到了谭纶的全力支持。戚继光从浙江义乌群山之中招募勇敢的农民和剽悍的矿夫共3000余人，采用营、官、哨、队四级编制方法编成新型军队。经过戚继光的严格训练，这支新军队伍很快成为军事劲旅，人称"戚家军"。

◆ 戚继光雕像

中华文化公开课

◆ 明水底龙王炮模型

嘉靖四十年（1561），戚继光大败倭寇于台州，以功进都指挥使。四十一年，奉命率师增援福建，捣毁倭寇巢穴横屿（今福建宁德东）、牛田（今福建福清南），直至兴化（今福建莆田南）等地，进都督佥事。四十二年，他再次领兵入福建，在福建巡抚谭纶的指挥下，与刘显、俞大猷联合攻克平海（今莆田东南）。进为都督同知，又升为总兵官，镇守福建和浙江金华、温州二府，都督水陆诸戎务。四十四年，俞大猷率水兵，戚继光率领陆兵，于南澳剿平广东倭寇，解除东南倭患。四十五年，晋职兼管潮、惠二府并伸威等营戎务。

隆庆二年（1568），戚继光以都督同知总理蓟州（今河北蓟县）、昌平、保定三镇练兵事务，后又为总兵官，兼镇守蓟州、永平、山海诸处，并督帅十二路军戎事，因屡立战功，万历二年（1574）升为都督，七年加太子太保，录功加少保。为当国大臣高拱、张居正等器重。戚继光在蓟州十六年，多次击退侵扰之敌，军威大振，蓟门平静。时人誉为"足称振古之名将，无愧万里之长城"。

万历十一年（1583），因遭朝中权贵排斥，戚继光被调到倭患早已荡平的广东任镇守，郁郁不得志，三年后即告老还乡，回到山东蓬莱。万历十六年(1588)，逝世于蓬莱故里。

戚继光在40多年的戎马生涯中，智勇兼备，多谋善断，练兵有方，指挥戚家军"飚发电举，屡摧大寇"，甚至还出现过歼敌上千人，而"戚家军"却无一人阵亡的罕例。被誉为我国"古来少有的一位常胜将军"。他不仅战功卓著，而且在军事理论上颇多建树，著有《纪效新书》《练兵实纪》两部兵书，为后世兵家所推崇。

第二讲 军事将领战沙场

第三讲
科学巨匠献技艺

科学治水典范——李冰

李冰是我国科学治水的典范，伟大的水利学家。他领导创建了目前世界上历史最悠久的水利工程——都江堰，在水利史上立下了千古奇功，名扬世界。

李冰（前302—前235），今山西运城人，战国时期的水利家，对天文地理都有研究。大约在秦昭襄王五十一年(前256)，李冰被任命为蜀郡守。他到任后看到当地严重的自然灾情，就着手进行大规模的治水工作，设计并组织兴建了都江堰。整个工程是由分水堰、飞沙堰和宝瓶口三个主要工程组成的，规模宏大，地点适宜，布局合理，同时具备防洪、灌溉、航运三种作用，充分体现了李冰和劳动人民的智慧，是世界水利工程史上的奇迹。

在兴建都江堰初始，李冰和他的儿子李二郎对岷江两岸的地势进行了实地考察，仔细地记录了水情。并根据具体情况，制定了治理岷江的合理方案，开始了兴建都江堰的工程。他们先是在岷江的上游打开了一个20米宽的口子，叫它"宝瓶口"，让岷江分出一条支流向东流去，一来可以减少岷江的水量，二来可以灌溉岷江以东的土地。在江南岸剩下一堆孤立的岩石，形状就好像是大石堆，这就是后人称做的"离堆"。在江心，采取了构筑分水堰的办法，把江水分为

◆ 都江堰

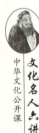

中华文化名人六讲

文化名人六讲

◆ 李冰父子塑像

两支，让其中的一支流进宝瓶口。为了实现在江心的建筑，李冰另辟新路，吩咐竹工们编成长三丈、宽二尺的大竹笼，里面装满鹅卵石，一个一个地沉入江底，筑成了分水大堤。这样，岷江水被分成东西两股。西面的叫做外江，是岷江的正流；东面的叫做内江，是灌溉渠系的总干渠。渠道的头上就是宝瓶口，在经过这个地方的时候再分成许多河道，组成一个纵横交错的扇形水网，灌溉面积达20多万公顷。飞沙堰高度适中，具有分洪和减少宝瓶口泥沙的功能。从此，岷江水开始为民所用。以后，李冰又多次对都江堰进行改进，彻底保证了都江堰对水患的遏制作用。

李冰在治水的过程中，排除了种种迷信势力的阻挠，坚持用科学的方法来治理水患，而且他成功地解决了由于秦王的亲戚华阳侯的嫉妒所制造的一系列的谣言和中伤事件，及时地处理了工程当中出现的问题。但是华阳侯的险恶用心还是让李冰受到了革职

的处罚。温柔贤淑的李夫人甘当人质，为李冰赢得了宝贵的治水时机，使工程取得了最后成功。百姓们对李冰感恩戴德，但李夫人却病死在咸阳。

李冰为蜀地的发展作出了不可磨灭的贡献，人们永远怀念他。2000多年来，四川人民把李冰尊为"川主"。1974年，在都江堰枢纽工程中，发现了李冰的石像，其上题记："故蜀郡李府郡讳冰"。这说明早在1800年前，李冰的业绩已为人民所传颂。近人对李冰的功绩也极为赞赏。1955年，郭沫若到灌县时，题词："李冰掘离堆，凿盐井，不仅嘉惠蜀人，实为中国二千数百年前卓越之工程技术专家。"

李冰父子修建的都江堰水利工程，不仅在中国水利史上，而且在世界水利史上也占有光辉的一页。它悠久的历史举世闻名，它设计之完备令人惊叹！他是我国历史上最伟大的水利工程。

延伸阅读

"屁股印"和"滚龙槽"

传说，古时的岷江中恶龙为害，李冰的儿子二郎带领海山七圣去降龙。一场恶斗，七圣和猎狗哮天犬全部战死，恶龙也身负重伤向南逃去。二郎追到青城山，不见了恶龙的踪影，坐在一块大石头上休息，遇到一位老婆婆。老婆婆知道他是李冰的儿子，为捉恶龙来到此地，就对他热情接待，煮好了面条请他吃饱肚子。不久，化作人形的恶龙也来到老婆婆的家，向老婆婆乞求食物充饥。老婆婆一眼就看出这是一条恶龙，也煮了一锅面条让它吃，谁知，面条到了恶龙的肚子里，都变成了带铁钩的链条，使它不得不束手就擒。至今，青城山下还有李二郎坐过的"屁股印"和恶龙打滚的"滚龙槽"这两处遗迹。

第三讲 科学巨匠献技艺

95

造纸术的发明者——蔡伦

　　蔡伦发明的造纸术，具有划时代的伟大意义，为人类文明与进步作出了巨大的贡献。它充分显示了中华民族古老悠久的历史和灿烂辉煌的古代科技成就，是中华民族的骄傲。

　　蔡伦（63—121），东汉造纸术发明家。他总结前人经验，用树皮、麻头、破布、旧渔网等原料经过挫、捣、抄、烘等工艺造纸，制成"蔡侯纸"，这种纸对改革和推广造纸术有很大贡献，后世称其为造纸术的发明者。

　　蔡伦家乡地处长江以南湘水（今湘江）支流耒水流域，是米谷之乡。他出身于普通农民之家，从小随长辈种田。汉章帝即位后，派人至各郡县选聪明伶俐的幼童入宫。永平十八年(75)蔡伦被选入洛阳宫内为宦官，时年约15岁。当时幼年宦官须习字读书礼，蔡伦因成绩优异，于建初元年(76)任小黄门。此后他作为黄门侍郎而掌宫内外公事传达及引导诸王朝见、就座等事。汉和帝年间，蔡伦升任中常侍，参与国家大事的讨论。东汉章和元年又加官尚方令，掌管宫廷手工作坊，监督御用品的制造。89年，蔡伦开始负责监管刀剑武器和其他器械的制造工作。蔡伦监督制造的器械，全都精工坚密，世人争相仿效。

　　进宫之前，蔡伦就对造纸感兴趣，曾经用破旧的废物，如破鱼网、麻头、旧布等糅和在一起来制造纸张，做过许多加工试验，都不是很成功。

　　于是他认真总结西汉以来用麻质纤维造纸的经验，经过长期的试验，对造纸的原料和造纸工艺都进行了改进，他把树皮、麻头、破布和旧鱼网等作为造纸的原料，不仅扩大了原料的来源，还降低了造纸的成本；在传统流程的基础上，增加了用石灰进行碱液蒸煮的工序，使植物纤维分解速度加

◆ 蔡伦像

中华文化公开课

文化名人六讲

快、分解分布得更加均匀、细致；经过切断、捣碎、沤煮、化浆、定型、风干等一整套工艺流程，纸张的质量大大提高，书写起来极为方便。

105年，蔡伦将他监造的优质纸张进献汉和帝，因造纸有功，被封为龙亭侯。之后，植物纤维造纸开始代替竹简、丝帛，成为广泛使用的书写材料，蔡伦也因此被后世奉为造纸业祖师。

◆ 蔡伦墓

经过蔡伦改革之后，造纸业开始成为一个独立的手工行业，在全国各地发展起来。纸的推广使用，为保存文献、记载历史、交流思想、积累传播文化、促进科学技术的发展作出了巨大的贡献。后来，蔡伦的造纸术陆续传到朝鲜、越南、日本、阿拉伯以及非洲和欧洲，到19世纪又传到澳洲，被世界各国普遍接受。

蔡伦因对造纸的巨大贡献不仅被中国的造纸工人奉为造纸鼻祖，还被日本等国的造纸工人尊为祖师，历代供奉。我国大部分的产纸地区，都有为祭祀蔡伦而建造的庙宇。每年的阴历三月十六日是蔡伦的祭祀纪念日。

美国学者迈克尔·哈特在其著作《历史上最有影响的100人》中高度评价了蔡伦的造纸术。他认为在两个世纪以前，西方的文化超过了中国文化，但由于造纸术的发明，使中国文化的传播与建设加快了。

可以说，如果没有蔡伦的造纸术，就没有我们文化的积累和传播，也就没有今天高度的人类文明。

延伸阅读

蔡伦与造纸的传说

东汉和帝年间，耒阳出了个名叫蔡伦的人，发明造纸，后来成了仙，经常云游人间，传授造纸术。相传，原先造纸，用纸帘子舀纸浆，沓在纸榨上，榨干水后，只要用扇子一掀，这纸砣便一张一张地分开。一日，蔡伦外出，行前招呼徒弟："好生在纸坊造纸。"刚开始的时候，徒弟还听话。后来就懒怠了，常常溜出作坊，去寻欢作乐，耽误了造纸大业。蔡伦回坊后，非常恼火，便当即下令："扇子掀不开纸。"从那时起，纸砣子榨干后，要想分成数张，就要用手一张一张去拉开。更可惜的是蔡伦一气之下，急于归天，没有把那又白、又薄、吹笛子用的好纸制造绝技，传给凡间徒弟。据说蔡伦归天之前，徒弟们追上去，跪地求教吹笛纸的造艺。蔡伦说："我已经将此纸藏入竹内，尔等要学，可去竹筒管里找取！"说完便升天去了。徒弟们砍下竹来劈开一看，果然每节竹筒管里都有一层又白又薄的纸，纸间还印有纸帘子上的花纹。这就是当今人们称道的"竹膜纸"。

第三讲 科学巨匠献技艺

伟大的发明家——张衡

张衡的一生在天文学、地震学、机械技术、数学乃至文学艺术等许多领域都作出了杰出的贡献，是一位不可多得的具有多方面才能的科学家。

张衡（78—139），字平子，南阳西鄂（今河南南阳县石桥镇）人。他是我国东汉时期伟大的天文学家，为我国天文学的发展作出了不可磨灭的贡献，在数学、地理、绘画和文学等方面，张衡也表现出了非凡的才能和广博的学识。

张衡出生于南阳郡西鄂县一个清苦的官僚家庭。生活的艰难激发了他艰苦奋斗的精神。张衡天资聪明，勤奋好学，少时便熟读儒家经典。十六七岁时就开始到外地游学，"游于三辅，因入京师，观太学，遂通五经，贯六艺"，终成一代文化伟人。

张衡一生为官清廉公正，不与权奸同流合污，仕途并不顺利。他曾因上书建议裁抑宦官权臣，而遭到奸佞联合弹劾，被贬为河间太守。111年，张衡被调回京师担任尚书一职，他因此接触到了更多的黑暗与腐败的社会现实，对社会深感忧愤与失望。于是，他专心致志从事科学研究，并取得了累累硕果。

张衡最杰出的成就是在天文方面，他继承和发展了浑天说，撰写了两部重要的天文学著作《灵宪》和《浑天仪图注》。117年，张衡根据浑天说制成了世界上最早使用水力转动的浑天仪。这是世界上第一架能够比较准确地观测天象的仪器，是划时代的伟大创造，推动了中国古代天文事业

◆ 张衡制造的地动仪

的发展。

在地震学上，张衡发明了世界上第一台地震仪——候风地动仪，这是张衡在浑天仪之外的另一个不朽的创造。地动仪全由青铜铸成，直径八尺，像一个大酒坛。周围铸有八条龙，头下尾上，按照东、南、西、北、东南、东北、西南、西北的方向排列着。龙头和仪器内部的机关相连，每条龙嘴里都含着一颗钢球。八个龙头下，蹲着八只张着嘴的铜蟾蜍。地动仪内部有一根大铜柱，叫做都柱，都柱上粗下细，能够摇摆。都柱旁有八条通道，通道内安有机关，叫做牙机。一旦发生地震，都柱就会向地震的方向倾斜，触动通道中的牙机，而那个方向的龙头，就会张开嘴巴，吐出钢球，落在下面的

◆ 张衡墓

蟾蜍嘴中，发出声响。据此，人们就可以知道地震的时间和方位。

在气象领域，张衡还发明了类似国外风信机的气象仪器——候风仪，比西方的风信机要早1000多年。

张衡共著有科学、哲学、文学等著作32篇，其中天文著作有《灵宪》《灵宪图》等。为了纪念张衡的功绩，人们将月球背面的一环形山命名为"张衡环形山"，将小行星1802命名为"张衡小行星"。

◆ 浑天仪

专家点评

20世纪中国著名文学家、历史学家郭沫若对张衡的评价是："如此全面发展之人物，在世界史中亦所罕见，万祀千龄，令人景仰。"后世称张衡为木圣（科圣）。张衡为人类文明的发展作出了巨大贡献。

中医奇才——张仲景

张仲景的《伤寒杂病论》是中国医学方书的鼻祖，是我国医学史上影响最大的古典医著之一，也是我国第一部临床治疗学方面的巨著。《伤寒杂病论》发展并确立了中医辨证论治的基本法则，在整个世界都有着深远的影响。

张仲景(150—219)，又名张机，南阳郡涅阳(今河南南阳县)人。出身地主家庭，自幼受到良好教育。他在史书中看到了扁鹊望诊齐桓侯的故事，于是对医术产生了兴趣。从师于乡里名医张伯祖，打下了扎实的医学功底。汉灵帝时，举孝廉，建安中官至长沙太守。

东汉末年，朝政腐败，导致天下大乱。豪强之间连年混战，民不聊生，疾病流行。

◆ 张仲景像

当时医术不发达，人们大多迷信巫术，特别是穷人，有病就求神拜鬼，在巫师和道士的欺骗下丢钱丧命。张仲景看了实在是心痛不已，他非常憎恨这些谋财害命的巫师们。一次，他遇到一位妇女发病，她一会儿哭，一会儿笑，显然是受了某种刺激。病人的家属听了巫师们的鬼话，认为她是妖怪缠身，必须为她驱邪。张仲景观察病人的神色，询问了有关情况，说这不是鬼怪缠身，而是热血入室。她的病是完全可以用药治好的。病人的家属请他治疗，张仲景给病人扎了几针，几天后，病妇就好了。

他是使用人工呼吸方法救人的第一人。一次，张仲景在行医时，发现有户人家门前聚集了很多人，他上前一看，只见一个人躺在地上，旁边有几位妇女在哭泣。张仲景一问情况，原来躺在地上的那个人因穷得活不下去而上吊自尽，被家属发现，虽然被解救下来，但已经不能动弹了，所幸时间还不算久。张仲景马上挤开人群，吩咐把人放在床板上，用被子盖好保暖；叫两个人用力按摩他的胸脯，一面活动他的双手，自己则用手

中华文化公开课

文化名人六讲

掌按压那人的腰部和腹部，一紧一松，不到半个钟点，那人居然有了微弱的呼吸；再继续一会儿，那人就清醒过来了。

张仲景是中医界的一位奇才，所著《伤寒杂病论》是一部奇书，它确立了中医学重要的理论支柱之一——辨证论治的思想，在中医学发展过程中，实属"点睛之笔"，被称为"医方之祖"。

辨证论治，是中医学的专业术语。意义是说要运用各种诊断方法，辨别各种不同的症候，对病人的生理特点以及时令节气、地区环境、生活习俗等因素进行综合分析，研究其致病的原因，然后才能确定恰当的治疗方法。

有一次，两个病人同时来找张仲景看病，都说头痛、发烧、咳嗽、鼻塞。张仲景给他们切了脉，确诊为感冒，并给他们各开了剂量相同的麻黄汤，发汗解热。

第二天，一个病人的家属早早就跑来找张仲景，说病人服了药以后，出了一身大汗，但头痛得比昨天更厉害了。张仲景听后很纳闷儿，以为自己诊断出了差错，赶紧跑到另一个病人家里去探望。病人说服了药后出了一身汗，病好了一大半。张仲景更觉得奇怪，为什么同样的病，服相同的药，疗效却不一样呢？他仔细回忆昨天诊治时的情景，猛然想起在给第一个病人切脉时，病人手腕上有汗，脉也较弱，而第二个病人手腕上却无汗，他在诊断时忽略了这些差异。

病人本来就有汗，再服下发汗的药，不就更加虚弱了吗？这样不但治不好病，反而会使病情加重。于是他立即改变治疗

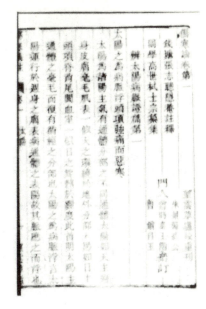

◆ 《伤寒杂病论》书影

方法，给病人重新开方抓药，结果病人的病情很快便好转了。这件事给他留下了深刻的教训。同样是感冒，表症不同，治疗方法也不应相同。

延伸阅读

坐堂医生的由来

张仲景主张医学要不断进步，医生对患者要热情负责。相传，他做长沙太守时也不忘为百姓解除疾苦。在封建时代，做官的不入民宅，也不能随便接近百姓。但他认为只有接触百姓，才能给他们治病，也才能提高医术。于是他想出了一个办法，即择定每月的初一和十五两天，大开衙门，不问政事，而专为百姓治病。他堂堂正正地坐在大堂上，挨个仔细地给百姓治病。时间久了，形成了惯例。每逢初一和十五这两天，他的衙门前就聚集了许多来自各方的病人等候看病。为纪念张仲景，后来人们就把坐在药铺（店）里给人看病的医生通称为"坐堂医生"。

杰出的数学家——祖冲之

祖冲之是中国南北朝时期杰出的数学家、天文学家和机械制造家。他为中国古代的科学发展作出了卓越的贡献，在历史上占有重要的地位。

祖冲之（429—500），字文远，南北朝时期著名数学家、天文学家。祖冲之祖籍范阳郡遒县（今河北涞水），为避战乱，祖冲之的祖父祖昌由河北迁至江南。祖昌曾任刘宋的"大匠卿"，掌管土木工程；祖冲之的父亲也在朝中做官，学识渊博，受人敬重。

祖冲之生于建康（今江苏南京）。祖家历代都对天文历法有研究，祖冲之从小就有机会接触天文、数学知识，在青年时代就赢得了博学多才的声誉。宋孝武帝听说后，派他到"华林学省"做研究工作。公元461年，他在南徐州（今江苏镇江）刺史府里从事，先后任南徐州从事史、公府参军。公元464年他调至娄县（今江苏昆山东北）任县令。在此期间他编制了《大明历》，计算了圆周率。

宋朝末年，祖冲之回到建康任谒者仆射，此后直到宋灭亡一段时间后，他花了较大精力来研究机械制造。公元494年到498年之间，他在南齐朝廷担任长水校尉一职，受四品俸禄。鉴于当时战火连绵，他写有《安边论》一文，建议朝廷开垦荒地，发展农业，安定民生，巩固国防。

公元500年，72岁的祖冲之去世。

祖冲之在科学上的贡献，首先是对天文历法的改革。当时使用的历法是何承天花了40年心血编制的《元嘉历》，这个历法虽然较过去的历法都好，但祖冲之经过亲自测算后，发现仍有许多不足。祖冲之决定重新编一本历法。经过多年辛苦的工作，终于在463年，也就是祖冲之33岁那年，他的新历法编制出来了，因这一年是刘宋孝武帝大明

◆ 祖冲之像

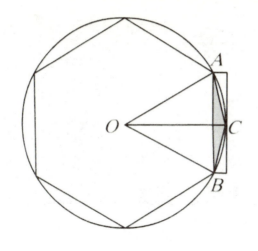

◆ 割圆术示意图

利数学家卡瓦列利发现的。为了纪念祖氏父子发现这一原理的重大贡献，数学上也称这一原理为"祖原理"。

祖冲之在数学上的贡献还不止这些，他曾提出"求差幂"和"开差立"问题。这在工程测算上有极大的用途。祖冲之还是一位杰出的机械制造专家，他重造了失传已久的指南车，研制出用水力推磨的水碓磨，也制造出了日行千里的机械船，在当时都是杰出的创造，代表着当时世界先进水平。

六年，所以这部历法叫《大明历》。祖冲之将一年定为365.24281481天，与现代科学测算出来的数据相差不到50秒。可是，这部先进的历法却遭到权臣的阻挠，直到他死后十年才被采用。

公元464年，祖冲之35岁时，他开始计算圆周率。在祖冲之之前，中国数学家刘徽提出了计算圆周率的科学方法——"割圆术"。祖冲之在他的基础上，经过刻苦钻研，反复演算，将圆周率推算至小数点后7位数（即3.1415926与3.1415927之间），并得出了圆周率分数形式的近似值。

祖冲之计算得出的圆周率，外国数学家获得同样结果，已是1000多年以后的事了。为了纪念祖冲之的杰出贡献，有些外国数学家建议把圆周率π叫做"祖率"。

除了在计算圆周率方面的成就，祖冲之还与他的儿子一起，用巧妙的方法解决了球体体积的计算问题。他们当时采用的原理，在西方被称为"卡瓦列利"（Cavalieri）原理，但这是在祖冲之以后1000多年才由意大

延伸阅读

"祖暅原理"的发明

祖冲之与他的儿子祖暅一起，用巧妙的方法解决了球体体积的计算。他们当时采用的一条原理是："幂势既同，则积不容异。"意思是，位于两个平行平面之间的两个立体，被任一平行于这两个平面的平面所截，如果两个截面的面积恒相等，则这两个立体的体积相等。这一原理，在西方被称为卡瓦列利原理，但这是在祖氏以后1000多年才由卡氏发现的。为了纪念祖氏父子发现这一原理的重大贡献，大家也称这原理为"祖暅原理"。

第三讲 科学巨匠献技艺

药王——孙思邈

孙思邈是古今医德医术堪称一流的医学名家，也是世界史上著名的医学家和药物学家，他的著作《千金要方》和《千金翼方》是中国医药学宝库中的重要组成部分，继承和发扬了我国古代医学遗产中的精华。

孙思邈（约581—682），中国唐代医学家。京兆华原（今陕西耀县）人。他自幼勤奋好学，尤其喜欢研究医学。早在青年时代，就已经成为远近闻名的医生。隋文帝曾召他为国子博士，他拒绝了。唐太宗、唐高宗又征召他，他也拒绝了。他不肯做官，宁愿留在民间行医。

他的医术非常高明，在针灸和医治一些疑难病症方面，都很有成就。当时，有个病人病情严重，服药扎针都不见效。孙思邈就在他的病痛处按掐，寻找病人的痛点。当找到痛点时，病人发出"阿"与"是"的声音，孙思邈就在这里扎针，得到了很好的效果。后来，人们把这些随痛点所在而定的穴位，称为"阿是穴"。这也是孙思邈在针灸方面的一个贡献。

在长期的医疗实践中，他感到过去的一些方药医书，浩博庞杂，分类也不妥当，查找很难，等找到药方，往往已来不及医治了。于是，他一方面认真学习前人的经验，一方面广泛搜集民间的药方，着手编著新的医书。经过长期的努力，大约在公元652年，他70多岁时，写成了第一部医书《备急千金要方》30卷，简称《千金要方》。后来，他又在101岁这样的高龄，写成了第二部医书《千金翼方》30卷，作为对前书的补充。《千金翼方》写成后，第二年，他就去世了。

◆ 孙思邈牵线诊脉塑像

◆ 药王庙

《千金要方》和《千金翼方》这两部医学名著，总结和发展了唐代以前的医学和药物学知识，在我国医学史上占有重要的地位。孙思邈的医学成就，主要就体现在这两部著作里。

孙思邈很重视妇婴保健。他在《千金要方》中首先列《妇人方》三卷，其次为《少小婴孺方》二卷。对于妇科病的特殊性，小儿护理的重要性，论述尤为详细，很有实际意义。他为后来妇科和儿科的形成和发展，奠定了良好的基础。

他在医疗方面提出综合治疗的方法。他说："良医之道，必先诊脉处方，次即针灸，内外相扶，病必当愈。"他本人就是既善于诊脉处方，又擅长针灸，可以对病人进行综合治疗。

孙思邈不仅钻研医术，而且不畏艰险，经常穿山越岭，攀登陡崖，进山采药。他走遍了附近的名山大川，还北上到五台山采药。每次采药回来，都要亲自将药进行晾晒、加工，有时还亲自试用。孙思邈在山地采集药材过程中，随时随地给老百姓看病治疗，为山区的百姓解疾病痛苦。久住山区的人，很容易得大脖子病，脖子前面长出一个大瘤子来。孙思邈想：人们常说，吃心补心，吃肝补肝，能不能用羊靥治疗大脖子病呢？他试治了几个病人，果然见效。

孙思邈死后，人们将他隐居过的"五台山"改名为"药王山"，并在山上为他建庙塑像，树碑立传。每年农历二月初三，当地群众都要举行庙会，以经念孙思邈为我国医学所作出的巨大贡献。庙会时间长达半月之久，前来游览、凭吊的八方来客络绎不绝。

延伸阅读

导尿术的发明

有一次，一个病人得了尿潴留病，撒不出尿来。孙思邈看到病人憋得难受的样子，他想：吃药已经来不及了，如果想办法用根管子插进尿道，尿或许会流出来。他看见邻居的孩子拿一根葱管在吹着玩儿，葱管尖尖的，又细又软，孙思邈决定用葱管来试一试，于是他挑选出一根适宜的葱管，在火上轻轻烧了烧，切去尖的一头，然后小心翼翼地插进病人的尿道里，再用力一吹，不一会儿尿果然顺着葱管流了出来。病人的小肚子慢慢瘪了下去，病也就好了。

第三讲 科学巨匠献技艺

七下西洋——郑和

郑和下西洋不仅是我国航海史上的大事，也是世界航海史上的空前创举，它在展示中国高超航海技术的同时，还传达了世界和平的美好理念。郑和下西洋，比西方探险家达·伽马、哥伦布等人早80多年。

郑和出生于明洪武四年(1371)，原名马三保。洪武十三年（1381）冬，明朝军队进攻云南。马三保10岁，被掳入明营，被阉割成太监，之后进入朱棣的燕王府。在靖难之变中，马三保在河北郑州（在今河北任丘北，非河南郑州）为燕王朱棣立下战功。永乐二年（1404）明成祖朱棣认为马姓不能登三宝殿，因此在南京御书"郑"字赐马三保，改名为和，任为内官监太监，官至四品，地位仅次于司礼监。宣德六年（1431）钦封郑和为三保太监。

1405年七月，郑和第一次出使。他率领水手、官兵、工匠、医生和翻译等27800多人，带着大量金银、丝绸、瓷器、铁器、铜器和布匹等，乘坐六十二艘大海船，从刘家港出发，进行大规模的远洋航行。此次航行，船队中最大的海船长44丈，宽18丈，可乘坐1000人，需要二三百个水手驾驶，是当时世界上最大的海船。船队先后到达占城、爪哇、苏门答腊、锡兰等地，经印度洋西岸折回，至1407年十月返回国内。他们每到一个国家，先送礼物给国王，再进行贸易。占城国王听说中国使臣来了，骑着大象出来迎接。郑和送给他许多珍贵的礼物，

◆ 郑和像

中华文化公开课

文化名人六讲

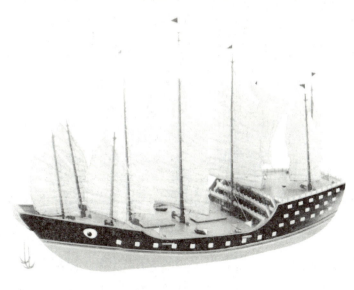

◆ 郑和下西洋海船复原图

然后用从国内带去的金银财物同当地人进行贸易，交换宝石、珍珠、珊瑚、香料等特产。

以后郑和又多次航海，总计28年间，共七次远航，最后一次到1433年才回国。船队共抵达过30多个国家，最远到达红海沿岸和非洲东海岸。

为了答谢中国使臣的访问，亚洲和非洲一些国家也派使臣到中国来。有的国家的国王亲自带着各种特产，搭乘中国海船一同前来。满剌加的国王和王后就曾亲自到中国访问，明成祖在南京设宴款待，后来还派人护送他们回国。郑和下西洋，扩大了我国同亚非许多国家的经济文化交流，增进了我国人民同这些国家人民的友谊。

郑和最后一次航行时，他年已60岁，回国后不久就病逝了。在郑和最后一次航行后不久，中国皇帝下令严禁出海航行，并停止了所有远洋帆船的建造与修缮工作。

在公元1405年至1433年这段短暂的时间里，总兵太监郑和所指挥的宝船船队，七次英雄式的远航，行程遍及了中国海与印度洋，从台湾到波斯湾，并远及中国人心目中的黄金国——非洲。在这30年之中，外国的货品、药物与地理知识，以空前的速度输入中国；相对地，中国也在整个印度洋上伸展了政治空间和影响力。

郑和的远航，比哥伦布到美洲和达·伽马绕好望角到印度，要早半个多世纪。所以，郑和下西洋不但是我国航海史上的著名大事，也是世界航海史上的空前创举。

延伸阅读

为何要挑选郑和下西洋

第一，郑和少年时就在朱棣身边长大，跟着朱棣南征北战，是"靖难之役"的有功之臣，并被朱棣皇帝视为心腹。郑和懂兵法，有谋略，英勇善战，具有军事指挥才能。

第二，郑和知识丰富，熟悉西洋各国的历史、地理、文化、宗教，具有卓越的外交才能。在郑和下西洋前，郑和曾出使暹罗、日本，有进行外交活动经验。

第三，郑和具有一定的航海、造船知识。郑和从小就从其父那里得到有关的航海知识，熟悉海洋。在郑和担任内官监太监时，营造宫殿，监造船舶，有造船经验。

第四，郑和身份特殊，他是伊斯兰教徒，熟悉伊斯兰教教义、教规和宗教习俗。郑和又是佛家弟子。他熟悉、尊重佛教。而郑和下西洋途经的国家、地方，不是信奉伊斯兰教，便是信奉佛教。共同的宗教信仰，有利于沟通相互关系。

《本草纲目》的作者——李时珍

李时珍，中国古代伟大的医学家、药物学家。他所著《本草纲目》是我国医药宝库中的一份珍贵遗产，被誉为"东方药物巨典"，对人类近代科学和医学都产生了巨大影响。

李时珍，字东璧，号濒湖，蕲州人。他出生在一个世代行医的家庭。祖父是"铃医"。父亲李言闻，号月池，是当地名医。那时，民间医生地位很低。李家常受官绅的欺侮。因此，父亲决定让二儿子李时珍读书应考，以便一朝功成，出人头地。李时珍自小体弱多病，然而性格刚直纯真，对空洞乏味的八股文不屑于学。自十四岁中了秀才后的九年中，其三次到武昌考举人均名落孙山。于是，他放弃了科举做官的打算，专心

◆ 《本草纲目》书影

学医，于是向父亲求说并表明决心："身如逆流船，心比铁石坚。望父全儿志，至死不怕难。"李月池同意了儿子的要求，并精心地教他。没几年，李时珍果然成了一名很有名望的医生。

在父亲的启示下，李时珍认识到，"读万卷书"固然需要，但"行万里路"更不可少。于是，他既"搜罗百氏"，又"采访四方"，深入实际进行调查。李时珍穿上草鞋，背起药筐，在徒弟庞宪、儿子建元的伴随下，远涉深山旷野，遍访名医宿儒，搜求民间验方，观察和收集药物标本。

在长期的医疗实践中，李时珍治好了不少疑难杂症，积累了丰富的医药知识，成为了远近闻名的医生。传说李时珍在以一根针救活母子两人后，许多人都想见一见这位神医。一天，有家药店老板的儿子正在柜台上大吃大喝，听说了之后，也想去看看热闹。他费了好大力气终于挤到李时珍面前，问道："先生，你看我有什么病吗？"李时珍见此人气色不好，赶忙给他诊脉，过后，十分惋惜地说道："小兄

中华文化公开课 文化名人六讲

弟，可惜呀，年纪轻轻，活不了三个时辰了，请赶快回家去吧，免得家里人到处找。"众人都不信，那个药店老板的儿子更是大骂不止，后来在众人的劝说下，方才气咻咻地走了。果不其然，不到三个时辰，这个人便死掉了。原来是此人吃饭过饱，纵身一跳，肠子断了，内脏受损。由此，人们更是惊叹李时珍的神奇医术了。

他33岁时，住在武昌的楚王听说他医术高明，把他召去，让他以楚王府奉祠正的名义，掌管王府的良医所。后来，因为他治好了楚王长子的病，又被推荐到京城太医院任职。但他看不惯官场中乌烟瘴气的情况，不久就托病辞职，回到了家乡。

李时珍在行医过程中，读了许多医药著作。他感到历代的药物学著作都存在不少缺点，不但分类杂乱，内容错误，而且还漏载了许多药物，需要重新整理和补充。因此，他决心在宋代唐慎微编纂的《证类本草》的基础上，编著一部新的完善的药物学著作。

为了编好这部著作，李时珍走访了河南、江西、江苏、安徽等很多地方。每到一处，他就虚心地向药农和其他劳动人民请教，采集药物标本，收集民间验方。很多人都热情地帮助他，有的人甚至把祖传秘方也交给了他。就这样，李时珍学到了很多书本上所没有的知识，还得到了很多药物标本和民间药方。

李时珍从35岁起动手编写，共花了27年工夫，参考了800多种书籍，经过三次大规

◆ 李时珍塑像

模的修改，终于写成了这部新的药物学巨著——《本草纲目》。这时，他已经是一位61岁的老人了。

知识小百科

《本草纲目》介绍

《本草纲目》虽然是一部药物学专著，但它也记载了很多与临床关系十分密切的内容。原书第三、第四卷为"百病主治药"，记有113种病症的主治药物，其中第三卷外感和内伤杂病中，就包括有专门治疗伤寒热病、咳嗽、喘逆类的药物，第四卷则主要为五官、外科、妇科、儿科诸病。并且，书中明确记载了20余种能治疗瘟疫的药物。

此外，《本草纲目》中收载各类附方11096首，涉及临床各科，包括内科、外科、妇科、儿科、五官科等，其中2900多首为旧方，其余皆为新方。治疗范围以常见病、多发病为主，所用剂型亦是丸、散、膏、丹俱全，且许多方剂既具科学科，又有简便廉验之特点，极具实用性。

第三讲 科学巨匠献技艺

《梦溪笔谈》的作者——沈括

沈括是我国北宋时代一位博学多才、成就卓著的科学家，他所著的《梦溪笔谈》详细记载了劳动人民在科学技术方面的卓越贡献和他自己的研究成果，反映了我国古代特别是北宋时期自然科学达到的辉煌成就。

沈括（1031—1095），字存中，杭州钱塘（今浙江杭州）人，北宋科学家、政治家。

1031年，沈括出生于浙江钱塘的一个封建官僚家庭。他幼时随父辗转江南各地，饱览了祖国壮丽的河山，见识了各地的风俗民情。他酷爱读书，并善于独立思考提出新见解，从小就立下了"读万卷书、行万里路"的志向。

1061年，沈括任宁国县县令，修复了"万春圩"，推广圩田。1063年，他考中进士后，被推荐到昭文阁编辑校对书籍，开始对天文、历算进行研究。这期间，沈括写成了《南郊式》，对朝廷祭祀天地的郊祭典礼进行了修改和简化，他的主张很快就被采用，被提升为太史令兼司天监，负责掌管图书资料、天文历法。后来又升任太常丞，掌管礼乐。

沈括的科学成就是多方面的。他精研天文，所提倡的新历法与今天的阳历相似。在物理学方面，他记录了指南针原理及多种制作法；发现地磁偏角的存在，比欧洲早了400多年；又曾阐述凹面镜成像的原理；还对共振等规律加以研究。在数学方面，他创立"隙积术"（二阶等差级数的求和法）、"会圆术"（已知圆的直径和弓形的高，求弓形的弦和弧长的方法）。在地质学方面，他对冲积平原形成、水的侵蚀作用等都有研究，并首先提出石油的命名。医学方面，他对于有效的方药多有记录，

◆ 沈括塑像

并有多部医学著作。

沈括还是一个出色的外交家和军事家。在北宋与契丹的边界争端问题上，沈括和契丹丞相一共进行了六次会谈，最后凯旋而归，不但维护了国家的领土完整和民族尊严，也震慑了契丹，使契丹从此不敢再轻易滥施武力。在抵抗西夏的侵犯上，他先后出任延安州官和经略安抚使。他不但注意整顿军纪，还改进兵器和阵法，增强了军队的战斗力，加强了军事防务。1081年，西夏大举进犯北宋边境，沈括率领大军迎敌，大败西夏7万大军。

第二年，西夏又以30万大军围攻西北要塞永乐，以8万军队进攻绥德。只有1万士兵的沈括奉命力保绥德，却无法解救永乐。结果永乐失陷，宋军几乎全军覆没。因为沈括曾经支持新法，永乐失陷成了守旧派借机报复沈括的理由，污蔑他"抗敌不力""处理不当"，沈括因此被贬为均州团练。

1088年，58岁的沈括辞官归隐，回到润州梦溪园，集中精力创作《梦溪笔谈》。《梦溪笔谈》是宋朝科技史的资料库，是宋

◆ 《梦溪笔谈》书影

代劳动人民科学成果的结晶，既是我国宋代科技史上的杰作，也是世界科技史中一份宝贵的遗产。

1095年，沈括在凄凉中病逝。

◆ 沈括故居

延伸阅读

沈括勇于探索的故事

"人间四月芳菲尽，山寺桃花始盛开"，当尚是孩童的沈括读到这句诗时，他的眉头不由得凝成了一个结，"为什么我们这里花都开败了，山上的桃花才开始盛开呢？"为了解开这个谜团，沈括约了几个小伙伴上山实地考察了一番。四月的山上，乍暖还寒，凉风袭来，冻得人瑟瑟发抖。沈括茅塞顿开，原来山上的温度比山下要低很多，因此花季才来得比山下晚呀。凭借着这种求索精神和实证方法，长大以后的沈括写出了《梦溪笔谈》。

活字印刷术的发明者——毕昇

活字印刷术的发明是印刷史上的一次伟大革命，是我国古代四大发明之一，它为我国文化经济的发展开辟了广阔的道路，为推动世界文明的发展作出了重大贡献。

毕昇（？—1051），湖北英山人，生于北宋中期，出身平民，为我国古代著名发明家。毕昇首创活字印刷术，对世界文明的发展作出了杰出的贡献。

◆ 毕昇像

我国最早发明的雕版印刷术比较复杂，一般选用梨木、枣木、梓木、黄杨、银杏、皂荚等木料做成版材。雕版印刷术出现以后，大大促进了古代文化的传播与发展。到了宋朝，雕版印刷事业发展到了全盛时期。这时，不仅有政府的"官刻"和"监刻"，民间刻书业也很盛行，遍及全国各地。

在唐代发明的雕版印刷术的基础上，宋仁宗庆历年间（1041—1048），平民毕昇创造了活字印刷术。这是中国对于世界文明的发展所作出的又一伟大贡献。

毕昇发明活字印刷术的灵感来自于两个儿子玩的"过家家"游戏。有一年清明节，毕昇带着妻儿回到家乡祭拜祖先。在乡下，两个儿子玩得不亦乐乎，他们从田间挖来泥巴，做成了锅、碗、桌、椅、猪、人等泥雕，随心所欲地摆来摆去。当时，毕昇正为了改良印刷术而发愁，看见儿子们捏的泥雕让毕昇眼前一亮。当时他就想，我何不也来玩过家家：用泥刻成单字印章，不就可以随意排列，排成文章了吗？这个发现让毕昇兴

◆ 泥活字版模型

入日本、朝鲜、越南、菲律宾等地，并经过丝绸之路，向西经由波斯和阿拉伯，传入埃及和欧洲各国。欧洲在14世纪末出现了雕版印刷，在此基础上，德国的谷登堡在1440年到1480年之间，发明了铅活字印刷，并制成了一种简单的印刷机械，开创了近代机械印刷的先河，但他发明的活字却比毕昇晚了400多年。

奋不已。回到家中，毕昇就开始了活字印刷术的第一场试验。

毕昇用一种细胶泥刻成单个的反体字，一字一印，字的笔划凸出的高度像铜钱的边缘那样厚薄，字刻好后，把印泥放入火中烧硬。然后取一块铁板，在上面涂一层松脂、黄蜡和纸灰等制成的固定剂，再将一个铁框放在铁板上，把要印的文字一个个有序地排列在铁框内。排满了字的铁框就为一版，放到火上烘烤，等脂蜡稍稍熔化，就用另一块很平的铁板压在字面上，字面即被压平，待其冷却后，泥活字便粘在一起，成为活字版了。这样的活字版即可施墨铺纸印刷，又可在印完之后，再经烘烤，取下活字再用。

毕昇的伟大发明，在当时未被社会广泛认可，但是却开创了后世一系列其他材料活字印刷的先河。后来，逐步出现了木活字和锡活字进行印刷，明朝时又出现了铜活字和铅活字，而这些成就的取得无不是在毕昇的胶泥活字印刷基础上进行改进的。

活字印刷术不仅推动了中国印刷事业的发展，而且在世界范围内也产生了巨大的影响。公元13世纪，印刷术从中国传

延伸阅读

毕昇籍贯终有定论

关于毕昇的家世记载仅见于北宋沈括的《梦溪笔谈》。原文短短200多字的记载中，仅知道毕昇为北宋仁宗时期的一个平民，其他不详。

然而，1990年7月在湖北英山离奇发现的一块墓碑，在史学界引起了巨大震动，也逐渐揭开了毕昇的身世之谜。一名通讯员当天到农村采访，路过湖北英山草盘镇五桂村在田边休息时，无意中在睡狮山东边看到一块圆形石板横于田缺处的水洼中，上有"神主"二字。通讯员感到惊奇，仔细辨认又看出"毕昇"二字，不禁大吃一惊，从石板周边花纹以及上刻字迹看，断定石板是一块古墓碑。于是，报告了有关部门。后来，专家进行了考证，确认此碑是北宋皇祐四年（1052）所立。墓主即是我国北宋时期活字印刷术发明家毕昇。

那么，墓碑上年号为何不写"皇祐"而写成"白祐"？专家们进一步考证后认定，原来在历代的王朝中，百姓痛恨这个王朝时，常常是用白字来代替年号的，故此，毕昇后人在为其立碑时，故意将"皇"字下面的"王"字去掉，以示对朝庭的不满。

第三讲 科学巨匠献技艺

纺织术的传播者——黄道婆

黄道婆是一个普普通通的劳动妇女，她第一个把在崖州学到的纺织技术进行推广和改革，制成一套擀、弹、纺、织工具，从而提高了纺纱效率。在织造方面，她用错纱、配色、综线、花工艺技术，织制出有名的乌泥泾被，推动了松江一带棉纺织技术和棉纺织业的发展。为我国纺织业的发展，作出了伟大的贡献。

黄道婆(约1245—?)，又称黄婆，松江人氏，生于南宋末年淳祐年间。黄道婆出身于贫苦农民家庭，在生活的重压下，十二三岁就被卖给人家当童养媳。白天她下地干活，晚上她纺织布到深夜，还要遭受公婆、丈夫的非人虐待。沉重的苦难摧残着她，也磨炼了她。有一次，黄道婆被公婆、丈夫一顿毒打后，又被关在柴房不准吃饭，也不准睡觉。她再也忍受不住这种非人的折磨，决心逃出去另寻生路。半夜，她在房顶上掏洞逃了出来，躲在一条停泊在黄浦江边的海船上。后来就随船到了海南岛的崖州，即现在的海南崖县。

在崖州生活了20多年后，由于思念故土，黄道婆告别黎乡，返回阔别多年的故土，把黎乡的先进纺织技术带给了松江的父老，以帮助他们摆脱贫困，过上幸福快乐的生活。

当时的乌泥泾已经在元朝的统治之下，元统治者每年向当地劳动人民榨取万匹棉布。可是由于生产条件和纺织技术都很落后，人们不停地劳作，还是不能够改善自己的生活，交完赋税布匹后几乎所剩无几，劳动人民的生活始终处于极端贫困的境地之中。

◆ 纺织图　元　王祯

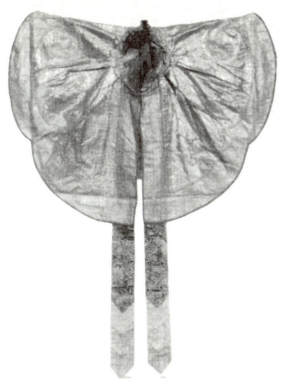

◆ 双带衣饰　元

黄道婆回乡后，首先向家乡人民传授先进的纺织技术，还把自己由黎族带回来的纺织工具展示给大家，让大家仿制。她不厌其烦地向乡亲们示范操作方法，把自己精湛的技术毫无保留地传授给乡亲们。黄道婆还改进了多种纺织工具和纺织程序，发明了一整套擀、弹、纺织等工具，大大方便了织布纺棉手工劳作。她还总结推广了一套配色纺花的新技术，使织出的被褥、衣带、手帕都有折枝、团凤等各色花样，色彩艳丽夺目。

此外，黄道婆还传授和推广了"错纱配色，综线挈花"之法，后来松江一带的织工发展了这种技术且更加精益求精。她还把"崖州被"的织造方法传授给镇上的妇女，一时"乌泥泾被"闻名全国，远销各地。

黄道婆所传授的先进纺织技术，后来传播甚广。到元朝末年，松江一带已经有上千家居民从事纺织业，那些过去单单依靠贫瘠土地过日子的人，生活都有了改善。人们忘不了黄道婆的恩情，在她去世的时候，乌泥泾人悲痛流泪，把她安葬。在现在华泾镇北面东湾村，还专门建造了祠堂，逢年过节都要为她举行祈祷仪式，将其尊为纺织业的守护神。原来"民食不给"的乌泥泾，从黄道婆传授新工具、新技术后，棉织业得到了迅速发展。到了明代，乌泥泾所在的松江，成了全国的棉织业中心，赢得"衣被天下"的声誉。

黄道婆就是这样以自己的杰出贡献，而被载入了我国纺织业的发展史册，她必将永远受到后人的敬仰。

延伸阅读

有关黄道婆的民谣

清朝人秦荣光一首竹枝词咏黄道婆：
乌泥泾庙祀黄婆，
标布三林出数多。
衣食我民真众母，
千秋报赛奏弦歌。
民间还流传歌颂黄道婆的民谣：
黄婆婆，
黄婆婆。
教我纱，
教我布，
两只筒子两匹布。

超级旅行家——徐霞客

《徐霞客游记》是中国最早的一部比较详细记录所经地理环境的游记，也是世界上最早记述岩溶地貌并详细考证其成因的书籍。徐霞客一生除了家中发生重大事件外，几乎没有停止过旅游，并详细记录途中所见，这些资料是地理学家和考古学家不可多得的研究材料。

徐霞客(1587—1641)，名宏祖，字振之，别号霞客。江阴人。他出生在江苏江阴一个有名的富庶之家，祖上都是读书人，称得上是书香门第。他的父亲徐有勉一生不愿为官，也不愿同权势交往，喜欢到处游览欣赏山水景色。徐霞客幼年受父亲影响，喜爱读历史、地理和探险、游记之类的书籍。这些书籍使他从小就热爱祖国的壮丽河山，立志要遍游名山大川。15岁那年，他应过一回

◆ 徐霞客塑像

童子试，没有考取。父亲见儿子无意功名，也不再勉强，就鼓励他博览群书，做一个有学问的人。徐霞客的祖上修筑了一座万卷楼来藏书，这给徐霞客博览群书创造了很好的条件。

19岁那年，父亲去世，徐霞客很想外出去寻访名山大川，但是因有老母在堂，所以没有准备马上出游。他的母亲是个读书识字、明白事理的人，她鼓励儿子说："身为男子汉大丈夫，应当志在四方。你出外游历去吧！到天地间去舒展胸怀，广增见识。怎么能因为我在，就像篱笆里的小鸡，套在车辕上的小马，留在家园，无所作为呢？"徐霞客听了这番话，非常激动，决心去远游。不久后，他头戴母亲为他做的远游冠，肩挑简单的行李，就离开了家乡。这一年，他22岁。

万历三十五年(1607)是徐霞客迈向旅游生涯的开端。自此之后，徐霞客差不多每年都要外出旅游考察，历时30余年。他北历燕冀，南涉闽粤，西北直攀太华之巅，西南远

达云贵边陲，足迹遍及当时14个省，即现在的江苏、浙江、上海、山东、山西、陕西、河南、河北、北京、天津、安徽、湖南、湖北、江西、福建、广东、广西、贵州、云南16个省市，所见大山名川有泰山、天台山、雁荡山、黄山、武夷山、嵩山、华山、五台山、落迦山、太和山、恒山、罗浮山、盘山，又遨游了大渡河、金沙江、澜沧江、星宿海(现青海省境内)等，中华大地名山大川尽收眼底，真可谓"饱尝河山美，收尽天下奇"。

崇祯九年(1636)是徐霞客外出旅游考察具有转折性的一年。当时，徐霞客已51岁。在此之前，他虽然多次外出旅游考察，但大多短期而归，因为他时刻眷恋着自己的母亲。这一年，他的母亲去世，徐霞客少了一种难以割舍的牵挂，可以无忧无虑地外出远游了。于是他从家乡出发，途经江苏、浙江、江西、湖南、广西、贵州、云南等省，历时五个春秋。这次外出考察，也是徐霞客一生中最后一次和为期最长的一次。

徐霞客在野外考察生活中，每天不管多么劳累，都要把当天的经历和观察记录下来。有时跋涉百余里，晚上寄居在荒村野寺之中，或露宿在残垣老树之下，他也要点起油灯，燃起篝火，坚持写游历日记。他先后写了200多万字的游记，为后人留下了珍贵的地理考察记录。

崇祯十三年(1641)徐霞客病重，回到家乡，将整理游志的任务委托给塾师季会明，次年去世。他的《徐霞客游记》最早系统地对岩溶地貌、砂岩峰林地貌、江河源流进行了考订，并且对气候的变化、植物因地势高

◆ 《徐霞客游记》书影

度不同而变化等自然现象，都作了认真的描述和考察。此外，它对农业、手工业、交通的状况，对各地的名胜古迹演变和少数民族的风土人情，也都有生动的描述和记载。徐霞客的这部奇书，在文学上的价值也很高，篇篇都可以说是优美的散文，在地理学史上、自然科学史上以及文学史上都占有重要地位。

延伸阅读

徐霞客遇险

徐霞客在游历考察过程中，曾经三次遭遇强盗，四次绝粮。湘江遇盗的故事，便是发生在公元1636年他51岁时的第四次出游中。这次出游，他计划考察湖南、湖北、广西、贵州、云南等地。出游不久，就在湘江遇到强盗，他的一个同伴受伤，他的行李、旅费被洗劫一空，他自己也险些丧命。当时，有人劝他不如回去，并要资助他回乡的路费，但他却坚定地说："我带着一把铁锹来，什么地方不可以埋我的尸骨呀！"徐霞客继续顽强地向前走去。没有粮食了，他就用身上带的绸巾去换几升筒米；没有旅费，就用身上穿的夹衣、袜子、裤子去换几个钱。就这样，他把重重困难都踩在了脚下。

第三讲 科学巨匠献技艺

中国铁路之父——詹天佑

京张铁路的建成，不仅为詹天佑赢得了世界声誉，更使整个中国工程技术界在世界上取得了相应地位。当时，有人把京张铁路与万里长城并列为中国最伟大的工程。

詹天佑（1861—1919），字眷诚，广东南海人，祖籍江西婺源，是中国首位铁路工程师，负责修建了京张铁路等工程，有"中国铁路之父""中国近代工程之父"之称。

詹天佑出生在一个普通茶商家庭。儿时的詹天佑对机器十分感兴趣，常和邻里孩子一起，用泥土仿做各种机器模型。有时，他还偷偷地把家里的自鸣钟拆开，摆弄和捉摸

◆ 詹天佑铜像

里面的构件，提出一些连大人也无法解答的问题。

1872年，年仅12岁的詹天佑到香港报考清政府筹办的"幼童出洋预习班"。考取后，父亲在一张写明"倘有疾病生死，各安天命"的出洋证明书上画了押。从此，詹天佑辞别父母，怀着学习西方"技艺"的理想，来到美国就读，并于1877年以优异的成绩毕业于纽海文中学，同年5月考入耶鲁大学土木工程系，专攻铁路工程。

在耶鲁大学，詹天佑顺利获得了学士学位，当时全部的幼童留学生中，获得学位的仅有两个人，詹天佑就是其中一个。同年8月，詹天佑归国，从此开始了他的科学报国之路。

1905年，清政府决定兴建我国第一条铁路——京张铁路（北京至张家口），由詹天佑完成这个艰巨的任务，全权负责京张铁路的修筑。消息传来，一些帝国主义分子及英国报刊挖苦说："中国能够修筑这条铁路的工程师还在娘胎里没出世呢！中国人想不靠外国人自己修铁路，就算不是梦想，至少也得50年。"他们甚至攻击詹天佑担任总办兼

总工程师是"狂妄自大""不自量力"。詹天佑顶着压力，坚持不任用一个外国工程师，并表示："中国地大物博，而于一路之工必须借重外人，我以为耻！""中国已经醒过来了，中国人要用自己的工程师和自己的钱来建筑铁路。"

京张铁路总长不过200公里，但沿途横跨崇山峻岭，施工极其艰巨。面对厚厚的岩层，詹天佑在中国第一次使用了炸药爆破开山法；在开凿号称"天险"的八达岭隧道工程中，他精心设计出从两端向中间同时开凿和中距离凿进的方法；为使列车安全地爬上八达岭，他创造性地运用折返线原理，在山多坡陡的青龙桥地段，顺着山势设计出一段"人"字形线路，缩小了坡度。詹天佑克服了重重困难，终于提前两年竣工，创造了奇迹。

京张铁路在1905年9月4日开工，詹天佑跟铁路员工一起，克服资金不足、机器短缺、技术力量薄弱等困难，出色地完成了居庸关和八达岭两处艰难的隧道工程，且工程总费用只有外国承包商过去索取价银的五分之一，可谓花钱少，质量好，完工快。在铁的事实面前，外国人也不能不折服。京张铁路的建成不仅是詹天佑个人的光荣，也是中国人民和中国工程技术界的光荣，更是中国近代史上中国人民反帝斗争的一个胜利。

1919年，詹天佑因积劳成疾不幸病逝。中国工程师学会基于他在铁路建设上所作出

◆ 詹天佑纪念馆

的重大贡献，特地在青龙桥建立了一尊铜像，来纪念这位杰出的爱国铁路工程师。

延伸阅读

"詹氏挂钩"的由来

当年詹天佑在修建京张铁路关沟段时可没少犯愁。按照工程设计的要求，路轨每向前延伸30米，路基就要增高1米。漫说在这40里长的崇山峻岭中筑路不易，就是铁路建好了，上哪儿去找能爬这段铁路的火车呢？当时国内火车车厢之间的挂钩呈抱拳状，载重超量或坡度过陡都会造成脱钩、翻车事故。不改进挂钩，铁路建好了也只能充样子。怎么改呢？詹天佑决定携夫人到国外去考察。

清朝末年，从北京出洋一般都要到天津去坐海轮。詹天佑夫妇到了天津码头一看，海轮泊在深水处，要上海轮必须走跳板上小船摆渡过去。詹天佑拎着皮箱几步就上了小船。詹夫人不习惯走跳板，走在上面上下颠，左右晃，吓得她心惊胆战，急忙向詹天佑伸手求援。詹天佑迅速地伸手去接，就在两手拉在一起的一瞬间中，詹夫人跳上了小船，詹天佑的眼前猛然一亮。他兴奋地拉着夫人的手说："咱们回去吧！"詹夫人惊异地问："咱们不出洋啦？"詹天佑重复了一下刚才的动作："喏，问题解决啦！"

后来，詹天佑根据拉手的启示发明了新式挂钩。铁路工程界为了纪念詹天佑的这个发明，亲切地称新式挂钩为"詹氏挂钩"。

第三讲 科学巨匠献技艺

119

伟大的数学家——华罗庚

华罗庚一生在数学上的成就是巨大的，他在数论、矩阵几何学、典型群、自守函数论、多个复变函数论、偏微分方程及高维数值积分等很多领域都作出了卓越的贡献，是蜚声中外的杰出科学家。

华罗庚（1910—1985）是近代世界有名的中国数学家。他1910年生于江苏金坛，因家境贫寒，早年没有接受系统的高等教育。1924年毕业于金坛县立中学初中，入上海中华职业学校一年，之后便在家中小杂货店当学徒。

1929年，金坛县发生瘟疫，华罗庚染上了可怕的伤寒病，持续高烧昏迷不醒。由于缺乏医学常识，在卧床期间没有经常翻身，华罗庚的左腿关节变形，留下了残疾。面对这一不幸，华罗庚却十分乐观，他激励自己道："我要用健全的头脑，代替不健全的双腿！"

19岁那年，华罗庚凭着自学的数学功力

◆ 华罗庚

看出了一位大学教授的论文有错误，写出了著名的论文《苏家驹之代数的五次方程式解法不能成立之理由》。这篇论文很快刊登在上海出版的《科学》杂志第15卷第2期上。清华大学数学系主任熊庆来教授看到这篇论文后如获至宝，立即四处询问作者的身世经历，要人写信邀他来清华大学数学系深造。

1932年秋天，华罗庚在熊庆来教授的关照下当上了数学系的助理员。此后，华罗庚如鱼得水，在数学的王国里自由翱翔。在清华大学的4年中，他一面工作，一面学习、旁听，仅用了一年半的时间，他便攻下了数学系的全部课程，还自学了英、德、法文。24岁时，他已能用英文撰写数学论文；25岁时，他便成为蜚声国际的青年学者。1936年，他被保送到英国剑桥大学进修，先后在美、日等国数学杂志上发表了十几篇有关数论方面的论文，引起国际数学界的瞩目。

1938年，华罗庚回国，此时正值抗日战争期间，华罗庚去西南联合大学任教授，住在昆明郊区的一个村庄里。这位享誉国内外的学者，一家七口挤在两间牛棚似的小阁楼里，晚上在昏暗的菜油灯下进行研究工作，

白天则拖着病腿外出上课，用微薄的薪水养活全家。就是在这样艰苦的条件下，华罗庚刻苦钻研，艰难地写出了名著《堆垒素数论》。1944年，《堆垒素数论》英文版由前苏联国家科学院出版，成为20世纪经典数论著作之一。

1946年，华罗庚赴美国，担任普林斯顿数学研究所研究员，普林斯顿大学和伊利诺伊大学教授。在美期间，他的待遇很高，年薪达两万美元，有小洋楼和汽车。但他常说："梁园虽好，非久居之乡！"一听到新中国成立的消息，他毅然回到了祖国的怀抱。一名美国教授后来评论："很难想象，如果他不回国，中国数学会怎么样。"

1950年，华罗庚执教清华大学数学系。1951年，他被任命为中国科学院数学研究所所长。在社会主义祖国，华罗庚开始了数学研究的真正黄金时期。1956年，华罗庚的重要论文《典型域上的调和分析》，荣获中科院第一批科学奖金一等奖。随后，他的《数论导引》问世。这部倾注了他多年心血的巨著，引起了国内外数学界的强烈关注。另外，他和万哲先合著的《典型群》一书，在国内外引起了更大的反响。

在经济困难时期，华罗庚思考着以数学知识为国民经济作贡献。于是，他筛选出以改进工艺问题的数学方法为内容的"优选法"和以处理生产组织管理问题为内容的"统筹法"。1964年，华罗庚给毛泽东写信，建议在生产实践中推广两法，以便提高管理水平和效率。毛泽东回信称赞他的想法为"壮志凌云，可喜可贺"。受此巨大鼓舞，华罗庚开始将他的主要精力放在数学方法和工业的普及应用上。近20年的时间里，他的足迹遍布中国20多个省、市、自治区，深入到工厂、矿山，用深入浅出的语言向工人和农民介绍优选法和统筹法，行程10万多公里。他用数学直接为国家创造了巨大的财富。华罗庚是中国最早把数学理论研究和生产实践紧密结合，并作出巨大贡献的科学家。

◆ 华罗庚蜡像

延伸阅读

少年华罗庚的故事

华罗庚在少年时代就非常注意对数学问题的研究。少年华罗庚在树林中发现了一个旧蜂巢，出于好奇，他用树枝把蜂巢捅下来。捡起蜂巢，一边走一边细心地观察，只见圆孔一个挨一个地交叉排列着。原来，底部是椭圆形的，顶部好像雨伞，雨水流不进去。

后来，华罗庚研究立体几何和数学在建筑学上的应用时，提起了小时候的这段故事，经研究证明，蜂巢的造型非常合理，在体积相同的情况下，蜂巢型建筑最节省材料。

据说，目前世界上最高明的建筑师，也很难造出这样的房子。蜂巢给华罗庚在空间数学的研究上以很大启发，为此华罗庚还专门写了这方面的论文。

第三讲 科学巨匠献技艺

火箭专家——钱学森

他是中国现代物理学家、世界著名火箭专家，为祖国的国防事业作出了巨大的贡献。被誉为"导弹之父"，国务院授予他"全国劳动模范"光荣称号。

钱学森（1911—2009），浙江杭州市人，1911年12月11日生于上海。1934年在美国麻省理工学院和加利福尼亚理工学院学习。1938年获博士学位后留校任教并从事火箭研究。1947—1955年间任麻省理工学院和加利福尼亚理工学院教授。1955年10月冲破种种阻力回国后，曾任中国科学院力学研究所所长，第七机械工业部副部长，国防科工委副主任等职。

钱学森是美国研究航空科学最高专家冯·卡门的优秀学生，是美国最早研究火箭组织——加州理工学院火箭研究小组的5位成员之一。一项在航空科学史上占有重要地位的航空科学公式——著名的"卡门—钱公式"即是由冯·卡门提出命题，钱学森做出的结果，这项公式至今仍在航空技术研究中广泛使用。

20世纪50年代，钱学森决心返回祖国，将自己的价值投入到祖国建设中去，这引起了美国有关方面的恐慌。他们认为：钱学森的专业技术如果带回去，中国的科学技术将高速前进。美国海军的一位领导人曾对美国负责出境的官员说："我宁可把钱学森枪毙了，也不让他离开美国！""钱学森至少值5个师的兵力。"

钱学森的回国计划受到严重的阻挠。美国官方"文件"通知他，不准离开美国。本来，他的行李已经装上了驳船，准备由水路运回祖国。可美国海关硬说他准备带回国的书籍和笔记本中藏有重要机密，诬蔑钱学森是"间谍"。其实，这些书籍和笔记本，一部分是公开的教科书，其余都是钱学森自己的学术研究记录。

一波未平，一波又起。几天之后，钱学森突然被逮捕，关押在一个海岛的拘留所里，受到无休止的折磨。后来美国特务机关虽然被迫释放了他，可对他

◆ 钱学森和他的老师冯·卡门在德国哥廷根

的迫害却并没有停止。他们限制他的行动，监视和检查他的信件、电话等。尽管有种种限制，但钱学森没有屈服。他不断地提出严正要求：坚决离开美国，回中国去！

在争取回国的日子里，钱学森更加关心祖国的建设事业，经常从《华侨日报》等报刊上了解新中国的情况，和中国科学家、留学生讨论建设祖国的有关问题。为了能够迅速地回国，他租房子只签订短时间的合同。家里准备了3只轻便的小箱子，天天准备随时可以搭飞机回中国。

5年过去了。钱学森争取回国的斗争得到了世界各国主持正义的人们的支持，更得到了中国政府的极大关怀。周恩来总理曾亲自了解他的情况，并指示参加中美两国大使级会谈的中国代表，在会谈中提出钱学森博士归国问题。1955年8月，这场外交斗争终于取得了胜利，美国政府被迫同意钱学森返回中国。

风华正茂的钱学森回到祖国，正赶上空军建设战略方向的研究。面对帝国主义飞机肆意侵扰我国领空的现实，不少人认为要建设强大的空军，首先必须研制飞机，但钱学森却提出搞导弹。此语一出，四座皆惊："导弹深奥莫测，连美苏也都刚刚起步，我们一穷二白怎么搞？"钱学森分析说："飞机要重复使用，对发动机材料等要求很高，我国短时间内解决不了。而导弹是一次性的，材料难度小，主要靠脑袋，中国人聪明，完全能解决制导和自动控制上的难题。"一席话令人茅塞顿开。

果然，在钱学森主持研究下，中国导弹后来居上，大出风头，1962年击落充满神秘

◆ 钱学森在加州理工古根海姆航空实验室

色彩的美蒋U－2高空侦察机，国威大振。如今，国产战略导弹、战术导弹捍卫着祖国的安全，国产运载火箭飞向太空，这与当年钱学森那极具创新价值的思维和工作密不可分。他倾其所学，又紧密关注国外的科学动态，不断推出科研新成果，为祖国的国防事业竭思尽智，作出了巨大的贡献。

延伸阅读

钱学森个人语录

我的事业在中国，我的成就在中国，我的归宿在中国。

在美国期间，好几次有人问我存了保险金没有，我说1块美元也不存。因为我是中国人，根本不打算在美国住一辈子。

我姓钱，但我不爱钱。

难道搞科学的人只需要数据和公式吗？搞科学的人同样需要有灵感，而我的灵感，许多就是从艺术中悟出来的。

我是一名科技人员，不是什么大官，那些官的待遇，我一样也不想要。

中国大学老是"冒"不出杰出人才，这是很大的问题。

常常是最后一把钥匙打开了神殿之门。

两弹元勋——邓稼先

　　邓稼先，杰出科学家、中国"两弹"元勋，是我国核武器理论研究工作的奠基者之一，从原子弹、氢弹原理的突破和试验成功及其武器化，到新的核武器的重大原理突破和研制试验，均作出了重大贡献，作为主要参加者，其成果曾获国家自然科学奖一等奖和国家科技进步奖特等奖；被称为"中国原子弹之父"。

　　邓稼先(1924—1986)，安徽怀宁人，著名核物理学家，中国科学院院士。

　　邓稼先的祖父是清代著名的书法家和篆刻家，父亲是著名的美学家和美术史家。七七事变后，全家滞留北京，16岁的邓稼先随姐姐赴四川江津读完高中。1941年至1945年在西南联大物理系学习，受业于王竹溪、郑华炽等著名教授。1945年抗战胜利

◆ 邓稼先青年像

后，邓稼先在北京大学物理系任教。

　　1948年10月，邓稼先赴美国印第安那州普渡大学物理系读研究生，1950年获物理学博士学位。在他取得学位后的第9天，便登上了回国的轮船。回国后，邓稼先在中国科学院近代物理研究所任助理研究员，从事原子核理论研究。1958年8月调到新筹建的核武器研究所任理论部主任，负责领导核武器的理论设计，随后任研究所副所长、所长，核工业部第九研究设计院副院长、院长，核工业部科技委副主任，国防科工委科技委副主任。

　　邓稼先就任二机部第九研究所理论部主任后，先挑选了一批大学生，准备有关俄文资料和原子弹模型。1959年6月，苏联政府中止了原有协议，中共中央下决心自己动手，搞出原子弹、氢弹和人造卫星。邓稼先担任了原子弹的理论设计负责人后，一面部署同事们分头研究计算，一面自己也带头攻关。

　　首先，他带着一批刚跨出校们的大学

生，日夜挑砖拾瓦搞试验场地建设，硬是在乱坟场里碾出了一条柏油路来，在松树林旁盖起了原子弹教学模型厅；在没有资料，缺乏试验条件的情况下，邓稼先挑起了探索原子弹理论的重任。为了当好原子弹设计先行工作的"龙头"，他带领大家刻苦学习理论，靠自己的力量搞尖端科学研究。他向大家推荐了一揽子的书籍和资料，他认为这些都是探索原子弹理论设计奥秘的向导。由于都是外文书，并且只有一份，邓稼先只好组织大家阅读，一人念，大家译，连夜印刷。

为了解开原子弹的科学之谜，在北京近郊，科学家们决心充分发挥集体的智慧，研制出我国的"争气弹"。那时，由于条件艰苦，同志们只能使用算盘进行极为复杂的原子理论计算，为了演算一个数据，一日三班倒。一次计算，往往要一个多月。作为理论部负责人，邓稼先跟班指导年轻人运算。

为了让同他一起工作的年轻人也得到休息，得到工作之余的稍许娱乐，他总是抽空与年轻人玩十分钟的木马游戏。有一次，王淦昌教授看见了他们在玩这种游戏，老教授又好气又好笑，斥责说："这是什么玩法，你还做儿戏呀。"邓稼先笑说："这叫互相跨越！"互相跨越，这是一种多么亲密的同志关系啊！正是靠着这种关系，邓稼先和同事们一起克服了一个个科学难关，使我国的"两弹"研制以惊人的速度发展了起来。1964年10月16日，我国第一颗原子弹横空出世。1967年6月17日，我国第一颗氢弹威震山河。

1986年7月29日，邓稼先因癌症不幸逝

◆ 新疆罗布泊上空的那团蘑菇云的腾起，宣告我国第一颗原子弹横空出世

世，享年62岁。人民将永远怀念这位被称作"两弹元勋"的我国核武器研制工作的开拓者和奠基者。

延伸阅读

两弹元勋邓稼先无视病魔

一次，航投试验时出现降落伞事故，原子弹坠地被摔裂。邓稼先深知危险，却一个人抢上前去把摔破的原子弹碎片拿到手里仔细检验。身为医学教授的妻子知道他"抱"了摔裂的原子弹，在邓稼先回北京时强拉他去检查。结果发现在他的小便中带有放射性物质，肝脏被损，骨髓里也侵入了放射物。医生劝他休息，但他还坚持回核试验基地。在步履艰难之时，他坚持要自己去装雷管，并首次以院长的权威向周围的人下命令："你们还年轻，你们不能去！"1985年，邓稼先最后一次离开罗布泊回到北京，仍想参加会议。医生强迫他住院并通知他已患有癌症。他无力地倒在病床上，面对自己妻子以及国防部长张爱萍的安慰，平静地说："我知道这一天会来的，但没想到它来得这样快。"

第三讲 科学巨匠献技艺

杂交水稻之父——袁隆平

袁隆平，一个世人瞩目的名字。他为之奋斗的杂交水稻事业，被人们誉为"第二次绿色革命"，给整个人类带来了福音。他是世界上第一个成功利用水稻杂种优势的科学家，杂交水稻的发明人，被誉为"杂交水稻之父"。

袁隆平，1930年9月出生于北京，1953年毕业于西南农学院农学系。毕业后，一直从事农业教育及杂交水稻研究。

20世纪60年代初期的中国，正处于严重的自然灾害之中。老百姓受饥挨饿，日子苦不堪言。在湖南农学院教书的袁隆平目睹了这一切，深感百姓们最缺乏的就是能吃饱肚子的粮食，于是他决心从事人工杂交水稻的研究，生产更多的粮食，解决人民的温饱问题。

袁隆平首先在高粱与玉米杂种优势利用的启示下，设计了"三系"杂交水稻的培育方法，即不育系、保持系、恢复系。不久后，袁隆平和助手利用一株天然野生雄性不孕稻"野败"，为三系杂交水稻研究打开了新局面，于1972年培育成了中国第一个应用于生产的不育系"二九南1号"。1973年，袁隆平发表《利用野败选育三系的进展》，正式宣告我国杂交水稻"三系"配套成功。又于1974年，培育成我国第一个强优势杂交组合"南优2号"，试种亩产超过了千斤，比常规稻增产了20%左右。从1976年三系杂交水稻开始推广，到2000年，全国累计推广38亿亩，增产3600亿公斤，极大地解决了我国的温饱问题，三系杂交水稻被誉为"东方魔稻"。

◆ "杂交水稻之父"袁隆平

1981年，国家将第一个特等发明奖授予袁隆平及他的研究小组，袁隆平也因此获得联合国教科文组织"科学奖"等8项国际大奖，并被国际同行誉为"杂交水稻之父"。

◆ 水稻插秧

面对接踵而至的荣誉，袁隆平没有沉醉，依然探索不止。1987年，袁隆平发表了具有里程碑意义的重要论文《杂交水稻育种的战略设想》，提出三系法品种间杂种优势利用、两系法亚种间杂种优势利用和一系法远缘杂种优势利用这样三个战略发展阶段。同年，国家"863"计划将两系法杂交水稻研究立为专题，袁隆平牵头组成了两系法杂交水稻研究协作组，开展了全国性的协作攻关。研究过程中几经波折，甚至出现过重大挫折，袁隆平以中国科学家过人的胆识和丰富的经验，几度调整研究方案，使得两系法杂交水稻研究得以顺利进行。1995年，袁隆平郑重宣布：两系法杂交水稻研究基本成功。在两系杂交水稻育种理论的启发下，两系法杂交高粱、两系法杂交油菜、两系法杂交棉花、两系法杂交小麦相继研究成功。我国农作物育种出现了史无前例的辉煌。

美国学者帕尔伯格赞扬道："袁隆平赢得了中国可贵的时间，他增产的粮食实质上使人口增长率下降了。他在农业科学上的成就打败了饥饿的威胁，是他领导着人们走向丰衣足食的生活。"

延伸阅读

建国以来贡献最大的农学家

据老一辈说，真正重新吃饱饭，是在20世纪70年代末，以前的稻子是高高的，风一吹就倒，换了矮水稻以后，粮食真是翻了出来。袁隆平的水稻南优2号，比以前的水稻单产增产20%，于1973年研究成功，1976年开始推广。20世纪80年代，国际组织给他的奖项多得像米粒一样。中国有9亿农民，他一个人，相当于干了2亿农民的活。有人预估，他的种子共创造效益当时值5600多亿美元。假设其中分零头给他，那么他的资产就会大致与世界首富比尔·盖茨相当。

第三讲　科学巨匠献技艺

第四讲

文哲泰斗创文脉

道家学派创始人——老子

老子在中国哲学史上最大的贡献，就是指出了作为宇宙万物本原及其存在的根据的形上之"道"，创立了以"道"为核心，包括本体论、辩证法、认识论和人生哲学等内容的系统的哲学思想体系。

老子（约前570—前470左右），姓李，名耳，谥曰聃，字伯阳，楚国苦县（今涡阳县）人，是中国古代伟大的哲学家、思想家，道学家派的创始人。

传说他的母亲感应到天空有一颗大流星入腹，怀孕11个月才生下老子，母亲却因难

◆ 老子出关图

产而死。老子"从母左腋出"，生下时上唇有一道淡淡的白胡子，两只耳朵大得出奇，因而取名为李耳，字聃。李耳生下来就能开口讲话，而且耳大是富贵之相，因而深得爷爷的喜爱。

李耳自幼聪慧，静思好学，长大以后师从常枞。据记载，常枞是一位精通殷商礼乐的学者，他学识渊博，教诲学生孜孜不倦，对李耳的教导都要李耳自己体悟。李耳很勤奋，再加上常枞的教导，他的思想日益成熟，当时已是一个颇有声望的学者，学识无人能及，因而被任命为周守藏室之史官，管理朝廷的众多藏书。在这里，老子研读了《尚书》，思想又一次产生了飞跃。

当时的老子声名鹊起，许多学者都慕名前来讨教。据说孔子就曾专程前往洛邑向李耳问礼。孔子在庙堂阶前看到一尊"三缄其口"的金人，于是问老子，金人背后的铭文"无多言，多言多败。无多事，多事多虑"是何意。老子的回答是：一个人等到他的骨头全部已腐朽了，只有他的言论尚存。况且作为一个君子，时机成熟的时候可以出而为

中华文化公开课

文化名人六讲

紫气东来—老子西行

◆ 老子雕像

李耳于是辞去守藏室史官之职，离开周都，准备从此隐居。行至函谷关时，关令尹喜请求道："先生要隐居了，请尽力写一部书吧。"于是老子写成了一部书，这就是《道德经》。

《道德经》一书言简意赅、博大精深，谈宇宙，谈人生，提出了"道""自然""无为"等著名的哲学概念，成为中国哲学的基础之作。

仕，否则就随遇而安。会做生意的商人，常把货物藏得很严密，仿佛一无所有；有盛德的君子，看他的容貌，仿佛十分愚钝。去掉你身上的骄气与过多的欲望，去掉你造作的姿态与过多的志向，这些对你有益无害。

孔子离去后，对自己的弟子说："鸟，我知道它能飞翔；鱼，我知道它能在水中游动；兽，我知道它能奔跑。能奔跑的兽我可以用网去捕捉它，能游的鱼可以用钓绳去钓，能飞的鸟可以用箭去射。至于龙，我就不知道了，它是否能乘风云飞上天呢？我今天见到老子，感觉他就像龙一样。"

本来，老子的思想已开始向隐居修养、追求无名发展，恰好此时周王室的一场内乱又使他得以由仕途中解脱。周王室发生内乱，景王崩，王子朝叛变，并带走了大批周朝的典籍逃奔到楚国。此事波及到李耳，

延伸阅读

老子写《道德经》

传说老子看到周王朝日渐衰败，于是决定到西域去，途中要经过函谷关。守关的长官是尹喜。他精通历法，善观天文。有一天夜里，尹喜在楼观上凝视，忽见关谷中有一团紫气从东方冉冉飘移过来。一看到这种气象，关令尹喜便知有大圣人将从此经过。于是告诉守关兵卒时刻留意。尹喜自己也天天沐浴、斋戒，净身等待。终有一天，守关兵卒见行人中有一青牛车，牛大车小，车板薄却载人重。车上坐着一位白发老翁，红颜大耳，双眉垂鬓，胡须拂膝，身着素袍，道骨仙貌，非同凡人。守关兵卒忙下关禀报。尹喜前去迎接并跪拜道："关令尹喜叩见圣人！"老子故意说道："吾乃一介贫贱老翁，如此非常之礼，不知有何见教？"尹喜道："请大圣人暂留神驾，到关中小住，指点修行之道。"经过一番对话，老子见尹喜心慈人善，气质纯清，就在函谷关住下，开始为尹喜著书，这便是《道德经》。

第四讲 文哲泰斗创文脉

儒家学派创始人——孔子

孔子所处的春秋时代，西周社会以血缘氏族为基础的政治制度崩溃瓦解，而基于文化认同的"诸夏"民族共同体正在形成。孔子在这样的历史背景下，成为了时代精神的代表人物与集大成者，开创了春秋战国诸子百家的先河。他所著的《论语》一书，是儒家经典著作之一。

孔子（前551—前479），春秋末期思想家、政治家、教育家，儒家学派的创始人。名丘，字仲尼。鲁国陬邑（今山东曲阜东南）人。曾修《诗》《书》，定《礼》《乐》，序《周易》，作《春秋》。孔子的

◆ 杏坛讲学图 明 吴彬

思想及学说对后世产生了极其深远的影响。

孔子的父亲叫叔梁纥（叔梁为字，纥为名），母亲叫颜征在。叔梁纥是当时鲁国有名的武士，立过两次战功，曾任陬邑大夫。叔梁纥先娶妻施氏，生9女，无子。又娶妾，生一子，取名伯尼，又称孟皮。孟皮脚有毛病，叔梁纥很不满意，于是又娶颜征在。当时叔梁纥已66岁，颜征在还不到20岁。孔子3岁时，父亲叔梁纥卒，孔家成为施氏的天下，施氏为人心术不正，孟皮生母已在叔梁纥去世前一年被施氏虐待而死，孔子母子也不为施氏所容，孔母颜征在只好携孔子与孟皮移居曲阜阙里，生活艰难。孔子17岁时，孔母颜征在卒。

孔子15岁立志于学。他虚心好学，学无常师，相传曾问礼于老聃，学乐于苌弘，学琴于师襄。30岁时，已博学多才，成为当地较有名气的一位学者，并在阙里收徒授业，开创私人办学之先河。

孔子35岁时，因鲁国内乱而奔齐。为了接近齐景公，做了齐国贵族高昭子的家臣。

◆ 《五经》书影

次年，齐景公向孔子询问政事，孔子说："君要像君，臣要像臣，父要像父，子要像子。"景公极为赞赏，欲起用孔子，后因齐相晏婴从中阻挠，于是作罢。

鲁哀公十一年（前484），孔子应鲁大夫之请，返回鲁国。此时，孔子率弟子出外游历宋、卫、陈、楚、蔡等国已有十四年之久。孔子虽然满怀复兴周礼、改良时政的政治抱负，但却没有一个诸侯愿意重用他。孔子返回鲁国不久，鲁哀公、季康曾先后问政于孔子，但最终没有启用。孔子眼见自己的政治理想无法施展，于是转而致力于著述与讲学，以求得自己的理想、思想、学识传播于后世。

孔子的成就主要是在教育和哲学领域以及政治思想上。儒家思想基本上坚持"亲亲""尊尊"的立法原则，维护"礼治"，提倡"德治"，重视"人治"。有一次，孔子的弟子子贡问怎样治理国家，孔子说："粮食充足，扩充军备，人民信任。"子贡问："如果迫不得已一定要去掉一项，在这三项里先去掉哪一项？"孔子说："去掉军备。"子贡又问："如果迫不得已去

掉一项，在这两项里该去掉哪一项？"孔子说："去掉粮食。没有粮食，虽然会饿死，但自古以来，人都会死的。如果没有了人民对国家的信任这一项，也就失去了立国之本了。"

汉代的董仲舒建议当时的汉武帝，实行"罢黜百家，独尊儒术"的政策。从此，儒家思想被封建统治者长期奉为正统。孔子也成为我国历史上绝无仅有的千古儒圣。

延伸阅读

后生可畏

一次，孔子在游历的时候，碰见三个小孩，其中两个正在玩耍，另一个小孩却站在旁边。孔子觉得奇怪，就问站着的小孩为什么不和大家一起玩。小孩很认真地回答："激烈的打闹能害人的性命，拉拉扯扯的玩耍也会伤人的身体；再退一步说，撕破了衣服，也没有什么好处。所以我不愿和他们玩，这有什么可奇怪的呢？"过了一会儿，小孩用泥土堆成一座城堡，自己坐在里面，好久不出来，也不给准备动身的孔子让路。孔子忍不住又问："你坐在里面，为什么不避让车子？""我只听说车子要绕城走，没有听说过城堡还要避车子的！"孩子说。孔子非常惊讶，觉得这么小的孩子，竟如此会说话，实在是了不起，于是赞叹他说："你这么小的年纪，懂得的事理真不少呀！"小孩却回答说："我听人说，鱼生下来，三天就会游泳，兔生下来，三天就能在地里跑，马生下来，三天就可跟着母马行走，这些都是自然的事，有什么大小可言呢？"孔子不由感叹地说："好啊，我现在才知道少年人实在了不起呀！"

第四讲 文哲泰斗创文脉

世界大同主义的先驱——墨子

墨子的思想在春秋诸家思想中突出地闪耀出了一种人性的光辉。他真正地把人看得神圣而伟大，充分认识到了人的权利与人的尊严。墨子重视实践，鼓励人们去为了理想而奋斗。可以说，墨子是现代人权思想和世界大同主义的先驱。

墨子（约前468—前376），名翟，是春秋时期的思想家、政治活动家、教育家、科学家。

墨子出生于宋国，父亲是木匠，墨子从小就随父学艺。他心灵手巧，肯于钻研，在他十几岁的时候已经是个能工巧匠了，技术可与当时最著名的工匠鲁班媲美。他制作的木鹰能飞上天，还成功地做成了小孔成像的

◆ 墨子像

实验。此外，他还发明了许多对农业生产及军事备战有用的器械，如辘轳、滑轮、车梯等。墨子从自身的实践中总结出许多有关自然科学的原理，他在几何、光学、力学等方面都有不少发现。

墨子9岁入私学，学习儒家典籍，后来又到邹城拜史氏为师，很快成为老师的得意门生。求学多年之后，墨子回到故乡开始了教学生涯。在博采众长的基础上，墨子对儒家的整个思想体系进行了深入的反思，由于不满儒家过于注意礼仪而缺乏对人民真正的关心，开始成为了儒家的反对派，创立了墨家学说。

墨子的学说思想主要包括以下几点：

兼爱非攻。墨子要求君臣、父子、兄弟都要在平等的基础上相互友爱，并认为社会上出现强执弱、富侮贫、贵傲贱的现象，是因天下人不相爱所致。

天志明鬼。墨子认为天之有志，即兼爱天下之百姓。"人不分幼长贵贱，皆天之臣也"，"天之爱民之厚"，君主若违天意就要受天之罚，反之，则会得天之

赏。这是墨子的天赋人权与制约君主的思想。

尚同尚贤。墨子认为，百姓与天子皆上同于天志，上下一心，实行义政，要选举贤者为官吏，选举贤者为天子国君。墨子要求君上能尚贤使能，即任用贤者而废抑不肖者。墨子把尚贤看得很重，以为是政事之本，特别反对君主用骨肉之亲，对于贤者则不拘出身，提出"官无常贵，民无终贱"的主张。

节用节葬。墨子抨击君主、贵族的奢侈浪费，尤其反对儒家看重的久丧厚葬之俗，认为君主、贵族都应像古代大禹一样，过着清廉俭朴的生活。

墨子有弟子300多人，大多是手工业劳动者。墨家学派有严密的组织，他们过着艰苦朴素的生活，弟子即使当了官，也必须恪守墨家的主张，得到的俸禄，也要分一部分供这个组织使用。因为有着严明的纪律和很强的实践力，墨家很快成为当时最有势力、影响最大的学派，与儒家并称"显学"，墨子也被称为北方圣人。

墨子不仅是个思想家，同时也是一个实干家，为推行自己的政治主张而奔走于列国之间，广泛宣传他的学识，足迹遍及鲁、宋、齐、楚、魏等国家。同时，他提倡教育，重视教育在社会和个人发展中的作用。墨子的教学内容非常重视关于客观事物的实践知识。他提出过判断事物的是非真假的三项标准，称为"三表法"。其

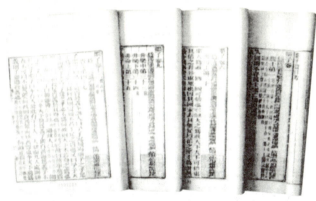

◆ 《墨子》书影

中一表是古代圣王的作为；一表是百姓民众的利害；另一表则是根据百姓耳闻目睹的事例来判断是非。

墨家学说因其思想特点具有人民性和科学性，不合统治者的胃口，故后世日渐衰微。

墨子著有《墨子》一书，现存53篇。

公元前376年，墨子病逝于鲁国。

延伸阅读

"子墨子"的含义

公元前376年，墨家创始人墨子卒。墨家弟子将开派鼻祖的遗体从简安葬于狐骀山下的苍松翠柏之中。他的陪葬品极其简单，最有价值的是一部《墨子》的手稿。墨子生前对为之奋斗终生的事业和自己的学说非常自信，曾经慨然而呼："天下无人，子墨子之言犹在。"墨家是中国最早的民间武装团体，其最高的领袖被称为"巨子"，墨子就是墨家的第一任巨子，墨子的大徒弟、守住宋城的禽滑釐则是墨家的第二任巨子。《墨子》一书是墨子的弟子所记，故称呼墨子时在"墨子"前加上"子"。"子"，即为"巨子"，表敬称，后一个"子"是"先生"的意思。

第四讲 文哲泰斗创文脉

儒家亚圣——孟子

　　孟子的思想虽然不为统治者所提倡，但其中的积极方面却影响深远。尤其是他的民本思想，成为后来的改革者、革命者的理论依据。而"威武不能屈，富贵不能淫，贫贱不能移"的气节人格更激励着历代仁人志士不畏强权，为真理正义而斗争。孟子的思想学说对后世有很大影响，尤其对宋明理学影响更巨，宋代以后常把孔子思想与孟子思想并称为"孔孟之道"。

　　孟子(前372—前289)，名轲，战国中期鲁国邹人。受业于子思门人，曾游历于宋、滕、魏、齐等国，阐述他的政治主张，还曾在齐为卿。晚年退而著书，传世有《孟子》七篇。他是战国中期儒家的代表。

　　公元前372年，孟子出生于邹国(今山东邹城)。孟子3岁时，父亲就去世了，对孟子的教育就落在他母亲一个人的肩上。

◆ 孟子像

　　孟子小时候，一天，邻居家杀猪。孟子问妈妈："他们为什么杀猪？"母亲骗他说："给你吃啊。"小孟子听了，非常高兴，蹦蹦跳跳地跑了。孟母感到很懊悔，她自言自语道："我怀这个孩子的时候，席子不放正了不坐，肉不切得均匀不吃，为的是从胎里教化儿子。现在他懂事了却骗他，真不应该。"于是孟母果真去买了肉给孟子吃。孟母就是这样教导孟子的。

　　到前358年，孟子拜孔子嫡孙子思的门人为师，学习诗书礼仪。前343年起，孟子的思想已经形成，在家乡开始教徒讲学。

　　孟子认为人性本善。他认为好人坏人之分，主要是由于社会的影响。他把人比作山木。他说，山上的树木本来是茂美的。但因为它接近都市，人们对它砍伐不休，牛羊践踏不已，于是长得不成样子，能说这些树木原来是不美的吗？人也是这样，本有善良的品性，但不断被摧残，得不到发扬，最后变得同禽兽差不多，能说人的本性原来就是这

文化名人六讲

中华文化公开课

样的吗?

孟子认为民众的问题最重要,君王的问题不占重要地位。君王在用人时,应该尊重人民群众的意见,因为人民群众才是最智慧的。这种民贵君轻的思想是极为可贵的。

孟子政治思想的核心内容是"王道""仁政",意思是人的本性是好的,应该把人当人看。统治者要想得到天下,办法在于得民,得民的关键在得人心。孟子所说的王道,最主要的就是给予人民产业,轻徭薄赋,减少刑罚。

前330年起,孟子开始周游列国,希望能推行自己的"仁政"理想,造福于天下百姓。

孟子向梁惠王说:"不耽误农活的季节,粮食就会吃不完。不用细密的鱼网到湖里去捕鱼,水产就会吃不完。伐木者按适当的时令砍伐树木,木材就会用不尽。粮食和水产都吃不完,木材用不尽,这样就能使百姓饱暖生活,死后有钱埋葬,没有什么不满足的。生养死葬都没有不满,就是王道的开端了。"

孟子去见齐宣王说:"把泰山夹在腋下而跳过北海,告诉人说'我不能',这的确不能。替老年人按摩肢体,告诉人说'我不能',这是不肯做,不是不能做。所以王不能称王于天下,不是属于夹着泰山越过北海一类,而是属于按摩肢体一类。敬养自己家的老人,从而推广到敬养别人家的老人;爱护自己家的小孩,从而推广到爱护别人家的小孩,这样统治天下就会像在手掌上玩弄东西一样容易。"

◆ 《孟子》书影

孟子游说列国,发现天下没有肯施行仁政的国君,于是从前310年起,开始在邹国讲学,并写下了论述自己思想的著作。

约前289年,孟子逝世,享年84岁。

延伸阅读

孟母教子

孟子小的时候,他们家住在墓地附近。小孟子常常在墓间玩耍,做造坟的游戏。孟母看见了,说,儿子整天玩这些游戏,能培养出什么样的情趣呢?这不是孩子应该呆的地方。于是搬迁到市场旁居住。有一天,孟母听到小孟子在学商人叫卖,非常担忧,觉得这样孩子就不能安心学习了。为了小孟子能健康成长,她决定第二次搬迁。这次到了学校的旁边,过了一段时间,孟母发现小孟子在学习礼仪,这才松了一口气,欣慰地说:"这才是我的孩子该住的地方啊!"于是决定在这里长住。后来,孟子渐渐长大了,也到了上学的年龄。孟母便把孟子送到一个当地很有名望的私塾去读书。孟母为了给孟子一个良好的成长环境,先后带着孟子在三个地方居住,被传为佳话,为历代人所推崇。

第四讲 文哲泰斗创文脉

法家的创始人——韩非子

　　韩非以主张"以法治国"而闻名，而且提出了一整套的理论和方法，这为后来建立的中央集权的秦朝提供了有效的理论依据。后来的汉朝继承了秦朝的集权体制以及法律体制，这就是我国古代封建社会的政治与法制主体。他的著作《韩非子》有非常重大的历史意义。

　　韩非子（约前281—前233），生活于战国末期，战国末年杰出的思想家和法家的集大成者。

　　韩非是韩国的贵族，喜刑名法术之学，是荀子的弟子，后世称他为韩非子。当时韩国很弱，常受邻国的欺凌，他多次向韩王提出富强的计策，但未被采纳。韩非写了《孤

◆ 韩非子像

愤》《五蠹》等一系列文章，这些作品后来集为《韩非子》一书。秦王嬴政读了韩非的文章，极为赞赏。

　　身为贵族的韩非子从小立志要做一番大事业，他在弱冠之年便告别父母，独自一人游历天下，最终投师于当时著名的思想家、政治家荀子。荀况在齐国讲学时，门徒不可胜数，其中有两位著名人物，一位是后任秦国丞相的李斯，一位就是韩非子。韩非子为人正直，天资聪慧又勤学不怠，因而他的老师放言"帝王之术非韩非不能大，法家之思非韩非不能广"。

　　公元前233年，秦王发兵攻打韩国，向韩国索要韩非。韩王就派韩非出使秦国。韩非来到秦国后，秦王政很高兴，和韩非促膝畅谈天下大事，但韩非口吃，善著述而不善言谈。韩非劝秦王不要先攻打韩国，应将赵国先消灭掉。秦王以为韩非有私心，便开始猜疑，置之而不重用。李斯、姚贾因嫉妒而进谗言诋毁韩非，说韩非本是韩国公子，终究为韩而非为秦尽全力。如果秦王不用而放

◆ 《韩非子》书影

他回韩国，将给秦国留下祸患，不如杀了他。秦王听信谗言，将韩非下狱论罪。李斯派人送毒药给韩非，逼他自杀。等秦王要召见他时，才知道韩非已身死狱中。

韩非虽死，但他的思想却在秦始皇、李斯手上得到了实施。韩非著作吸收了儒、墨、道诸家的一些观点，以法治思想为中心。他总结了前期法家的经验，形成了以法为中心的法、术、势相结合的政治思想体系。

韩非着重总结了商鞅、申不害和慎到的思想，把商鞅的"法"、申不害的"术"和慎到的"势"融为一体。他认为，国家图治，就要求君主要善用权术，同时臣下必须遵法。在"法"的方面，韩非特别强调了"以刑止刑"思想，强调"严刑""重罚"。同时，光有法和术还不行，必须有"势"做保证。"势"，即权势、政权。韩

非赞赏慎到所说的"尧为匹夫不能治三人，而桀为天子能乱天下"，提出了"抱法处势则治，背法去势则乱"的著名论点。

尤可称道的是，韩非第一次明确提出了"法不阿贵"的思想，主张"刑过不避大臣，赏善不遗匹夫"，这是对中国法制思想的重大贡献，对于清除贵族特权、维护法律尊严，产生了积极的影响。

韩非擅长创作寓言故事，并通过这些故事来述说自己的政治观点。《韩非子》一书当中，共汇集寓言故事300多则，如自相矛盾、守株待兔、滥竽充数、老马识途、曾子杀猪等，它们已经成为中国文学中的瑰宝而代代相传。

延伸阅读

韩非点评韩昭侯

韩昭侯是战国初韩国的有为之君。一天，他的裤子有些破了，他让侍从马上把破裤子收藏起来。侍从对他说："君王，你也不仁厚了，连一条破裤子都不肯赏赐给臣下们，反而要收藏起来。"韩昭侯说："这你就不知道。作为一个君王，连一颦一笑都不能轻易表露。笑有笑的原因，颦有颦的原因。这条裤子虽然破，但比一颦一笑价值高多了。我又怎能轻易给人呢？"接着，他神秘兮兮地透露了他的真实目的："我要把它赏赐给有功之臣。"

好个韩昭侯，竟然连条破裤子也不轻易给人！他这样做究竟为了什么呢？

韩非子给出了四个字点评：信赏尽能。意思是说："你有功劳，我必赏你；你没功劳，我连一条破裤子也不会给你！"

政治家兼诗人——屈原

屈原的出现，不仅标志着中国诗歌进入了一个由集体歌唱到个人独创的新时代，而且他所开创的新诗体——楚辞，突破了《诗经》的表现形式，极大地丰富了诗歌的表现力，为中国古代的诗歌创作开辟了一片新天地。

屈原（前339—前278），战国末期楚国人，杰出的政治家和爱国诗人。名平，字原。

屈原因出身贵族，又明于治乱，娴于辞令，故而早年深受楚怀王的宠信，位为左徒，三闾大夫，后来遭到小人的诬陷和楚怀王的疏远。

政治家屈原

战国时期，有秦、齐、楚、燕、赵、魏、韩七国，其中，秦、齐、楚三国最强盛。秦国早想吞并楚国，一直没敢行动，就是因为齐楚两国关系很好。

◆ 屈原像

怀王十五年(前304)，为了拆散楚国和齐国的联盟，秦国丞相张仪决定亲自到楚国去一趟。张仪到了楚国，首先找楚王的宠妃郑袖、公子子兰和大臣靳尚这几个人，送给他们许多金银珠宝，让他们去劝说楚怀王，和齐国断交。这几个人得了好处，甘心情愿为敌国效劳，迷惑楚怀王。楚怀王果然中计，举行隆重仪式，接见张仪。张仪以秦王代表的身份，对楚怀王说："咱们秦楚两国，山水相连，本应结盟友好，称霸天下，可您却同东海边上的齐国联合。我们大王对您的做法很不高兴。我们大王说了，如果您和齐国断交，秦国就送给您六百里的土地。"

不用一兵一卒，白来六百里土地。楚怀王越想越高兴，下令大摆酒宴，隆重庆贺。屈原是坚决主张齐楚联合共同对付秦国的。他听说张仪来到楚国，知道他准是来破坏齐楚联盟的。他担心楚王上当，就闯进王宫。见了楚怀王，他大声说："张仪的话，大王千万不能相信。楚国要是跟齐国绝交，秦国就会趁虚而入，欺负楚国的。"

可是，楚怀王不听。屈原长叹一声，只好离开了。

后来，楚怀王果然和齐国绝了交，又派使者到秦国，接受那六百里土地。楚国使者到了秦都咸阳住下。一个多月过去，张仪才在相府召见了他。使者提出六百里土地的要求，张仪故作吃惊地问："什么？什么六百里土地？哪儿来的六百里土地？"

"不是你亲口说的，要送楚国六百里土地吗？"使者说。

"那是你们听错了。"张仪冷笑一声，"我说的是六里，不是六百里。"

使者气愤地立即赶回楚国向楚怀王汇报。楚怀王下令出兵，对秦国进行报复。楚国出兵，没有准备，秦国却早有提防。结果，头一仗，楚国一触即溃，丧失了汉中六百里土地；再一仗，楚军仍然没有取胜。

于是屈原奉命出使齐国重修齐楚旧好。此间张仪又一次由秦至楚，进行瓦解齐楚联盟的活动，使齐楚联盟未能成功。怀王二十四年，秦楚黄棘之盟，楚国彻底投入了秦的怀抱，屈原亦被逐出郢都，到了汉北。

怀王三十年，屈原回到郢都。同年，秦约怀王武关相会，怀王遂被秦扣留，最终客死秦国，顷襄王即位后继续实施投降政策，屈原再次被逐出郢都，流放江南，辗转流离于沅、湘二水之间。

顷襄王二十一年(公元前278)，秦将白起攻破郢都，屈原悲愤不已，遂自沉汩罗江，以身殉了自己的政治理想。

屈原的《离骚》

屈原死后，留下了一些优秀的诗歌，其中最有名的是《离骚》。

《离骚》的形式来源于楚国人民的口头创作，诗人又将之加以改造，构成长篇，使之包含了丰富的内容。它的语言精炼，吸

◆ 饮酒读《离骚》图　明　陈洪绶

收了楚国的不少方言，造句颇有特色。诗人用了许多比喻，无情地揭露了统治集团的丑恶，抨击了他们的奸邪、纵欲、贪婪、淫荡和强暴。同时，他也塑造了坚持正义、追求真理、不避艰难、不怕迫害、热爱乡土和人民的人物形象。

《离骚》是一部具有现实意义的浪漫主义抒情诗，诗中无论是主人公形象的塑造，还是一些事物特征的描绘，诗人都大量采用夸张的浪漫主义表现手法。神话传说的充分运用，展开了多彩的幻想的翅膀，更加强了《离骚》的浪漫主义气韵。比、兴手法的运用，在《离骚》中是非常多见的，如以香草比喻诗人品质的高洁，以男女关系比喻君臣关系，以驾车马比喻治理国家等。

西汉史学家——司马迁

司马迁所作《史记》，彪炳千古，鲁迅先生誉之为"史家之绝唱，无韵之离骚"。可司马迁的一生并不顺利，中年由"李陵之祸"而遭受宫刑，但他伟大的抱负支撑了他艰苦卓越的编写工作，给中国历史学留下了一部光辉不朽的著作。

司马迁（生卒年不详），字子长，左冯翊夏阳（今陕西韩城）人。出生于史学世家。他的先世是周期的史官，其父司马谈在汉武帝前期官为太史令，著有《论六家要旨》，有志于著述汉史，临终嘱咐司马迁记汉事、修史书。

司马迁博通典籍，掌握史书，善于诗赋，精于散文。他20岁开始远行，到处调查访问，搜集资料，了解风俗，为修史打下了良好的基础。《太史公书》约于汉武帝大初元年至征和二年间（前104—前91）撰成，后人通称为《史记》。全书共一百三十篇，为中国第一部纪传体通史。全书分传记为本纪、世家、列传，以八书记制度沿革，立十表以通史事的脉络，为后世各史所沿用，成为二十六正史之传统体例。

天汉二年（前99），武帝（刘彻）听说李陵带着部队深入到匈奴的国境，士气旺盛，心里很高兴。这时，许多大臣都祝贺皇帝英明，善于用人。后来李陵战败投降，武帝非常生气，原来祝贺的大臣都反过来责骂李陵无用和不忠。这时司马迁站在旁边一声不响，武帝便问他对此事的意见。司马迁爽直地说李陵只有五千步兵，却被匈奴八万骑兵围住，但还是连打了十几天仗，杀伤了一万多敌人，实算是一位了不起的将军了。最后因粮尽箭完，归路又被截断，才停止战斗，李陵不是真投降，而是在伺机报国。他的功劳还是可以补他的失败之罪的。武帝听他为李陵辩护，又讽刺皇上近亲李广利从正

◆ 司马迁像

中华文化公开课

文化名人六讲

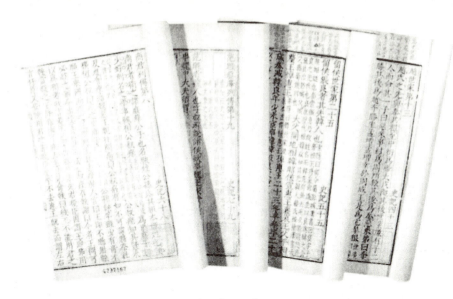

◆ 《史记》书影

面进攻匈奴的平庸无功，一怒之下将司马迁下狱。

次年，又有人误传李陵为匈奴练兵，武帝不把事情弄清楚，就把李陵的母亲和妻子杀了。廷尉杜周为了迎合皇帝，诬陷司马迁有诬陷皇帝之罪，竟把司马迁施予最残酷、最耻辱的"腐刑"。司马迁受到了这种摧残，痛苦之余，就想自杀。但转念一想，像他这样地位低微的人死去，在许多大富大贵的人的眼中，不过像"九毛亡一毛"，不但得不到同情，且更会惹人耻笑。于是决心忍受耻辱，用自己的生命和时间来艰苦顽强地完成伟大的《史记》的写作。

《史记》上迄传说中的黄帝，下至汉武帝太初年间，全面记叙中国上古至汉初三千年来的政治、经济、文化等多方面的历史发展概貌。《史记》在文学上亦有很高的地位，实为中国纪传体文学鼻祖，对后世散文、传奇、戏剧、小说的创作有直接影响。鲁迅先生更是誉之为"史家之绝唱，无韵之离骚。"

延伸阅读

司马迁改《史记》

司马迁42岁那年，开始夜以继日地着手写作《史记》，几年以后，写出了《史记》的部分手稿。司马迁把它呈给武帝，武帝先是很高兴，但翻了一下，就皱起了眉头，接着是大发雷霆。因为司马迁在书稿中毫不避讳地举出了武帝的错误，便立即召集文武大臣，将《史记》手稿交给大臣们传阅，大家都不敢讲话。老丞相跪地为司马迁求情，御史大夫也站在丞相一边。武帝无奈之下，从轻发落，让司马迁修改《史记》。

司马迁得知让他修改《史记》，无比痛苦，肝肠寸断，一怒之下要去辞官，并说："不求苟活于世，但求无愧我心！"但是，这时他又想起了在父亲灵前的誓言："一定要完成老人著史的遗愿。"于是，他决定修改手稿，并想出了一个巧妙的办法：将武帝的过错分散在诸多章节中，这样就不易被发现了。这样，《史记》才得以顺利完稿。

田园诗人——陶渊明

陶渊明的文学创作，在诗歌、散文、辞赋等诸多方面都有很高的成就，但对后代影响最大的是诗歌。在陶渊明的诗歌中，最有代表性的是田园诗。这种田园诗的艺术魅力，与其说在于它是田园生活的真实写照，不如说在于其中寄托了陶渊明的人生理想。田园被陶渊明用诗的构造手段高度纯化、美化了，变成了痛苦世界中的一座精神避难所。

陶渊明（365—427），字元亮，别号五柳先生，晚年更名潜，卒后亲友私谥靖节。东晋浔阳柴桑人（今江西九江市）人。中国古代杰出的文学家，诗人。

陶渊明的曾祖陶侃是东晋初名将，握重兵镇守长江中游，都督八州军事，封长沙郡公，声威煊赫一时，死后追封大司马。祖父陶茂官至太守，父亲亦曾出仕。陶氏为东晋元勋之后，地位虽不如南下名族高贵，也是浔阳的大族。

陶渊明这一支，因他年幼时父亲就去世了，家境便日渐败落。他从29岁时开始出仕，任江州祭酒，不久即归隐。后陆续做过镇军参军、建威参军等地位不高的官职，过着时隐时仕的生活。

义熙元年（405），陶渊明41岁，再次出为彭泽县令，不过在任80多天，便弃职而去，从此脱离了官场。

他在家乡有自己的田庄和僮仆，开始一段时期，生活也算安宁自得。有时他也亲自参加一些农业劳动，作为自己的社会观和人生哲学的实践。后来由于农田不断受灾，房屋又遭火灾，境况愈来愈恶化。但他始终不愿再为官求禄。

后来朝廷曾征召他任著作郎，被他拒绝了。出身于世代官宦的家庭、又是元勋之后的陶渊明，本来也曾期望在仕途中有所进

◆ 陶渊明像

◆ 渊明嗅菊图 清 张风

取，在政治上有所作为。《杂诗》说："忆我少壮时，无乐自欣豫，猛志逸四海，骞翮思远翥。"可见出他当时的胸怀。但同时，东晋士族文人普遍期望隐逸，追求精神自由的风气，这在他身上也留下了深刻的影响。他是抱着两种彼此矛盾的愿望走上自己的人生道路的。

陶渊明的晚年，生活愈来愈贫困，有朋友主动送钱周济他，有时，他也不免上门请求借贷。他的老朋友颜延之，于刘宋少帝景平元年（423）任始安郡太守，经过浔阳，每天都到他家饮酒。临走时，留下两万钱，他全部送到酒家，陆续买酒。不过，他求贷或接受周济是有原则的。宋文帝元嘉元年（424），江州刺史檀道济亲自到他家访

问。这时，他又病又饿了好些天，起不了床。檀道济劝他："贤者在世，天下无道则隐，有道则至。今子生文明之世，奈何自苦如此？"他说："潜也何敢望贤，志不及也。"檀道济馈以梁肉，被他挥而去之。

陶渊明辞官回乡22年，一直过着贫困的田园生活，固穷守节的志趣老而益坚。元嘉四年（427）九月中旬神志还清醒的时候，他给自己写了《挽歌诗》三首，在第三首诗中末两句说："死去何所道，托体同山阿。"表明他对死亡看得那样平淡自然。不久之后去世，一代文豪就此陨落。

延伸阅读

不为五斗米折腰的故事

公元405年秋天，陶渊明为了养家糊口，来到离家乡不远的彭泽当县令。这年冬天，他的上司派来一名官员来视察，这位官员是一个粗俗而又傲慢的人，他一到彭泽县的地界，就派人叫县令来拜见他。

陶渊明得到消息，虽然心里对这种假借上司名义发号施令的人很瞧不起，但也只得马上动身。不料他的属下拦住陶渊明说："参见这位官要十分注意小节，衣服要穿得整齐，态度要谦恭，不然的话，他会在上司面前说你的坏话。"

一向正直清高的陶渊明再也忍不住了，他长叹一声说："我宁肯饿死，也不能因为五斗米的官饷，向这样粗鄙的人折腰。"于是马上写了一封辞职信，离开了只当了80多天的县令职位，从此再也没有做过官。

唐代古文运动发起者——韩愈

韩愈一生，在政治、文学方面都有所建树，而主要成就是文学。他反对魏晋以来的骈文，提倡古文，并为此进行了长期的激烈斗争。由于他和柳宗元等人的倡导，终于形成了唐代古文运动，开辟了唐宋以来古文的发展道路。他的诗歌有独创成就，对宋诗的发展有重要影响。

韩愈（768—824），唐代文学家、哲学家，字退之。河南河阳（今河南孟县）人。世称韩昌黎，又称韩吏部。谥号"文"，又称韩文公。

韩愈3岁丧父，受兄韩会抚育，后随韩会贬官到广东。兄死后，随嫂郑氏北归河阳。后迁居宣城。7岁读书，13岁能文，20岁赴长安应进士试，三试不第。25岁登进士第，然后三试博学鸿词不入选，便先后赴汴州董晋、徐州张建封两节度使幕府任职，后至京师，官四门博士。韩愈36岁任监察御史，因上书论天旱人饥状，请减免徭役赋税，指斥朝政，被贬为阳山令。宪宗即位，获赦北还，改河南令，迁职方员外郎，历官至太子右庶子。因先后与宦官、权要相对抗，仕宦一直不得志。50岁从裴度征讨淮西吴元济叛乱，任行军司马，贯彻了加强中央集权反对藩镇割据的主张。淮西平定后，升任刑部侍郎。在刑部侍郎任上，他上疏谏迎佛骨，触怒了宪宗，被贬为潮州刺史。后于穆宗时，召为国子监祭酒，历任京兆尹及兵部、吏部侍郎。

韩愈一生，在政治、文学方面都有所建树，而主要成就是文学。他反对魏晋以来的骈文，提倡古文，进行了长期的激烈斗争。"韩愈奋不顾流俗，犯笑侮，收召后学"；"时人始而惊，中而笑且排，先生益坚，终而翕然随以定"。由于他和柳宗元等人的倡

◆ 韩愈像

◆ 《韩昌黎集》书影

导，终于形成了唐代古文运动，开辟了唐宋以来古文的发展道路。

他们反对过分追求形式的骈文，提倡散文，强调文章内容的重要性。韩愈时代的诗坛，已开始突破了大历诗人的狭小天地。韩愈更是别开生面，也创建了一个新的诗歌流派。他善于用强健而有力的笔触，驱使纵横磅礴的气势，夹杂着恢奇诡谲的情趣，给诗思渲染上一层浓郁瑰丽的色彩，造成奔雷挚电的壮观。另外韩诗在艺术上有"以文为诗"的特点，对后世亦有不小的影响。著有《韩昌黎集》四十卷，《外集》十卷。在创作理论上，他认为道（即仁义）是目的和内容，文是手段和形式，强调文以载道，文道合一，以道为主。提倡学习先秦两汉古文，并博取兼资庄周、屈原、司马迁、司马相如、扬雄诸家作品。主张学古要在继承的基础上创新，坚持"词必己出""陈言务

去"。重视作家的道德修养，提出养气论，"气盛则言之短长与声之高下者皆宜"。提出"不平则鸣"的论点。认为作者对现实的不平情绪是深化作品思想的原因。在作品风格方面，他强调"奇"，以奇诡为善。韩愈被列为"唐宋八大家"之首，又将他与杜甫并提，有"杜诗韩文"之称。

长庆四年（824），韩愈病逝，享年57岁，追赠礼部尚书。

延伸阅读

韩愈上疏谏迎佛骨

他一生排斥佛教。元和十四年(819)唐宪宗迎佛骨入大内，他打听到凤翔的法门寺里，有一座宝塔，叫护国真身塔。塔里供奉着一根骨头，据说是释迦牟尼佛留下来的一节指骨，每30年开放一次，让人瞻仰礼拜。这样做，就能够求得风调雨顺，人人平安。

唐宪宗特地派了30人的队伍，到法门寺把佛骨隆重地迎接到长安。他先把佛骨放在皇宫里供奉，再送到寺里，让大家瞻仰。下面的一班王公大臣，一看皇帝这样认真，不论信或是不信，都想弄到瞻仰佛骨的机会。

韩愈是向来不信佛的，更不要说瞻仰佛骨了。他对这样铺张浪费来迎接佛骨，很不满意，就给唐宪宗上了一道奏章，劝谏宪宗。他说，佛法的事，中国古代是没有的，只有在汉明帝以来，才从西域传了进来。他又说，历史上凡是信佛的王朝，寿命都不长，可见佛是不可信的。

唐宪宗收到这个奏章，大发脾气，立刻把宰相裴度叫了来，说韩愈诽谤朝廷，非把他处死不可。裴度连忙替韩愈求情，唐宪宗气慢慢平了，说："韩愈说我信佛过了头，我还可宽恕他，他竟说信佛的皇帝，寿命都短促，这不是在咒我吗？就凭这一点，我不能饶他。"

后来，替韩愈求情的人越来越多，唐宪宗没杀韩愈，就把他降职到潮州去当刺史。

第四讲 文哲泰斗创文脉

大唐诗仙——李白

李白是我国唐代伟大的浪漫主义诗人，他的诗歌以奇特的想象、恢宏的气势引人入胜。对后代产生了深远影响，他因此被后世誉为"诗仙"。与杜甫并称为"李杜"。

李白(701—762)，字太白，绵州昌隆（今四川江油）人。他是唐代诗坛的代表人物，又是中国文学史上继屈原之后又一伟大的浪漫主义诗人。李白出生在西域碎叶（前苏联托克马克），5岁时随父迁居四川彰明县的青莲乡，故号青莲居士。

◆ 太白醉酒图　清　苏六朋

李白生平

李白出生于盛唐时期，他的一生绝大部分都在漫游中度过，游历遍及了大半个中国。20岁时只身出川，开始了广泛漫游，途中他结交了不少名流，创作了大量优秀诗篇，诗名满天下。天宝初年（742），由道士吴筠推荐，唐玄宗召他进京，命他供奉翰林。不久，因权贵的谗言，于天宝三、四年间（744或745），被排挤出京。

李白不愿应试做官，但诗名远播，其后被召至长安，供奉翰林。他的文章风采，名震天下，杜甫《饮中八仙》里就有"李白一斗诗百篇，长安市上酒家眠。天子呼来不上船，自称臣是酒中仙"的奇句。在京仅3年，就弃官而去，仍然继续他那飘荡四方的流浪生活。"安史之乱"发生的第二年，他感愤时艰，曾参加了永王李璘的幕府。不幸，永王与肃宗发生了争夺帝位的斗争，兵败之后，李白受牵累，流放夜郎（今贵州境内），途中遇赦。晚年漂泊东南一带，依当涂县令李阳冰（李白族叔），不久即病卒。

间文艺和秦、汉、魏以来的乐府民歌中吸取其丰富营养，而形成他独特风貌的诗人，是屈原以后我国最为杰出的浪漫主义诗人，代表我国古典积极浪漫主义诗歌的新高峰。杜甫对其诗歌有"笔落惊风雨，诗成泣鬼神"之评。韩愈云："李杜文章在，光焰万丈长。"唐朝文宗御封李白的诗歌、裴旻的剑舞、张旭的草书为"三绝"。他与李商隐、李贺三人并称唐代"三李"。

李白生活在唐代极盛时期，具有"济苍生""安黎元"的进步理想，毕生为实现这一理想而奋斗。他的大量诗篇，既反映了那个时代的繁荣气象，也揭露和批判了统治集团的荒淫和腐败，表现出蔑视权贵，反抗传统束缚，追求自由和理想的积极精神。

李白诗歌散失不少，今尚存900多首，内容丰富多采。李白一生关心国事，不满黑暗现实，希望为国立功。他的《古风》59首是这方面的代表作品。李白的不少诗篇，表现了对人民生活的关心和同情。这种内容常常结合着对统治者的批判。

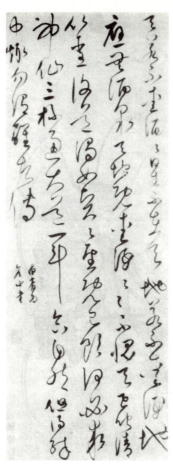

◆ 太白酒歌轴　明　宋广

一说喝醉了酒，在水中捞月亮而溺水身亡。

李白的诗歌

盛唐诗潮波澜壮阔，气象万千。而其中最引人瞩目、动人心弦的，是李白的创作。李白的诗歌，最充分也最集中地体现了那个时代的精神风貌。

李白的诗以抒情为主。其诗风格豪放飘逸洒脱，想象丰富，语言流转自然，音律和谐多变。他善于从民歌、神话中汲取营养素材，构成其特有的瑰丽绚烂的色彩，他是继屈原之后，第一个真正能够广泛地从当时民

延伸阅读

李白《清平调》三首

（一）
云想衣裳花想容，春风拂槛露华浓。
若非群玉山头见，会向瑶台月下逢。

（二）
一枝红艳露凝香，云雨巫山枉断肠。
借问汉宫谁得似？可怜飞燕倚新妆。

（三）
名花倾国两相欢，长得君王带笑看。
解释春风无限恨，沉香亭北倚阑干。

第四讲　文哲泰斗创文脉

唐代田园诗派代表——王维

王维的诗在盛唐诗坛独树一帜，他继承和发展了谢灵运开创的写作山水诗的传统，对陶渊明田园诗的清新自然也有所吸取，使山水田园诗的成就达到了一个高峰。王维在中国诗歌史上占有重要的地位，与孟浩然并称，是唐代山水田园诗派的代表人物。

王维（701—761），字摩诘，盛唐时期的著名诗人，官至尚书右丞，世称"王右丞"。代表作有《渭川田家》《终南别业》《鹿柴》《竹里馆》《渭城曲》《山居秋暝》等。

王维幼年时便聪明过人。15岁时去京城应试，由于他能写一手好诗，工于书画，而且还有音乐天赋，所以一至京城便立即成为京城王公贵族的宠儿。有关他在音乐上的天赋，曾有这样一段故事：一次，一个人弄到一幅奏乐图，但不知为何题名。王维见后回答说："这是《霓裳羽衣曲》的第三叠第一拍。"请来乐师演奏，果然分毫不差。

在诗歌方面，王维在十几岁时就已经是位有名的诗人了，这在诗人中是罕见的。当时，在贵族世袭的社会中，以王维这样多才多艺的资质，自然会深受赞赏。因此，王维在21岁时就考中了进士。

出仕后，王维利用官僚生活的空余时间，在京城的南蓝田山麓修建了一所别墅，以修养身心。该别墅原为初唐诗人宋之问所有，这里有山有湖，有林子也有溪谷，其间散布着若干馆舍。王维在这里和他的知心好友过着悠闲自在的生活。这就是他的半官半隐的生活情况。

一直过着舒适生活的王维，到了晚年却被卷入了一场意外的波澜当中。玄宗天宝十四年（755）爆发了"安史之乱"。在战乱

◆ 王维像

中华文化公开课

文化名人六讲

中王维被叛军捕获，被迫当
了伪官。而这在战乱平息后
却成了严重问题，他因此被
审讯。幸在乱中他曾写过思
慕天子的诗，加上当时任刑
部侍郎的弟弟的求情，才得
免于难，仅受贬官处分。其
后，又升至尚书右丞之职。

◆ 辋川图　唐　王维

　　王维在诗歌方面上的成
就是巨大的，无论边塞、山
水诗，无论律诗、绝句等，
他都有流传人口的佳篇。苏轼说他："诗
中有画，画中有诗。"王维在描写自然景
物方面，确实有其独到的造诣。无论是名
山大川的壮丽宏伟，或者是边疆关塞的壮
阔荒寒，还是小桥流水的恬静，他都能准
确、精炼地塑造出完美无比的鲜活形象，
着墨无多，意境高远，诗情与画意完全融
合成为一个整体。

　　王维的大多数山水田园之作，在描绘
自然美景的同时，都流露出闲居生活中闲
逸潇洒的情趣。他特别喜欢表现静谧恬淡
的境界，很多作品或气象萧索，或幽寂冷
清，表现了对现实漠不关心和禅学寂灭的
思想情绪。

　　王维的创作才能是多方面的。他的五
律和五、七言绝句造诣最高，同时其他各
体也都擅长，这在整个唐代诗坛是颇为突
出的。

◆ 王维《诗意图》

第四讲　文哲泰斗创文脉

唐代诗圣——杜甫

杜甫是唐代最杰出的现实主义诗人，被后世誉为"诗圣"。他的诗内容广阔深刻，感情真挚浓郁；艺术上集古典诗歌之大成，并加以创新和发展；在内容与形式上大大拓展了诗歌领域，对后世的影响早已超出文艺的范围。

杜甫（712—770），字子美。祖籍襄阳，生于河南巩县。他曾居长安城南少陵，故自称"少陵野老"，人称"杜少陵"；又因居成都时被举荐做了节度参谋、检校工部员外郎，故又称"杜工部"。

杜甫自幼聪慧，他在《壮游》诗中追忆说："七龄思昂壮，开口咏凤凰。九龄书大字，有作成一囊。"少年时即在文坛崭露头角，受到前辈的赏识。

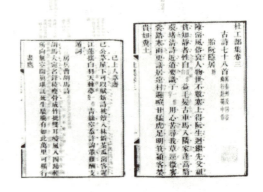

◆ 《杜工部集》书影

杜甫20岁那年，也和李白一样，去周游祖国各地。他离开洛阳，沿着运河，过了长江。秀美的江南风光，丰富的文物古迹，开阔了杜甫的眼界。然后，他回到洛阳又北上，游览了齐赵（在现在山东省和河北省南部）大平原，登上了泰山。这两次漫游是杜甫一生中最如意的事。

有一年夏天，杜甫在洛阳会见了他慕名已久的大诗人李白。两个人志趣相投，一见如故，很快成为非常要好的朋友。当时，李白受到权贵的排挤，刚离开长安，但"谪

◆ 杜甫像

◆ 杜甫草堂

吏》《新婚别》《垂老别》《无家别》，简称"三吏""三别"。这六首诗深刻地反映出了当时动乱不安的社会面貌，写得生动感人，是我国古典诗歌中的不朽杰作。

唐大历五年（770），大诗人杜甫病逝于旅途中，时年59岁。

仙"的名声已经传遍全国。而杜甫在诗坛才初露头角。他们俩年龄相差也比较大，可是他们彼此都很敬重。这两位伟大诗人的友谊一直传为我国诗坛上的佳话。

"安史之乱"爆发，长安沦陷后，杜甫一家老小加入了流亡的难民队伍。至德二年(757)，杜甫从长安逃出，不辞辛苦，千里迢迢投奔至唐军。肃宗被其忠诚所感动，任他为左拾遗，但很快就被贬为华州司马参军。

公元759年冬天，杜甫为避"安史之乱"，携家由陇右（今甘肃省南部）入蜀。靠亲友的帮助，在成都西郊风景如画的浣花溪畔修建茅屋居住。第二年春天，茅屋落成，称"成都草堂"。在这里，杜甫先后居住了将近四年。

杜甫所作诗歌流传到现在的有240多首，其中的《新安吏》《潼关吏》《石壕

杜甫七岁写诗

杜甫很小的时候，母亲就去世了。父亲要到外地去做官，就把他寄放到洛阳城里的姑母家。姑母是个善良有教养的人，杜甫从小受到了良好的教育。

有一天，杜甫又缠着姑母讲故事。姑母说："咱们杜家出过许多名人，晋朝著名大将杜预就是我们的第十三代远祖。他打仗有勇有谋，为朝廷立过大功。百姓们还编歌谣称赞过他呢！"

"真了不起！"杜甫翘起大拇指称赞道。

"你爷爷（杜审言）是个有名的诗人，他写的诗，受到过皇上的奖赏，人们都夸他是个才子。"

这些故事给杜甫很大鼓舞。他刻苦读书，好学苦练，七岁的时候，写出了自己的第一首诗《咏凤凰》。有一天，他把自己写的一篇文章拿给父亲看，正巧有两位客人来访。他们也很有兴致地看起来。

"如此佳作，就像出自班固、扬雄（都是汉朝著名的文学家）的手笔呀！"客人们看完后说。

从这以后，这两位客人经常向人们夸奖杜甫，还带他到精通音律的人家做客，听当时著名的宫廷乐师李龟年的绝妙音乐。这对他的影响很大。杜甫一生写诗都十分讲究技巧，反复推敲，"语不惊人死不休"。

第四讲 文哲泰斗创文脉

宋代文学家的杰出代表——苏轼

苏轼在诗歌、散文和词等文学领域，取得了巨大的艺术成就，创造了一代文学范式，是当之无愧的宋代文学家的杰出代表，也是中国文学史上伟大的文学家之一。

苏轼(1037—1101)，字子瞻，号东坡。四川眉山人。他的父亲苏洵，是北宋著名散文家，弟弟苏辙也是散文家，合称"三苏"。

苏东坡8岁入乡学，他聪明好学，很早就表现出了非凡的文学天赋，10岁时就能写出"匪伊垂之带有余，非敢后也马不进"这类句子，深得父亲苏洵的赞叹。在父亲的

◆ 苏轼像

严格指导下，苏轼从小就熟读经典和前人作品，重点学习李白和杜甫。

公元1056年春天，苏洵带着苏轼兄弟两人前往东京参加第二年的科举考试。这次考试由欧阳修任主考官，欧阳修有意将这次考试作为打击当时狂怪文风"太学体"的机会，而苏轼和苏辙的文风正是欧阳修所提倡的，所以，兄弟两人这次顺利地中举。欧阳修还特意表扬苏氏父子的文章，将苏洵的二十几篇文章上奏朝廷，从此苏洵闻名天下，"三苏"之名开始在士大夫中传扬开来。

公元1061年，苏轼参加了制科考试，以优异成绩入三等。这一科自宋初以来，只有吴育和苏轼两人考上。朝廷授苏轼为大理评事，签书凤翔府判官。这一年，苏东坡26岁。在任上，苏轼提出了不少减轻老百姓负担的措施，老百姓称他为苏贤良。任满后苏轼回到东京，又经过一次考试，得到一个直史馆的职位。这一年苏东坡30岁。

公元1079年，一场文字狱的灾难降临到苏轼身上。苏轼因在返京的途中见到新法对普通老百姓的损害，故很不同意宰相王安石

◆《东坡乐府》书影

的变法，认为新法不能便民，便上书反对。这样做的一个结果，便是像他的那些被迫离京的师友一样，不容于朝廷。于是苏轼自求外放，调任杭州通判。苏轼在杭州呆了三年，任满后，被调往密州、徐州、湖州等地任知州。

这样持续了有大概十年，苏轼遇到了生平第一祸事。当时有人故意把他的诗句扭曲，大做文章。元丰二年（1079），苏轼到任湖州还不到三个月，就因为作诗讽刺新法，以"文字毁谤君相"的罪名被捕下狱，史称"乌台诗案"。苏轼坐牢103天，几乎濒临被砍头的境地。幸亏北宋在太祖赵匡胤年间即定下不杀大臣的国策，苏轼才算躲过一劫。

出狱以后，苏轼被降职为黄州团练副使。到黄州后，苏轼在一片废弃的营地上开垦种地，过上了农家生活。苏轼将这块地叫做"东坡"。不久又修了几间草屋，取名雪堂。这样，在黄州的生活总算有了基本保障。后来苏轼就以"东坡"为号。

公元1085年，神宗去世，高太后垂帘听政，司马光当宰相，也起用苏轼为起居舍人。司马光废除全部新法，苏轼却认为新法也有可取之处，于是，司马光对苏轼不满。此时苏轼升为翰林学士，在他周围有秦观、黄庭坚、晁补之和张耒，号称苏门四学士，苏轼成了实际上的文坛领袖。

此时统治阶级内部分裂成洛党（以程颐为首）、朔党（以刘挚为首）和蜀党（以苏轼、吕陶为首）。苏轼不愿再次卷入政治纷争，请求外任。公元1094年，苏轼被流放到广东惠州和海南岛。公元1101年，苏轼死于北迁途中的常州。

延伸阅读

苏轼与佛印和尚的传说

苏轼与佛印和尚是好朋友。一次苏轼问佛印："在先生眼中，我是一个怎样的人呢？"佛印笑眯眯地望着苏轼，他喜欢这个年轻人，既能高唱"大江东去，浪淘尽，千古风流人物"，豪气冲天，又能低吟"相顾无言，惟有泪千行"，柔肠百转，是个极具魅力的男子汉。佛印慈爱地说："在我眼里，你是个翩翩美少年啊！"

听罢佛印和尚的赞美，苏轼很得意，他随口便问佛印："先生可知在我眼中，你又是怎样的呢？"佛印摇摇头："不知道。"苏轼看着慈眉善目的佛印，一个狡黠的微笑浮上嘴角，他抑止不住地笑出声来："在我眼里，先生是一堆狗屎。"说完后索性大笑起来。佛印何等有灵性，他知道这是大才子在恶作剧，更显少年调皮之相，也随着大笑一场。

回到家里，苏轼把这件事当作笑话，乐不可支地告诉妹妹苏小妹。苏小妹也边听边笑，但她是个绝顶聪明的女孩儿，刚听完便意识到了什么，忙问："哥哥可知道佛家人有一种说法？"苏轼一下子没反应过来，苏小妹便接着说："佛家人以为'心即是佛'，一个人心里有什么，看出来的也是什么。"听罢小妹的解析，苏轼尴尬不已。

第四讲 文哲奉斗创文脉

才华横溢的香山居士——白居易

　　白居易的闲适诗对后代有很大影响，其浅切平易的语言风格、淡泊悠闲的意绪情调，都曾屡屡为人称道，但相比之下，这些诗中所表现的那种退避政治、知足保和的"闲适"思想，以及归趋佛老、效法陶渊明的生活态度，因与后世文人的心理较为吻合，所以影响更为深远。

　　白居易（772—846），唐代诗人，字乐天，号香山居士、醉吟先生。祖籍太原（今属山西）。晚年官太子少傅，谥号"文"。

　　白居易的诗歌通俗好懂，受到当时广大人民的欢迎，街头巷尾，到处都传诵着白居易的诗篇。据说，白居易写完一首诗，总先念给不识字的老婆婆听，如果有听不懂的地方，他就修改，一直到能够使她听懂为止。

　　那时候，正是朱泚叛乱之后，长安遭到很大的破坏。当时，长安有一个文学家顾况，很有才气，性格高傲。17岁的白居易带了自己的诗稿，到顾况家去请教。白居易拜见了顾况，送上名帖和诗卷。顾况看到"居易"两个字，皱起眉头打趣说："近来长安米价很贵，只怕居住很不容易呢！"白居易被顾况莫名其妙地数落了几句，也不在意，恭恭敬敬地站在旁边请求指教。顾况拿起诗卷看了他的16岁时写的名篇《草》之后，脸上显露出兴奋的神色，马上站起来，紧紧拉住白居易的手，热情地说："啊！能够写出这样的好诗，住在长安也不难了。"于是设宴款待，多方宣扬，从此以后白居易的声名大振。

　　白居易29岁时中进士，先后任秘书省校书郎、盩至尉、翰林学士，元和年间任左拾遗，写了大量讽喻诗，代表作是《秦中吟》

◆ 楞严经帖　唐　白居易

十首和《新乐府》五十首，这些诗使权贵切齿、扼腕、变色。

元和六年，白居易母亲因患神经失常病死在长安，白居易按当时的规矩，回故乡守孝三年，服孝结束后回到长安，皇帝安排他做了左赞善大夫。

元和十年六月，白居易44岁时，宰相武元衡和御史中丞裴度遭人暗杀，武元衡当场身死，裴度受了重伤。对如此大事，当时掌权的宦官集团和旧官僚集团居然保持镇静，不急于处理。白居易十分气愤，便上疏力主严缉凶手，以肃法纪。可是那些掌权者非但不褒奖他热心国事，反而说他是东宫官，抢在谏官之前议论朝政是一种僭越行为；还说他母亲是看花时掉到井里死的，他写赏花的诗和关于井的诗，有伤孝道，这样的人不配做左赞善大夫陪太子读书，应驱逐出京。于是他被贬为江州司马。实际上他得罪权贵的原因还是那些讽谕诗。

白居易和李白、杜甫一样，也嗜酒成性。张文潜在《苕溪鱼隐丛话》中说：陶渊明虽然爱好喝酒，但由于家境贫困，不能经常喝美酒，与他喝酒的都是打柴、捉鱼、耕田的乡下人，地点也在树林田野间。而白居易家酿美酒，每次喝酒时必有丝竹伴奏，僮妓侍奉。

白居易在67岁时，写了一篇《醉吟先生传》。这个醉吟先生，就是他自己。他在该传中说，有个叫醉吟先生的，不知道姓名、籍贯、官职，只知道他做了30年官，退居到洛城。他的居处有池塘、竹竿、乔木、台榭、

◆ 白居易《琵琶行》诗意图

舟桥等。他爱好喝酒、吟诗、弹琴，与酒徒、琴侣一起游乐。事实也是如此，洛阳城内外的寺庙、山丘、泉石，白居易都去游玩过。

白居易的诗作，在当时民间广为流传，这在古代是极少见的。《长恨歌》和《琵琶行》在诗成以后即被人广为传诵，连唐宣宗李忱也称赞："童子解吟长恨曲，牧儿能唱琵琶篇。"虽然白居易说"今仆之诗，人所爱者，悉不过杂律与长恨歌以下耳。时之所重，仆之所轻"，但两诗在艺术上的魅力，却对后世产生了巨大的影响。

南宋爱国诗人——陆游

陆游，南宋出色的爱国诗人、词人。在南宋文坛上，陆游的诗与辛弃疾的词一样，取得了最高成就。陆游诗歌以其卓越的思想艺术成就，把我国文学史上的爱国主义传统发扬光大，在同时代和后代诗人中都有极高的地位和深远的影响。

陆游（1125—1210），字务观，自号放翁，越州山阴（今浙江绍兴）人。

少年时代的陆游，由于勤奋学习，能写一手出色的文章。29岁那年，他参加两浙地区的考试，被取为第一名。恰巧奸相秦桧的孙子秦埙也参加这次考试。秦桧在考试前就暗示考官，要让秦埙得第一名。考官没买他的账，还是秉公办事，让陆游中了第一名。

这件事使秦桧十分恼火。到了第二年，陆游到京城临安参加考试。主考官发现陆游的文才，又想让他名列前茅。秦桧得知这件事，更是生气，蛮横地命令主考官取消陆游考试的资格，还要追究两浙地区试官的责任。打那以后，秦桧对陆游怀恨在心，不让他参加朝廷工作。直到秦桧死去，陆游才到临安担任枢密院的编修官。

陆游热情支持北伐。可是担任统帅的张浚缺少指挥的才能。张浚手下的两名主将又相互猜忌，发生摩擦。宋军出兵没有多久，就在符离打了一个败仗，宋军全线溃退。

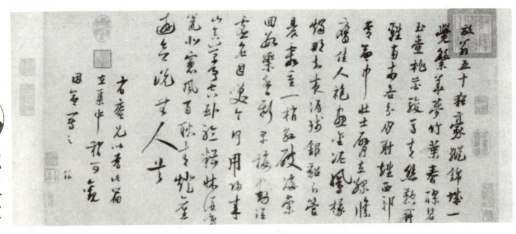

◆ 怀成都十韵诗卷帖　南宋　陆游

◆ 《放翁词》书影

北伐失败，一贯主张求和的大臣在宋孝宗面前对张浚大肆攻击，还说张浚用兵，原是陆游怂恿出来的。后来，张浚被排挤出朝廷，陆游也罢官回山阴老家去了。直至46岁方复出，远行入蜀任夔州通判。

陆游任夔州通判期满后，四川宣抚使王炎邀请他到南郑处理军务，实现了他梦寐以求的亲临前线从军报国的愿望。金戈铁马、意气风发的军旅生活和雄奇险峻的山川地势激发了他的才情。

65岁那年罢官，即回老家山阴闲居。陆游晚年才情不减，他75岁时游沈园，回想起早年与前妻唐婉的不幸婚姻，虽然"梦断香消四十年"，但仍悲从中来，遂作《沈园》二首，其中"伤心桥下春波绿，曾是惊鸿照影来"，诗情画意浑然一体，有感伤之美。

公元1210年，这位86岁的爱国诗人病重。临终的时候，他还念念不忘恢复中原。

他把儿孙们叫到床边，做了他最后一首感人肺腑的《示儿》诗：

死去原知万事空，但悲不见九州同。

王师北定中原日，家祭无忘告乃翁。

陆游的诗歌艺术创作，继承了屈原、陶渊明、杜甫、苏轼等人的优良传统。他的许多诗篇抒写了抗金杀敌的豪情和对敌人、卖国贼的仇恨，风格雄奇奔放，沉郁悲壮，洋溢着强烈的爱国主义激情，在思想上、艺术上取得了卓越成就，在生前即有"小李白"之称，不仅成为南宋一代诗坛领袖，而且在中国文学史上享有崇高地位。陆游词作量不如诗篇巨大，但和诗同样贯穿了气吞山河的爱国主义精神。陆游的著作有《放翁词》一卷，《渭南词》二卷，《南唐书》《老学庵笔记》等，存词130余首。他的名句"山重水复疑无路，柳暗花明又一村"和"小楼一夜听春雨，深巷明朝卖杏花"等一直被人民广为传诵。

延伸阅读

沈园绝恋

沈园位于绍兴市区东南的洋河弄。宋代池台极盛，沈园为越中著名园林。据载：南宋诗人陆游初娶表妹唐婉，夫妻恩爱，却为陆母所不喜，陆游被迫与唐婉分离。后来唐婉改嫁赵士程，陆游再娶王氏。十余年后他们春游沈园相遇，陆游伤感之余，在园壁题了著名的《钗头凤》词，唐婉见了不胜伤感，也和词一首，不久便忧郁而死。陆游为此哀痛至甚，后又多次赋诗忆沈园，有"伤心桥下春波绿，曾是惊鸿照影来"句。沈园亦由此而久负盛名，数百年来，风雨沧桑，沈园已"非复旧池台"。

理学大师——朱熹

　　朱熹是先秦以来儒家系统中的著名代表人物之一，也是我国后期封建社会文化思想领域中影响较大的一位思想家。从学术成就上看，他是宋代理学的集大成者，也是宋明理学最突出的代表。从他的历史地位和社会影响上看，朱熹在中国古代学者之中，可算是屈指可数的几位伟人之一。

　　朱熹(1130—1200)，字元晦，号晦庵，60岁以后自称晦翁。祖籍徽州婺源（今属江西婺源县），宋高宗建炎四年（1130）出生于福建南剑（今福建南坪）龙溪县，卒后葬于建阳塘石里之大林谷。嘉定二年（1209）诏赐遗表恩泽，谥曰文，寻赠中大夫，特赠

◆ 朱熹塑像

宝谟阁直学士。理宗宝庆三年（1227），赠太师，追封信国公，改徽国公。

　　朱熹这样一位道德学问令人敬仰的大师，生前的遭遇十分坎坷、凄凉。当权派出于政治考虑，把他的学说诬蔑为"伪学"，给予严厉的打压、禁锢，成为南宋文化思想界最引人注目的怪事。

　　宋宁宗即位后，朱熹提醒皇帝防止左右大臣窃权，引起专擅朝政的韩侂胄嫉恨，先是用"道学"之名打击，以后又感到"道学"二字不足以构成罪状，索性把朱熹的道学诬蔑为"伪学"。朝廷大臣忌惮社会舆论，不敢过分谴责朱熹。韩侂胄的亲信、监察御史沈继祖就捏造朱熹的"罪状"——霸占已故友人的家财、引诱两个尼姑作自己的小妾，把朱熹搞得声名狼藉。从此以后，政坛上对朱熹的攻击日甚一日，甚至有人公然上书要求处死朱熹。

　　在政治高压下，朱熹不得不违心地向皇帝认罪，无奈地承认被强加的罪状："私故人之财""纳其尼女"。为了显示认罪态

文化名人六讲

中华文化公开课

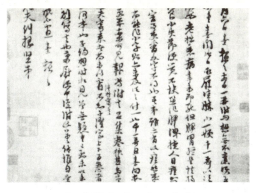

◆ 书翰文稿　宋　朱熹

度的诚恳，他说出了一句最不该说的话——"深省昨非，细寻今是"，彻底否定自己的过去。他的门生朋友惶惶不可终日，特立独行者隐居于山间林下；见风使舵者改换门庭，从此不再进入朱熹家门；更有甚者，变易衣冠，狎游市肆，用以显示自己并非朱熹一党。结果当局还是罗织了一个59人的"伪学逆党"，朱熹便是这个"伪学逆党"的首领，令人啼笑皆非！

这场冤案，9年之后终于得到昭雪。朝廷为朱熹恢复名誉，追赠中大夫、宝谟阁学士，他的学说不再是"伪学"，他的门生朋友不再是"逆党"。

庆元六年（1200），朱熹在孤独、凄凉的病榻上与世长辞。

朱熹一生以著述讲学为主，学生众多，又广注典籍，对经史、文学、乐律乃至自然科学都有贡献。朱熹的一生志在树立理学，使之成为统治思想。他全面总结了北宋以来的力学成就，建立了庞大而严密的理学体系：一是在理气方面，他认为理比气根本，逻辑上理先于气，同时，气有变化的能动性，理不能离开气，他认为万物各有其理，万物之理归一，这就是"太极"；二是理学的修养论，他认为是以本体论为基础的个人学习，时间的学问；三是朱熹认为"道"的价值是"三纲五常"。

朱熹的理学对于维护封建专制注意政治制度，促进中国古代文化，教育的进一步发展有着重要作用，但他强化"三纲五常"，进一步禁锢人们的思想，对封建社会后期的社会变革也起了一定的阻碍作用。

延伸阅读

朱熹创设"八卦宴"

南丰寺座落在距下梅3公里处的黄竹源，过去隶属于下梅管辖。传说朱熹当年由五夫里去武夷精舍讲课授徒时，必途经下梅里，总是要在南丰寺歇息用餐。朱熹请弟子诵读他撰的八卦取象歌诀："乾三连，坤六断，震仰盂，艮覆碗，离中虚，坎中满，兑上缺，巽下断。"朱熹就是利用这首歌诀，将深奥的卦象理义形象地表述出来。弟子对朱熹说："先生，八卦卦象歌诀虽简约精炼，让我们省去了难背难记的麻烦。要是先生还能将八卦卦理，寓一些日常行为意念中，那就记得更牢靠了。"于是，朱熹遵弟子建议，将卦象融入一日三餐的菜谱之中，弟子们在举箸端杯之间，更深刻地记住了卦理。朱熹按八卦的八种图形方位，在圆桌上绘制主宾席位图。先生为尊，座北，对应坎卦。太极鱼居桌中，太极鱼取红、白鲤鱼各一条，做成糖醋溜鱼，摆在浅瓷盘中，红、白鲤鱼首尾相接。太极生两仪，两仪生四象，四象生八卦。相对应的菜料摆设在乾、坤、震、艮、离、坎、兑、巽八个象中。此种寓教于"食"的活动，一时在武夷山村野传为佳话。后来民间称其为"八卦宴"。

第四讲　文哲泰斗创文脉

心学大家——王守仁

王守仁的"心学"上承孟子，中继陆九渊，集我国心学之大成。由他创立的阳明学派，与朱子学派分庭抗礼，成为明代中后期一个体系庞大、门徒众多、思想活跃、影响深远的新儒家学派，在我国儒学发展史上占有重要地位。

王守仁（1472—1529），初名云，字伯安，因筑室于故乡阳明洞中，世称阳明先生。浙江余姚人。明代思想家。著有《传习录》《大学问》《阳明先生文录》等。

相传王阳明的母亲郑夫人怀孕达14个月之久，才生下他。王守仁出生时取名为王云，直到5岁还不能说话。有一天，他正和一群小孩玩耍，忽然一个癞头和尚来到面前，指着他大声说："好个孩儿，可惜道破！"祖父王伦刚好听见，恍然大悟，便为他改名为守仁。据说从那以后，王守仁就能开口说话了，且智力发展很快。

1499年，已经28岁的王守仁中了进士，观政工部。从此，他步入仕途，跻身士大夫行列。王守仁中了进士后，为了能加深自己的学术造诣，常走访一些高人。后来，他经过十几年的思考和求索，逐渐形成了自己的哲学体系。其学说世称"心学（或王学）"，在中国、日本、朝鲜半岛以及东南亚国家都有重要而深远的影响。

王守仁秉承陆九渊的学说，使陆的思想得以发扬光大，提出了"心外无物、心外无事、心外无理"。他所说的"心"，指最高的本体，如"心即道，道即天"；也指个人的道德意识，如"心一而已，以其全体恻怛而言谓之仁，以其得宜而言谓之义，以其条理而言谓之理"。这比陆九渊的"心"的意义广泛。

在知与行的关系上，王守仁从"天地万物本吾一体"出发，他反对朱熹的"先知后行"之说，有针对性地提出了"知行合一"的主张。王守仁认为既然知道这个道理，就要去实行这个道理。如果只是自称为知道，

◆ 王守仁像

而不去实行，那就不能称之为真正的知道，真正的知识是离不开实践的。比如，当知道孝顺这个道理的时候，就已经对父母非常的孝顺和关心；知道仁爱的时候，就已经采用仁爱的方式对待周围的朋友，真正的知行合一在于确实的按照所知在行动，知和行是同时发生的。他的目的在于"发动处有不善，就将这不善的念克倒了，需要彻根彻底，不使那一念不善潜伏在胸中"。 他的知行合一说，一方面强调道德意识的自觉性，另一方面强调道德实践，要言行一致。

◆ 王守仁七言诗碑刻

50岁时，王守仁提出犹如画龙点睛般的学说宗旨"致良知"："某于此良知之说，从百死千难中得来，不得已与人一口说尽，只恐学者得之容易，把作一种光景玩弄，不实落用功，负此知耳！"晚年，他更把自己的哲学思想概括为"四句教"，即"无善无恶心之体，有善有恶意之动，知善知恶是良知，为善去恶是格物"。

王守仁的一生，著作甚丰。他死后，由门人辑成《王文成公全书》三十八卷，其中在哲学上最重要的是《传习录》和《大学问》。

◆ 诗赞母子图　明　王守仁

延伸阅读

王守仁的故事

相传，王华对儿子家教极严，王守仁少年时学文习武，十分刻苦，但非常欢喜下棋，往往为此耽误功课。其父虽屡次责备，但王守仁总是不改。王华一气之下，就把象棋投落河中。王守仁心受震动，顿时感悟，当即写了一首诗寄托自己的志向：

象棋终日乐悠悠，苦被严亲一旦丢。
兵卒坠河皆不救，将军溺水一齐休。
马行千里随波去，象入三川逐浪游。
炮响一声天地震，忽然惊起卧龙愁。

第四讲　文哲泰斗创文脉

杰出学者——顾炎武

顾炎武不仅是有气节、坚强的爱国主义思想家，而且是一位有伟大成就的学者。他倡导经学研究，反对唯心空谈，学问渊博，于国家典制、郡邑掌故、天文仪象、河漕、兵农，以及经史百家、音韵训诂之学都有研究，作出了卓越的贡献。晚年治经，侧重考证，开清代朴学风气，对后来考据学中的吴派、皖派都有影响，为后人留下宝贵的文化遗产。

顾炎武（1613—1682），明末清初的杰出思想家、爱国学者、史学家、语言学家。初名绛，字宁人，号亭林，曾自署蒋山佣。

顾炎武是江苏昆山人，出身江南大族，他的祖父是个很有见识的人，认为读书一定要研究实际。顾炎武受祖父影响，从小喜欢读《资治通鉴》《史记》和孙吴兵法等书，十分关心时事。后来参加科举，没有考中，就干脆放弃科举，通读历代历史典籍，研究全国各地的地方志和历代名人奏章，开始编写一本重要的历史地理著作《天下郡国利病书》。

正当他用心治学的时候，明朝灭亡，清兵南下，江南各地人民都组织抗清斗争，顾炎武和他的两位好友也参加了保卫昆山的战斗。昆山军民跟清军激战21天后，因为兵力悬殊，终于失败。昆山城陷落的时候，顾炎武的生母被清兵砍断了右臂。抚养他成长的嗣母（也是他的继母）听到清兵破城，就绝食自杀，临死时嘱咐顾炎武说："我虽然是个女子，以身殉国也是理所应当的。希望你不要做清朝的臣子，我死后也可以闭上眼睛了。"顾炎武终身为反清事业奋斗奔波，与这段国破家亡的经历和他一直受到的良好教育有着密切关系。

1678年，清政府议修《明史》，顾炎武拒不就荐；第二年，更誓死不入《明史》馆。此后，顾炎武客居山西、陕西，潜心著述，不再入仕。

◆ 江苏昆山顾炎武墓

文化名人六讲 中华文化公开课

◆ 行书王维书立轴　清　顾炎武

北游的20多年间，顾炎武遍游了河南、河北、山东、山西、陕西，一路上，他用两匹马、四匹骡子驮着他的书箱。遇到关塞险要的地方，他就访问当地的退伍老兵，了解那里的风土人情，如果跟他在书本上读到的不一样，就拿出书本核对，这样他的知识就更丰富了。他行了万里路，也读了万卷书。到了晚年，才在山西曲沃定居下来。70岁那年，顾炎武不慎从马上摔落，次日辞世。

顾炎武学识渊博，在经学、史学、音韵、小学、金石考古、方志舆地以及诗文诸学上，都有较深造诣，建树了承前启后之功。他继承明季学者的反理学思潮，不仅对陆王心学作了清算，而且在性与天道、理气、道器、知行、天理人欲诸多范畴上，都显示了与程朱理学迥异的为学旨趣。

顾炎武为学以经世致用的鲜明旨趣，朴实归纳的考据方法，创辟路径的探索精神，以及他在众多学术领域的成就，宣告了晚明空疏学风的终结，开启了一代朴实学风的先路，给予清代学者以极为有益的影响。

顾炎武还提倡"利国富民"，并认为"善为国者，藏之于民"。他大胆怀疑君权，并提出了具有早期民主启蒙思想色彩的"众治"的主张。他所提出的"天下兴亡，匹夫有责"这一口号，意义和影响深远，成为激励中华民族奋进的精神力量。

延伸阅读

顾炎武著《日知录》

《日知录》是明末清初著名学者顾炎武的代表作品之一。是顾炎武"稽古有得，随时札记，久而类次成书"的著作。

顾炎武从小读书有个习惯，有一点儿心得就记下来，后来如果发现错误，又随时修改，发现跟古人议论重复的，就删掉。这样日积月累，再加上他从调查访问中得到的材料，编成了一本涉及政治、经济、史地、文艺等内容极其广泛的书，叫做《日知录》。这部著作被公认为极有学术价值的著作。在《日知录》里，他写了一段精辟的话，他认为社会的道德风气败坏，就是亡天下，为了保天下不亡，每一个地位低微的普通人，都应负起责任（原文是"保天下者，匹夫之贱，与有责焉耳矣！""天下兴亡，匹夫有责"这句名言就是这样来的）。

爱国思想家——王夫之

王夫之的出现，不仅结束了过去那种空疏的高谈理性不切实际的学风，更主要的是开创了一种将理学与经世致用结合的新的学风。湖湘文化从很大程度上是就是因王夫之而发扬光大起来的。

王夫之(1619—1692)，字而农，号姜斋。湖南衡阳县金兰乡人。晚年居衡阳之石船山，学者称"船山先生"。明清之际思想家。

王夫之14岁中秀才，明崇祯十一年(1638)，20岁的王夫之读书于岳麓书院，与人结"匡社"。24岁时，赴武昌参加乡试，以第五名的身份中举。这时，明末农民起义爆发，王夫之没有机会上北京参加会试，只好回到衡阳。

崇祯十六年，张献忠部攻入衡阳，想聘请王夫之兄弟为辅佐，王夫之不愿与之合作，逃到南岳躲了起来。清兵攻入衡阳，王夫之又逃到湘乡白石峰。

王夫之的父亲王朝聘病重后叫人抬着自己上了南岳，临终前嘱咐王夫之等人，他死后要葬在莲花峰下，不要进城市，不要被清兵玷污。这对王夫之终生保持民族气节有深刻影响。

明朝灭亡后，王夫之曾在衡山举兵起义，阻击清军南下。战败退肇庆，任南明桂王政府行人司行人。王夫之对永历政权抱有很大的希望，以为那里的人会卧薪尝胆，齐心协力，共同恢复故国，自己投奔他们也是想有一番作为。没想到，他到肇庆后，发现这里的人苟安之息浓厚，不以国事为重，整天为权力而争斗不已，他深感失望。加之他反对王化澄，几陷大狱。

于是，他决心离开，到桂林投奔瞿式耜。瞿氏殉难，王夫之潜回湖南。清兵占领

◆ 王夫之像

湖南后，王夫之避居零陵北洞、钓竹源等地，又改换姓名，变易衣服，打扮成瑶人，在常宁县西庄园授徒讲学，主要讲授《春秋》，通过对"华夷之辨"的阐述，向青年学子们灌输反清思想。王夫之辗转于湘西以及郴、永、涟、邵间，窜身瑶洞，伏处深山，刻苦研究，勤恳著述，历四十年"守发以终"（始终未按清制剪发），其爱国气节和刻苦精神，至死不渝。

1657年，清政府大赦天下，王夫之回到南岳续梦庵，过着幽栖生活。

王夫之晚年为其新筑草庐"观生居"自题堂联，有"六经责我开生面"一句。他治《周易》与象数家不同，不囿于繁琐的图书象数，而着力于阐发经中的义理，结合时代

◆ 王夫之故居

阐释《周易》的微言大义，创建了别开生面的易学。

康熙三十一年（1692）农历正月，王夫之逝于石船山下的湘西草堂，终年74岁。

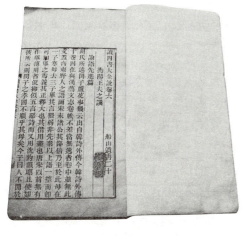

◆ 《船山遗书》书影

延伸阅读

王夫之打伞

王夫之不仅对天文、历法、数学、地理学有研究，而且尤精于经学、史学、文学、佛学。但是，让人刮目相看的不仅仅是他的学术成就，作为一个"亡国文士"，王夫之的个性尤其值得敬佩。清王朝确立了全国的统治后，不少原明政府的文人学士纷纷投效，以猎取官位和利禄，可王夫之却偏偏不买"老鞑子"这个账！据说，他晚年在衡阳的17年里，每次出门，不论春夏秋冬，不管刮风下雨，总是手打一把雨伞、脚穿一双木屐，表明自己是明代遗民，头不顶清朝的天，足不踏清朝的地。

第四讲 文哲泰斗创文脉

旷世奇才——曹雪芹

曹雪芹是举世公认最伟大的中国文学家之一。他最大的贡献是创作了文学巨著《红楼梦》。此书被评为中国最具文学成就的古典小说及章回小说的巅峰之作，被认为是"中国四大名著"之首。同时，曹雪芹也借《红楼梦》一书，深刻尖锐地批判了封建社会制度、政治吏治、婚姻制度、伦理关系，悲愤满腔地控诉了封建主义的残酷无情和灭绝人性，大胆锐敏地预示了封建社会和封建统治阶级必然灭亡的历史命运。

曹雪芹(约1715—1763)，清代小说家，《红楼梦》的作者。字梦阮，号雪芹，又号芹圃、芹溪。祖籍辽阳。祖先原为汉人，后入旗籍，为正白旗"包衣"。

曹雪芹出生在一个"百年望族"的大官僚地主家庭，从曾祖父起三代世袭江宁织造达60年之久。祖父曹寅当过康熙的"侍读"，曾祖母又是康熙的乳母，曹家与皇室的关系非常密切。少年时代，曹雪芹"锦衣纨绔""饫甘餍肥"，过了一段豪门公子的奢侈生活。雍正五年（1727），他父亲曹頫因事受到株连，被革职抄家。从此，家族的权势和财产都丧失殆尽。他的家庭居处屡迁，生活极不安定，有时甚至不得不投亲靠友，以维持生活，还常常受到歧视和凌辱。经历了由锦衣玉食到"举家食粥"的贫民百姓的沧桑之变，曹雪芹对封建统治阶级的没落命运有了切身感受，对社会上的黑暗和罪恶有了全面而深刻的认识。

乾隆二十四年（1759），曹雪芹应两江总督尹继善邀请到南京去了一趟，重访故居。那时的江宁织造府已成乾隆皇帝的行宫，不准入内，有的宅院也成了别家的园林，曹雪芹感慨万分。他到处寻访江宁织造府里的旧人，在秦淮市井之间，访到他

◆ 曹雪芹像

少年熟识的一个小丫头，曹雪芹很同情她的遭遇，就聘为续娶夫人，并给她取名为"芳卿"。芳卿精于工艺美术，能自编自

◆ 大观园全景图　清

绘织锦图样。曹雪芹曾和她共同研究织锦工艺，写成书稿。尹继善同曹家是世交，对曹雪芹很看重，请他在总督衙门做文书。这种师爷生活自然与他的性格不合。第二年，曹雪芹就带了芳卿辞职回京，仍然在西山过着贫困的日子。

曹雪芹才华出众，家族没落后，在一所贵族子弟学校任职。在这里他结识了敦诚、敦敏兄弟，成了终生的好友。晚年，曹雪芹搬到香山卧佛寺附近的一个山村里居住，过着十分贫困的生活。曹雪芹爱喝酒，却没钱买，于是便赊酒喝，待卖了画再还钱。但是，在这样艰辛的条件下，他仍然坚持写作《红楼梦》。

乾隆二十八年（1763）的秋天，他的儿子因得痘疹死了。曹雪芹十分哀伤。不久，他自己也贫病交加，无钱医治，竟在除夕这一天悄然离开了人世。

《红楼梦》描写了一个封建贵族大家庭从繁荣走向衰败的故事。贾宝玉、林黛玉、薛宝钗的恋爱婚姻悲剧，是这个故事的中心。作者的高明在于，他没有表面地、简单地表现这个爱情悲剧，而是从人物思想性格

的深处，从人与人之间的关系上去挖掘这一爱情悲剧的社会根源，从而充分地揭露了封建主义的残酷虚伪和封建统治阶级的腐朽罪恶。作品的主题也没有局限在个人爱情悲剧本身，而是围绕着中心事件，展开了许多错综复杂的矛盾斗争，描绘了一幅极其广阔的社会生活图画，说明了整个封建社会已是千疮百孔，摇摇欲坠。深刻尖锐地批判了封建社会制度、政治吏治、婚姻制度、伦理关系，悲愤满腔地控诉了封建主义的残酷无情和灭绝人性，大胆锐敏地预示了封建社会和封建统治阶级必然灭亡的历史命运。因此，《红楼梦》被评价为剖析封建社会的百科全书。

知识小百科

红学

对《红楼梦》的主题、人物、作者生平、版本、与其他古典名著的相互影响等等的研究，都可称为红学。红学分为旧红学与新红学。所谓旧红学，指的是五四时期以前，有关《红楼梦》的评点、索引、题咏。新红学则指以胡适为代表的考证派。

第四讲　文哲泰斗创文脉

文学斗士——鲁迅

鲁迅弃医从文成为中国现代文学史上最伟大杰出的作家，这不是他个人的一时冲动，而是时代召唤的结果。从此以后，鲁迅创作出了《呐喊》《彷徨》等惊世之作，终身以思想启蒙、唤醒民众为己任，成为中国新文化运动的伟大旗手和我国伟大的文坛斗士。

鲁迅（1881—1936），原名周树人，字樟寿，号豫才，浙江绍兴人。中国现代伟大的文学家、思想家和革命家。"鲁迅"是其投身五四运动后使用的一个笔名，因为影响日甚，所以人们习惯称之为鲁迅。

鲁迅出生于绍兴都昌坊口一个封建士大夫家庭，7岁启蒙，12岁就读于三味书屋，

◆ 鲁迅像

勤学好问，博闻强记，课余喜读野史笔记及民间文学书籍，对绘画艺术产生浓厚兴趣，自此打下坚实的文化基础。他不囿于四书五经，多方寻求课外读物，努力掌握历史文化知识。绍兴的悠久历史和灿烂文化，特别是众多越中先贤的道德文章，给鲁迅的思想以很大的熏陶和影响。鲁迅母亲鲁瑞品格高尚，对鲁迅影响很大。

1904年夏，鲁迅进入日本仙台医学专门学校学习。选择学医，一方面如他自己所说："预备卒业回来，救治像我父亲似的被误的病人的疾苦，战争时候便去当军医，一面又促进了国人对于维新的信仰。"更重要的是，鲁迅认为日本的维新既然大半发端于西方医学，那么医学也就能够促进中国的革命。他学医学得很认真，也取得了优异的成绩，原本可以做一个很优秀的医生，但两年后的一件事却彻底改变了他的初衷。

鲁迅在仙台学医的时候，正值日俄战争爆发，中国成了两个帝国主义国家争夺势力范围的主战场。有一次，鲁迅在幻灯片上看

中华文化公开课

文化名人六讲

◆ 《新青年》刊影 鲁迅《他们的花园》手迹

到了他久违的同胞，其中一人因替俄军做侦探而被日军砍头示众，而一群体格并非不强壮的中国人，却无动于衷、呆板麻木地围着"赏鉴这示众的盛举"。讲堂里的日本学生拍掌欢呼起来，刺耳的"万岁"声利刃似的绞割着鲁迅的心，使他的内心受到巨大的伤害和震动。事后，鲁迅陷入了痛苦的思索之中，他觉得对于中国来说，医学倒还不是一件紧要的事，医治、改变中国人的麻木的精神，实在比医治他们虚弱的肉体更为重要，否则中国人体格就是再健壮，也"只能做毫无意义的示众的材料和看客"。而要想医治和改变人民的精神，鲁迅当时认为莫如文学。于是他毅然决定弃医从文，从振兴中华的需要出发，抛弃了血肉的外科，从事改造人灵魂的"内科"。

1906年3月，鲁迅从仙台医专退学，回到东京，正式开始了他的文艺生涯。

1927年10月，鲁迅到了上海，从此定居下来，集中精力从事革命文艺运动。1928年与郁达夫创办《奔流》杂志。1930年，中国左翼作家联盟成立，他是发起人之一，也是主要领导人，曾先后主编《萌芽》《前哨》

《十字街头》《译文》等重要文学期刊。另外，他还参加和领导了中国自由运动大同盟和中国民权保障同盟等许多革命社团，团结和领导广大革命的、进步的文艺工作者，与帝国主义、封建主义和国民党政府及其御用文人进行针锋相对的斗争。他坚持韧性战斗，撰写了数百篇杂文。这些杂文，如匕首，似投枪，在反文化围剿中，作出了特殊的贡献。

鲁迅与共产党人交往密切，坚决拥护中国共产党的抗日民族统一战线政策。他以"窃火者"自喻，致力于中外文化交流，倡导新文化运动。他关心青年，培养青年，为青年作家的成长付出了大量的心血。

1936年10月19日，鲁迅在上海大陆新村寓所与世长辞，终年55岁。

延伸阅读

鲁迅的幽默

广州的一些进步青年创办的"南中国"文学社，希望鲁迅给他们的创刊号撰稿。鲁迅说："文章还是你们自己先写好，我以后再写，免得有人说鲁迅一来到广州，就找青年来为自己捧场了。"

青年们说："我们都是穷学生，如果刊物第一期销路不好，就不一定有力量出第二期了。"

鲁迅风趣而又严肃地说："要刊物销路好也很容易，你们可以写文章骂我，骂我的刊物也是销路好的。"

学生们听后哭笑不得，但都深感鲁迅先生平易近人，风趣幽默。

第四讲 文哲泰斗创文脉

现代文豪——郭沫若

　　郭沫若是继鲁迅之后，中国文化战线上的又一面光辉旗帜。他在文学、艺术、哲学等社会科学的许多领域，以及马克思主义理论著作和外国进步文艺的翻译介绍等方面，都有重要建树。早在五四时期，即以充满激情的诗歌创作，追求个性解放，向往光明和自由，为中国新诗的发展奠定了基础。

　　郭沫若（1892—1978），原名开贞，笔名郭鼎堂、麦克昂等，四川乐山人。现、当代诗人、剧作家、历史学家、古文字学家。

　　郭沫若在中小学期间即广泛阅读中外文学作品，参加反帝爱国运动。1914年初到日本学医，接触到泰戈尔、海涅、歌德、斯宾诺莎等人的著作，倾向于泛神论思想。由于五四运动的冲击，郭沫若怀着改造社会和振兴民族的热情，从事文学活动，于1919年开始发表新诗和小说。1920年出版了与田汉、宗白华通信合集《三叶集》。1921年出版的诗集《女神》，以强烈的革命精神，鲜明的时代色彩，浪漫主义的艺术风格，豪放的自由诗，开创了"一代诗风"。同年夏，与成仿吾、郁达夫等发起组织创造社。1923年大学毕业后弃医回国到上海，编辑《创造周报》等刊物。

　　1924年，郭沫若通过翻译河上肇的《社会组织与社会革命》一书，较系统地了解了马克思主义。1926年任广东大学（后改名中山大学）文科学长，7月随军参加北伐战争，此后又参加了南昌起义。

　　1928年起，郭沫若流亡日本达10年，其间运用历史唯物主义观点研究中国古代历史和古文字学，著有《中国古代社会研究》《甲骨文字研究》等

◆ 郭沫若像

继续进行文艺创作。

郭沫若的代表作主要有《漂流三部曲》等小说和《小品六章》等散文，作品中充满主观抒情的个性色彩。还出版有诗集《星空》《瓶》《前茅》《恢复》，并写有历史剧、历史小说、文学论文等许多作品。

◆ 郭沫若《女神》出版封面和《山中杂记》出版封面

著作，成绩卓著，开辟了史学研究的新天地。

抗日战争爆发后，郭沫若别妇抛雏，只身潜回祖国，筹办《救亡日报》，出任国民政府军委政治部第三厅厅长和文化工作委员会主任，负责有关抗战文化的宣传工作。其间写了《棠棣之花》《屈原》等6部充分显示浪漫主义特色的历史剧，这是他文艺创作上的又一重大成就。这些剧作借古喻今，紧密配合了现实的斗争。1944年，他写了《甲申三百年祭》，总结了李自成农民起义的历史经验和教训。抗战胜利后，在生命不断受到威胁的情况下，他坚持反对独裁和内战，进行争取民主和自由的斗争。

中华人民共和国成立后，郭沫若曾任政务院副总理、中国科学院院长、中国科技大学校长、中国科学院哲学社会科学部主任、全国人大常委会副委员长等职，以主要精力从事政治社会活动和文化的组织领导工作以及世界和平、对外友好与交流等事业，同时

延伸阅读

郭沫若与鲁迅

郭沫若认识鲁迅是从接触鲁迅的作品开始，当他读到鲁迅小说《头发的故事》时，便由衷地敬佩，"觉得他的观察很深刻，笔调很简练。"并为鲁迅的一篇小说发表时排在一篇日本小说的译文后面深感不平。鲁迅的第一本小说集《呐喊》出版时，郭沫若又专门著文表示祝贺。

与此同时，鲁迅也很赏识郭沫若的才华和"奋战忿斗"的精神，1927年在给李霁野的信中特别谈道："创造社和我们，现在感情似乎很好。他们在南方颇受迫压了，可叹。看现在文艺方面用力，仍只有创造、未名、沉钟三社，别的没有，这三社若沉默，中国全国真成了沙漠了。"这里面自然包括同郭沫若的关系，不仅是赞赏、关切，而且引为同一战线。鲁迅还多次揭穿反动文人陈源及高长虹之流企图挑拨他与郭沫若的关系的阴谋，使其伎俩不能得逞。于此也可以看出鲁迅很珍视同郭沫若的关系。这些都表现了他们共同的革命本质和品格，正因为如此，他们才成为同一文化新军的两位主将，两面旗帜，也因为如此，才使他们得以并立文坛，同时成为新文化运动中的伟人。

第四讲　文哲泰斗创文脉

先锋作家——茅盾

　　茅盾，是现代著名小说家、文学评论家和文化活动家以及社会活动家，五四新文化运动先驱者之一，我国革命文艺奠基人之一。其代表作《子夜》，是中国现代现实主义文学发展的里程碑，显示了现代文学在长篇小说创作方面的实绩。

　　茅盾（1896—1981），本名沈德鸿，字雁冰，1896年7月4日生于浙江桐乡县乌镇。

　　少年时代的茅盾有广泛的兴趣爱好，他十分爱看"闲书"。一次放学回家，他在放杂物的平房里找到一部刻印的《西游记》。尽管这部书是木板刻印的，有的字迹已模糊成一片，可是，他一拿到就爱不释手，拣那些可以看的章节津津有味地读起来。茅盾的

◆ 茅盾像

父母对此并不阻止，还找来一部石印的《西游记》给他看，抽空给他讲《西游记》中的故事，与他谈论书中人物的功过是非。茅盾读高小以后，读小说的兴趣更浓了，《三国演义》《水浒传》《儒林外史》《聊斋志异》等古典文学名著，他都抽课余时间广泛涉猎。这为他后来研究古典文学和进行创作打下了良好的基础。

　　茅盾20岁时初出茅庐，到人才济济的上海商务印书馆工作。一个清末就在商务编译所任职的高级编译孙毓修，看茅盾在读《困学纪闻》大为惊异，便问："你喜欢考据之学？"茅盾答道："谈不上考据之学，我是个'杂'家而已。"孙更惊异，便问茅盾读过什么书。茅盾说："涉猎所及有十三经注疏，先秦诸子，《史记》《汉书》《后汉书》《三国志》《汉魏六朝百三家集》《昭明文选》《资治通鉴》……"最后，茅盾补充说："不过，我这些'杂'学，不尽来自学校，也来自家庭。"孙恍然大悟道："尊大人是何出身？"茅盾答："我10岁丧父。"孙又问："刚才你说家庭教育，想来

◆ 茅盾手迹

是祖父?"茅盾答:"不是,是家母。"孙听后瞠目,喟叹不已。

抗日战争胜利前夕发生了黄金提价舞弊案,全国各大报纸都有报道。茅盾读了报上的新闻非常气愤,于是他决定写剧本,记录这个案件。抗战以来,他写了四部长篇小说,都没有详细的大纲,而为了写这个剧本,他却写了篇2.7万字的大纲,相当于剧本字数的三分之一,因为他觉得自己写剧本是外行。他带着这个"大纲",去拜访著名剧作家曹禺、吴祖光,虚心向他们请教。两位剧作家都给了茅盾热情的鼓励,又提出许多中肯的意见。不久,他终于在抗战的胜利声中写完了话剧《清明前后》,并在重庆《大公晚报》的副刊《小公园》上连载。

茅盾的主要作品有《子夜》《林家铺子》《春蚕》《腐蚀》和《霜叶红似二月花》等。《子夜》出版于1933年,当时震动了中国文坛,瞿秋白把这一年称为"子夜年"。茅盾以《子夜》这部长篇杰作的创作,为中国革命事业建立了不可磨灭的历史功绩。新中国成立之后,他历任文联副主席、文化部长、作协主席,并任全国政协副主席,已很难分身创作。1981年辞世。

延伸阅读

茅盾的婚姻

茅盾的祖父虽然很早为其订了亲,但这件事使茅盾母亲大伤脑筋,考虑到不识字的媳妇与儿子太不相称,担心给儿子带来苦恼,可退婚的话,又怕女方不肯。1917年春节期间,母亲问茅盾:"你有女朋友吗?"茅盾脑腆地说:"没有。""真没有?"母亲又追问了一句。茅盾点点头。这时,母亲本来是想:如果儿子有了女朋友,执意要退婚的话,她就出面与女方交涉。得知儿子没有女朋友,她便接着说:"我从前料想你出了校门后,不过当个小学教员,至多是中学教员,一个不识字的老婆也还相配,现在你进商务印书馆编译所不过半年就受重视,今后大概一帆风顺,还要做许多事,这样,一个不识字的老婆就不相称了。所以我要问你,你如果一定不要,我只好托媒人去退亲,不过对方未必允许,说不定要打官司,那我就为难了。"因茅盾全神贯注在事业上,老婆识字不识字觉得无所谓,他不愿让母亲作难,况且娶过来后,或进学校,或由母亲教她识字,都无不可。为此,第二年,母亲就为儿子办了婚事。

散文大家——朱自清

　　在五四新文化运动及文学革命中，朱自清以其散文有力地证明了：取代文言文的白话文，也可以写出与文言散文媲美甚至超过它的精品。这是朱自清作为一位散文大家和语言大师对现代汉语的重大贡献。

　　朱自清(1898—1948)，原名自华，号秋实，后改名自清，字佩弦。现代文学史上的散文大家，他的《春》《背影》《荷塘月色》等名篇脍炙人口。

　　朱自清原籍浙江绍兴，生于江苏东海，后随祖父、父亲定居扬州。幼年在私塾读书，受中国传统文化的熏陶。1916年考入北京大学预科，在北大期间，朱自清积极参加"五四"爱国运动，嗣后又参加北大学生为传播新思想而组织的平民教育讲演团。他大

学毕业后，在浙江、江苏的多所中学任教，继续参加新文学运动，为开拓新诗的道路付出了辛勤的劳动。

　　朱自清于1919年底开始发表诗歌，作为新文学运动初期的诗人之一，他以清新明快的诗作，在诗坛上显出自己的特色。他的诗，数量不多，却在思想和艺术上呈现出一种纯正朴实的新鲜作风。其中如《光明》《新年》《煤》《送韩伯画往俄国》《羊群》《小舱中的现代》等，或热切地追求光明，憧憬未来，或有力地抨击黑暗的世界，揭露血泪的人生，洋溢着反帝反封建的革命精神，是初期新诗中难得的作品。

　　朱自清虽在"五四"运动后开始新诗创作，但是，1923年发表的《桨声灯影里的秦淮河》，却显示出他的散文创作方面的才能。从此以后他致力于散文创作，取得了引人注目的成就。1928年第一本散文集

◆ 朱自清和其前妻

《背影》出版，集中所作，均为个人真切的见闻和独到的感受，以平淡朴素而又清新秀丽的优美文笔独树一帜，显示了新文学的艺术生命力，被公认为新文学运动中成绩卓著的优秀散文作家。

朱自清写得更多、也最为人们称道的则是写景抒情的篇什。这一类散文在艺术上呈现出多样而又统一的风格，于新异独到的观察和委婉有致的描摹之中，寄寓着大革命失败后他在黑暗现实面前怅然若失的寂寥和郁闷。

1948年初，人民解放战争进入最后阶段，此时朱自清身患重病，又无钱医治，但他毫不犹豫地在《抗议美国扶日政策并拒绝领取美援面粉宣言》上签了自己的名字。

同年，朱自清病逝。临终前，朱自清以微弱的声音谆谆叮嘱家人："有件事要记住，我是在拒绝美国面粉的文件上签过名的，我们家以后不买国民党给的美国面粉！"始终保持着一个正直的爱国知识分子的高尚气节和可贵情操。

朱自清有著作27部，约190万字，包括诗歌、散文、文艺批评、学术研究等。其中，散文主要是叙事性和抒情性的小品文。其作品的题材可分为三个系列：一是以写社会生活抨击黑暗现实为主要内容的一组散文，代表作品有《生命价格——七毛钱》、《白种人——上帝的骄子》和《执政府大屠杀记》。二是以《背影》《儿女》《悼亡

◆ 朱自清手迹

妇》为代表的一组散文，主要描写个人和家庭生活，表现父子、夫妻、朋友间的人伦之情，具有浓厚的人情味。第三，以写自然景物为主的一组借景抒情的小品《绿》《桨声灯影里的秦淮河》《荷塘月色》《春》等，是其代表佳作，伴随一代又一代人喜怒哀乐。

延伸阅读

一生勤奋的朱自清

朱自清是个非常勤奋的人。就是度蜜月时也不例外，旅途的疲倦还未消除，他就开始了紧张的写作生活。为了能安安静静地写作，朱自清夫妇特意住在普陀一个小寺院里。根据朱自清夫人的回忆，在他们共同生活的17年的时间里，朱自清从没放松过一分一秒。他的作息时间是安排得很严格的：早晨起床做早操，用冷水擦澡，洗脸，漱口时就把书放在洗脸架上看，然后喝一杯牛奶就到图书馆去。中午回家吃饭，饭后看报。图书馆一开门便又去了。吃罢晚饭，还要去图书馆，直到闭馆才回家。进家门便又摆上东西写，一直到11点休息。除了生病，他的夫人竟然从未见他11点前睡过。

大学者——胡适

胡适治学有两个主要领域，一是中国哲学史，一是中国文学史。前者的平视诸子以及历史的眼光，后者的双线文学观念，都是对上世纪学术发展影响甚深的"大胆假设"。另外，他首创新红学，重修禅宗史，以及用历史演进法来研究中国章回小说，都是开一代新风，功不可没。

胡适（1891—1962），原名胡洪骍、嗣穈，字希疆，参加留美考试后改名适，字适之，安徽绩溪人。现代著名学者，历史家、文学家、哲学家。

胡适5岁启蒙，在绩溪老家受过9年私塾教育，打下了一定的古文基础。早年在上海的梅溪学堂、澄衷学堂求学，初步接触了西方的思想文化，受到梁启超、严复思想的较

大影响。1910年留学美国，入康乃尔大学，后转入哥伦比亚大学，从学于杜威，深受其实用主义哲学的影响。

五四运动前，胡适就开始提倡白话文。1915年陈独秀主编的《新青年》杂志在北京创刊，开展关于改革中国文学的讨论。胡适提出了"八不主义"，即"一曰须言之有物，二曰不模仿古人，三曰须讲求文法，四曰不作无病之呻吟，五曰务去滥调套语，六曰不用典，七曰不讲对仗，八曰不避俗字俗语。"这对当时的白话文运动，是有一定的意义的。

1917年，他回国担任北京大学教授，参加《新青年》杂志的编辑工作，发表了《文学改良刍议》一文，这是当时文学革命的第一篇文章。他倡导新诗，在1920年出版了中国第一部新诗集《尝试集》。

俄国十月革命胜利后，马克思主义开始在中国传播，1919年北京爆发了反帝反封建的五四运动。胡适极力反对马克思主义在中国的传播，提出"多研究些问题，少谈

◆ 胡适像

中华文化公开课

文化名人六讲

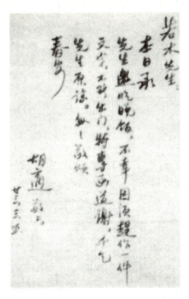

◆ 胡适行书信札

些'主义'"的口号，妄图加以对抗。1920年，他和《新青年》脱离了关系，于1922年另行创办《努力周刊》和《读书杂志》，后来又出版《国学季刊》和《现代评论》。1928年和徐志摩、梁实秋等出版《新月》月刊，发表文章反对无产阶级的革命文学，宣扬买办文化。1931年，他任北京大学文学院院长兼中国文学系主任，第二年又与蒋廷黻等创办《独立评论》，积极支持蒋介石"攘外必先安内"的反动政策，并提出"全盘西化"的主张。

抗日战争爆发后，胡适去美国做外交工作，1938年起担任国民党政府驻美国大使，直到1942年才辞去这一职务，留在美国从事学术研究。1946年，他回国任北大校长。国民党发动全面内战后，1947年曾打算委任他为考试院院长及国府委员。他没有接受，说是"我不入政府，则更能为政府助力。"

1949年，中国人民解放战争节节胜利，当他听说中国共产党提出了"八条二十四款"和平条件时，连连哀叹说"和比战难"，于4月从上海乘船逃往美国。1958年，他离开美国，回台北就任伪中央研究院院长。

晚年，他主要致力于中国古代第一部关于河道水系的科学著作——《水经注》版本的考证，写了六篇有关学术论文，有独到见解。长时期来，他在学术研究中提倡所谓"大胆假设，小心求证"的研究方法，对学术界很有影响。他的主要著作有《胡适文存》、《中国哲学史大纲》(上卷)、《白话文学史》(上卷)等多种。

1962年2月24日，胡适因心脏病在台湾逝世。

延伸阅读

胡适晚年轶事

在胡适晚年的孤寂境遇里，有一位卖麻饼的小贩竟做了他的朋友，给他带来一点意外的安慰和快乐。小贩名叫袁瓞，他做饼卖饼之余，还爱读一点书，喜欢与人讨论到底英美政治制度哪个更好一点。他比较倾向于崇拜美国，但理论上说不明白，一直得不到满意的答复。于是便贸然写了一封长信，向大学者胡适请教。

胡适接到这封信，知是一位卖芝麻饼的小贩，竟能在业余勤奋自修，精神可佩，问的又是自己最热衷的英美政治问题，更觉十分高兴，便亲笔写了一封回信。

信中说："我们这个国家里，有一个卖饼的，每天背着铅皮桶在街上叫卖芝麻饼，风雨无阻，烈日更不放在心上，但他还肯忙里偷闲，关心国家大计，关心英美的政治制度，盼望国家能走上长治久安之路——单只这件奇事，已够使我乐观，使我高兴了……"从此，小贩袁瓞便成了博士胡适的朋友。

著名教育家——蔡元培

蔡元培是20世纪初中国资本主义教育制度的创建者。他明确提出废止忠君、尊孔、尚公、尚武、尚实的封建教育宗旨，倡导"以军国民教育、实利教育为急务，以道德教育为中心，以世界观教育为终极目的，以美育为桥梁"的教育方针，初步建立了资产阶级的新教育体制。

蔡元培(1868—1940)，字鹤卿、孑民，号孑农，绍兴山阴(今越城区)人。被誉为"学界泰斗"的蔡元培，是我国新型大学教育的开拓者。

蔡元培在1890年中进士后，曾任翰林院编修。1898年"戊戌变法"失败，使他看到了清朝的腐败，决心弃官回家，兴办教育。这年冬天，他回到绍兴任中西学堂监督，着手倡办新式教育。

◆ 蔡元培像

1901年《辛丑条约》的签订，更使蔡元培进一步认识到清朝的不可救药，产生了反清革命的思想。第二年，他到日本游历，结识了一批革命党人，反清的目标更加明确了。回国后，在上海创办爱国学社，向学生宣传反清革命。1904年，他在上海建立革命组织光复会，任会长。第二年，又参加在东京成立的同盟会，并被指定为上海分部的主盟员。1907年，他去德国留学，进了莱比锡大学。

"武昌起义"后，中华民国临时政府成立，蔡元培回国就任教育总长。他按照西方资本主义的教育制度，对全国教育实行改革。后来因为不满袁世凯擅权，辞职再去德国从事研究工作，直到1917年应邀回国，任北京大学校长。

北京大学原是戊戌变法时创设的京师大学堂，清末招收的学生大都是京官，追求升官发财的风气很盛，民国以来改变也不大。蔡元培到了北大，认真整顿腐败的校风，他极力想把北大办成一所新型的

◆ 蔡元培行书手迹

资产阶级大学，成立了各种学会，提倡研究学问，特别是提倡学术研究自由；主张无论什么学派，只要能言之成理、持之有故，都要让它自由发展。他实行"思想自由、兼容并包"的方针，聘请具有各种不同观点的人来校教书，如陈独秀、李大钊、胡适等，都应聘来校，充实了教师队伍。1920年，北大开始招收女生，这在全国也是开风气之先的。从他开始，中国形成了完整的资产阶级教育思想体系和教育制度。

五四新文化运动开展后，蔡元培提倡科学与民主的新思想，提倡白话文，反对封建的旧思想、旧礼教，反对文言文。他还曾多方营救因参加运动被捕的学生。因此，五四时期北大成了新文化运动的重要阵地。

1923年1月，蔡元培终于因为对北洋军阀政府不满而辞职，再度去欧洲。1926年国民革命军誓师北伐，他回国来参加，在江浙从事组织工作。随后，他先后担任国民党政府的大学院（当时的最高学术教育行政机关)院长、监察院院长和中央研究院院长等职。

"九·一八"事变后，蔡元培主张抗日，拥护国共合作。民国二十一年(1932)与宋庆龄、鲁迅等发起组织中国民权保障同盟，积极开展抗日爱国运动。曾援救杨开慧烈士，援救许德珩等爱国民主人士，营救丁玲、朱宜权等共产党员。1940年，蔡元培在香港病逝。

延伸阅读

蔡元培"三顾茅庐"请陈独秀

　　1916年11月26日，主办《新青年》的陈独秀和亚东图书馆的老友汪孟邹一同北上，正值接任北大校长的蔡元培物色文科学长人选。12月26日早上9点，蔡第一次造访，正式邀请没有学位头衔的陈独秀主持最高学府的文科。

　　之后，蔡元培差不多天天都要来看陈独秀。有时早上来得很早，陈独秀还没有起床，他就招呼茶房，不要将陈独秀他们叫醒，只要给他拿个凳子，坐在房门口等候就行了。蔡、陈都属兔，可陈比蔡要整整小12岁，应该算是晚辈。汪孟邹就和陈独秀商量，晚上早点睡，早上要起得早一些才好。蔡元培诚意拳拳，陈独秀当然只能答应了。汪孟邹回上海后，将这些事讲给侄儿汪原放等人听，他们说："这很像'三顾茅庐'哩！"

文学大师——老舍

老舍是一位多产作家，一生共创作了1000多部（篇）作品，特别在长篇小说艺术上取得了巨大成功，与茅盾、巴金一起，并称"现代长篇小说的三大高峰"。老舍小说全景式地描写了北京的市民生活和风俗，又被看作是现代"京味小说"的源头，成为了北京文化的一个象征。

老舍（1899—1966），现代作家，原名舒庆春，字舍予，满族正红旗人，北京人。老舍是他在小说《老张的哲学》中使用的笔名。中国现代小说家、戏剧家、著名作家，曾任小学校长、中学教员、大学教授。

老舍的父亲是一名满族的护军，阵亡

◆ 老舍像

在八国联军攻打北京城的炮火中。母亲也是旗人，靠替人洗衣裳做活计维持一家人的生活。1918年夏天，他以优秀的成绩由北京师范学校毕业，被派到北京第十七小学去当校长。1924年夏应聘到英国伦敦大学东方学院当中文讲师。在英期间开始文学创作，长篇小说《老张的哲学》是第一部作品，由1926年7月起在《小说月报》杂志连载，立刻震动文坛。以后陆续发表了长篇小说《赵子曰》和《二马》，奠定了老舍作为新文学开拓者之一的地位。

1936年老舍辞职，从事专业写作。在青岛工作和生活的一段时期，是他一生中创作的旺盛期之一。他先后编了两个短篇集《樱海集》《蛤藻集》，收入中短篇小说17篇，并创作了《选民》（后改题为《文博士》）、《我这一辈子》、《老牛破车》和中国现代文学史上的长篇杰作《骆驼祥子》。

生活中的老舍，是一个平易近人、风趣幽默的人。抗战期间，北新书局出版的《青

◆ 话剧《茶馆》剧照

协会副主席，北京市第一、二届人大代表，全国人民代表大会第一、二、三届主席团成员，全国政协三届会议常务委员等职。自1950年至1955年，老舍创作了大量的话剧、京剧、儿童剧。其中话剧《茶馆》把老舍的话剧艺术推向了高峰，成为我国戏剧艺术殿堂的一颗璀璨明珠。

1961年至1962年，老舍创作自传体小说《正红旗下》。遗憾的是未完成，就被迫停笔。

"文化大革命"中，同许多老一辈爱国文艺家一样，老舍遭到了恶毒攻击和迫害。1966年，他被逼无奈，含冤自沉于北京太平湖，享年67岁。

年界》，曾向作家老舍催过稿。老舍在寄稿的同时，幽默地寄去了一封带戏曲味的答催稿信：

"元帅发来紧急令：内无粮草外无兵！小将提枪上了马，《青年界》上走一程，吠！马来！参见元帅。带来多少人马？2000来个字！还都是老弱残兵！后帐休息！得令！正是：旌旗明明，杀气满山头！"

作家楼适夷有次去看望老舍。"最近写些什么？"楼适夷问道。满族出身的老舍笑着说："我正在当'奴才'，给我们的'皇帝'润色稿子呢！"一阵大笑后，才知道老舍正接受一项新任务——为中国末代皇帝溥仪修改他的自传《我的前半生》。

新中国成立后，老舍政治热情十分高涨，他先后担任中国民间文艺研究会副理事长，北京市文联主席，华北行政委员会委员，全国文联主席团成员，中国作家

延伸阅读

老舍写诗

一次老舍家里来了许多青年人，请教怎样写诗。老舍说："我不会写诗，只是瞎凑而已。"有人提议，请老舍当场"瞎凑"一首。老舍不慌不忙，沉思一会后，说了下面的这首小诗：

大雨洗星海，
长虹万籁天。
冰莹成舍我，
碧野林风眠。

老舍随口吟出的这首别致的五言绝句，寥寥20字把8位人们熟悉并称道的文艺家的名字，"瞎凑"在一起，形象鲜明，意境开阔，余味无穷。青年们听了，无不赞叹叫绝。诗中提到的大雨即孙大雨，现代诗人、文学翻译家；洗星海即洗星海，人民音乐家；高长虹是现代名人；万籁在是戏剧、电影工作者；冰莹，现代女作家，湖南人；成舍我曾任重庆《新蜀报》总编辑；碧野是当代作家，林风眠是画家。

第四讲 文哲泰斗创文脉

爱国诗人——闻一多

闻一多，近现代学贯中西、博古通今的大家，是著名的诗人、学者和自由民主斗士，对中国古代文学、文化有着深入和卓有成效的研究。毛泽东给予了闻一多极高的评价。

闻一多(1899—1946)，诗人，文史学者。名亦多，字友三，亦字友山，家族排行叫家骅。后改名多、一多。生于湖北浠水。1912年考取北京清华学校，曾任《清华周报》编辑、《清华学报》学生部编辑，发表旧体诗文多篇。1920年7月，第一首新诗

◆ 闻一多像

《西岸》发表，以后连续发表新诗。

五四运动期间，闻一多积极参加宣传、游行、罢课、营救被捕同学等一系列活动，表现了高度的热情。面对反动政府的淫威，闻一多和他的同学们高呼口号，并去警察局与反动军警进行面对面的斗争，要求立即释放被捕同学。闻一多这种不畏强暴、不屈不挠的斗争精神深受同学的敬佩，被同学推选为清华大学的代表团成员。

1922年7月，闻一多远赴美国留学，在芝加哥美术学院学习。在那里，他亲身体会到了帝国主义列强对弱国子民的歧视，感受到资本主义世界的熏天铜臭。1923年9月，他的第一本诗集《红烛》出版。他在给朋友的信中写道："不出国不知道想家的滋味。但是，不要误会以为我想的是狭义的'家'，不是！我所想的是中国的山川，中国的草木，中国的鸟兽，中国的屋宇，中国的人。"

1925年7月，闻一多担任北京艺术专门学校教务长。次年秋，到上海吴淞国立政治大学任职。1927年夏，在上海参与创办

中华文化公开课

文化名人六讲

闻一多 著

红烛

上海泰東圖書局印行

◆ 闻一多诗集《红烛》封面

新月书店，后列名为《新月》杂志编辑。同年秋后，任南京国立第四中山大学（后更名为中央大学)外文系主任。1928年1月，第二本诗集《死水》问世。闻一多的这两本诗集和关于新诗理论的论述，奠定了他在中国文学史——特别是中国新诗史上的重要地位，成为五四以来中国诗坛三大流派之一的格律诗派的主要代表。1928年秋，闻一多任武汉大学文学院院长兼中文系主任，开始专攻中国古代文学。1930年秋，转任青岛大学文学院院长兼国文系主任。1932年秋，闻一多回到阔别十载的母校清华大学，任中国文学系教授。

1937年，抗日战争爆发后，清华、北大、南开三校南迁，在长沙组成国立临时大学，闻一多只身由武汉赶赴"临大"任教。1938年2月，他参加"临大"学生组织的湘黔滇旅行团，同青年学生一起，长途跋涉

3500华里，步行到达西南边陲重镇昆明。同年5月，"临大"改为西南联合大学，闻一多任中国文学系教授。

在西南联大任职期间，闻一多接触了马克思主义。1944年，参加西南文化研究会，随后加入中国民主同盟。从此，他以民主教授和民盟云南省支部领导人的身份，积极参与社会政治活动。

1946年7月，国民党特务暗杀了著名社会教育家李公朴先生。闻一多极为悲愤，在李先生的追悼会上，闻一多进行了著名的"最后一次讲演"，猛烈抨击了反动政府的阴谋和特务们的无赖本质。闻一多先生成为反动政府锁定的下一个谋杀对象，随后遭到了特务们的暗害。

延伸阅读

闻一多的故事

闻一多先生是参加"步行团"的四位教授之一，他担任民间歌谣组的指导，而且沿途对少数民族的习俗、语言、服装、山歌、民谣、民间传说亲作调查。当时跟随闻一多采风的北京大学中文系学生马学良回忆说："每到一处山寨，他顾不得安排住处，也顾不得旅途的疲劳，一到宿营地就带着我们几个年轻人走家串户，采风问俗。他在破旧的村舍里和老乡们促膝长谈，谁也看不出他是中外著名的教授和学者。他兴味十足地观看少数民族青年男女的舞蹈，并从中考证《楚辞》与当地民俗的关系。他喜欢去茶馆酒楼闲坐，听素不相识的老乡论古道今，了解当地的风土人情。他亲自指导同行的原南开大学学生刘兆吉沿途搜集民歌民谣，到昆明后整理成《西南采风录》，并亲自为之作序。"

第四讲 文哲泰斗创文脉

当代著名作家——巴金

巴金以其独特的风格和丰硕的创作令人瞩目，被鲁迅称为"一个有热情的有进步思想的作家，在屈指可数的好作家之列的作家"，同时也被誉为是"五四"新文化运动以来最有影响的作家之一，是20世纪中国杰出的文学大师、中国现当代文坛的巨匠。

巴金（1904—2005），现当代著名作家。原名李尧棠，字芾甘。巴金是他在发表小说《灭亡》时开始使用的笔名。

巴金生于四川成都一个官僚地主家庭，从小目睹封建大家庭内部腐败堕落、勾心斗角的生活方式，封建专制主义压迫、摧残年轻一代的罪恶行径，他对封建制度、封建家庭的痛恨和对自由生活的热情向往，充盈于

◆ 巴金像

作品之中。1923年从封建家庭出走，就读于上海和南京的中学。1927年初赴法国留学，写成了处女作长篇小说《灭亡》。

1929年回国后，因无政府主义运动已经失败，巴金将绝望与愤怒的心情寄托于文学虚构。所创作的小说有两大主题：一是探索青年人追求理想和信仰的道路，代表作有《新生》《爱情的三部曲》（《雾》《雨》《电》）等；二是揭露封建家庭制度的弊害，以影射社会专制制度的罪恶，代表作有《春天里的秋天》《激流三部曲》（《家》《春》《秋》），作品情感热烈、真诚，文字带有强烈的感情色彩，产生了重大的社会影响。

《家》这部作品给巴金带来了一个真正的家。巴金一直以"愿天下人都有饭吃"为己任，全身心地投入事业而无暇顾及儿女私情。1936年，巴金以《家》而成为青年之心中偶像，追求他的人很多。有一个女高中生给他写的信最多，他们通信达半年之久，却从未见面。最后，还是女

中华文化公开课

文化名人六讲

孩在信中提出：

"笔谈如此和谐，为什么就不能面谈呢？"女孩主动寄了张照片给巴金，然后他们约在一家咖啡馆见面。经过8年的恋爱长跑，年届不惑的巴金与这个名叫萧珊的女孩结为连理。

抗日战争爆发后，巴金在各地致力于抗日救亡文化运动，编辑《呐喊》《救亡日报》等报刊，创作有《家》的续集《春》和《秋》，长篇小说《抗战三部曲》（又名《火》），出版了短篇小说集《还魂草》、散文集《控诉》和《龙、虎、狗》等。在抗战后期和抗战结束后，巴金的创作转向对国统区黑暗现实的批判，对行将崩溃的旧制度做出有力的控诉和抨击，艺术上很有特色的中篇小说《憩园》《第四病室》，长篇小说《寒夜》是最能体现巴金这个时期创作风格的代表作。

1978年起，巴金在香港《大公报》连载散文《随想录》。由他倡议，1985年建立了中国现代文学馆。他的著作被译为多种文字，1982年至1985年相继获得意大利但丁国际荣誉奖、法国荣誉勋章和香港中文大学荣誉文学博士、美国文学艺术研究院荣誉院士等称号。后任中国作家协会主席、全国文联

◆ 巴金《家》封面和《海行杂记》初版封面

副主席。

2005年10月17日，巴老逝世，享年101岁。

知识小百科

《激流三部曲》

《激流三部曲》是长篇《家》《春》《秋》三部连续性小说的总称，是现代文学史上的一部重要作品。巴金从1931年开始创作第一部《家》，到1940年完成第三部《秋》，其间断断续续经历了10年时间。这是文学史上继《红楼梦》之后又一部记录封建大家族没落史的杰作。

《激流三部曲》以五四运动所掀起的反帝反封建革命激流必将摧毁一座座封建思想的最后营垒为总的主题，展示了腐朽没落的封建秩序、伦理道德必然死亡，民主的新生的一代青年正在崛起这样一个具有重大意义的社会趋向。

第四讲 文哲泰斗创文脉

国学大师——钱钟书

钱钟书深入研读过中国的史学、哲学、文学经典，同时也不曾间断过对西方新旧文学、哲学、心理学等的阅览和研究，著有多部享有声誉的学术著作。他的散文和小说也很出色，特别是长篇小说《围城》，才情横溢，妙喻连篇，可谓家喻户晓。

钱钟书(1910—1998)，现代文学研究家、作家，字默存，号槐聚，曾用笔名中书君，江苏无锡人。因他周岁"抓周"时抓得一本书，故取名"钟书"。

钱钟书出生于诗书世家，自幼受到传统经史方面的教育，中学时擅长中文、英文，却在数学等理科上成绩极差。报考清华大学时，数学仅得15分，但因国文、英文成绩突出，其中英文更是获得满分，于1929年被清华大学外文系破格录取。在这一时期，他刻苦学习，广泛接触世界各国的文化学术成果。1933年大学毕业。1935年和作家、翻译家杨绛结婚，同年考取公费留学生资格，在牛津大学英文系攻读两年，又到法国巴黎大学进修法国文学一年，于1938年回国，曾先后在多所大学任教。

尽管钱钟书学习成绩很好，但在生活方面，他却有点"痴气"。比如，他总分不清东西南北，一出门就分不清方向；穿衣服不是前后颠倒，便是内外不分。最出洋相的是上体育课，作为领队，他的英语口令喊得相当宏亮、准确，但他自己却左右不分，不知道该怎么办。口令喊对了，自己却糊里糊涂不会站，常常闹得全班哄堂大笑，自己却莫名其妙。聪明过人却又时常"糊涂"，这就是叫人难以捉摸的钱钟书。

钱钟书的名作《围城》，现在早已为

◆ 钱钟书像

文化名人六讲

中华文化公开课

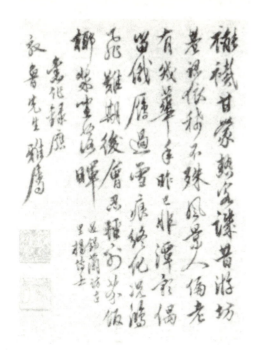

◆ 钱钟书手迹

吃了一个鸡蛋觉得不错，又何必要认识那个下蛋的鸡呢？"

美国一所著名的大学想邀请他去讲学，时间是半年，两周讲一次，一次40分钟，合起来大约是8个小时的时间，而给予的报酬是16万美元，但钱钟书丝毫不为所动。还有人在巴黎的《世界报》上著文称：中国有资格荣膺诺贝尔文学奖的，非钱钟书莫属。钱钟书对这个评价不但不表示接受，反而在《光明日报》上写文章质疑诺贝尔文学奖的公正性。

1998年12月19日，钱钟书先生因病在北京逝世，享年88岁。

人们所熟知，但当时却颇经历过一番波折。《围城》书成后在国内流传不久就销声匿迹了，几十年倍受冷落。墙内开花墙外香，这部作品在国外却享誉甚高。美籍华人、著名文艺批评家夏志清在《中国现代小说史》中说："《围城》是中国近代文学中最有趣最用心经营的小说，可能亦是最伟大的一部。"他的评价引发了许多西方译本的出现，钱钟书作为作家渐渐为世界所瞩目。

晚年的钱钟书闭门谢客，淡泊名利，其高风亮节为世人所称道。有位外国记者曾说，他来中国有两个愿望：一是看万里长城；二是看钱钟书。他把钱钟书看成了中国文化的象征。还有一个外国记者因为看了钱钟书的《围城》，想去采访钱钟书。他打了很多次电话，终于找到了钱钟书。钱钟书在电话里拒绝了采访的请求，并说："假如你

延伸阅读

钱钟书轶事

钱钟书学识渊博，记忆力惊人。在清华大学读书时，他就与吴晗、夏鼐被誉为清华"三才子"。与陈衍老人的交往更体现了这一点。陈衍，号石遗，晚清"三大诗人"之一，在当时的诗坛上占有重要地位。石遗老人对当时的诗人学者甚少许可，但是对钱钟书却另眼相看。每年寒暑假钱钟书从清华回无锡，石遗老人都要邀他去自己家。有一次，石遗老人说起清末大诗人王闿运："王闿运人品极低，仪表亦恶，世兄知之乎？"钱钟书对曰："应该是个矮子。"石遗笑说："何以知之？"钱钟书说："王死时，沪报有滑稽挽联云'学富文中子，形同武大郎'，以此得之。"石遗老人点头称是。又说王闿运的著作只有《湘军志》可观，其诗可取者很少，他的《石遗室诗话》中只采用某两句，但已记不起是哪两句了。钱钟书马上回答："好像是'独惭携短剑，真为看山来。'"石遗老人不由得惊叹："世兄真是好记性！"

第四讲 文哲泰斗创文脉

189

第五讲

艺术大师竞风流

书圣——王羲之

王羲之生活在一个书法由隶书转变到楷书的过渡时期，这时虽然楷书已经形成，但用笔和结构都比较粗疏，行、草书的行气还不够连贯。历史需要书法家对楷、行、草体进行完善和提高。王羲之不辜负历史重任，对前人的楷、行、草书进行了认真的研究，融合古今的笔法，加以发展变化，开创了时代的新风格，形成了新的体貌，所以被后人称为书圣。

王羲之（321—379），东晋最杰出的书法家，字逸少，琅琊临沂人，官至右军将军，所以人称"王右军"。他自幼学习书法，受父亲王旷、叔父王廙启蒙，后从师于出身书法世家的卫夫人，以后又博览了秦汉篆隶大师的精品，精研体势，心摹手追，广采众长，冶于一炉，创造出"天质自然，丰神盖代"的行书，被后人誉为"书圣"。

王羲之13岁那年，偶然发现他父亲藏有一本《说笔》的书法书，便偷来阅读。他父亲担心他年幼不能保密家传，答应待他长大之后再传授。没料到，王羲之竟跪下请求父亲允许他现在阅读，他父亲很受感动，终于答应了他的要求。

王羲之练习书法很刻苦，甚至连吃饭、走路都不放过，有时甚至达到忘情的程度。没有纸笔，他就在身上写画，久而久之，衣服都被划破了。一次，他练字忘了吃饭，家人把他最爱吃的馍馍和蒜泥送到书房，他竟不假思索地用馍馍蘸着墨吃了起来。当家人发现时，他已是满嘴墨黑了。

王羲之常临池书写，就池洗砚，时间长了，池水尽墨，人称"墨池"。现在绍兴兰

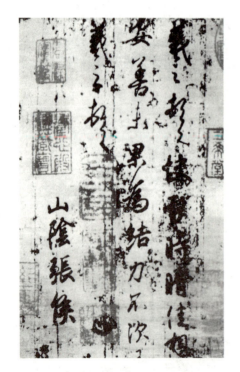

◆ 快雪时晴帖　东晋　王羲之

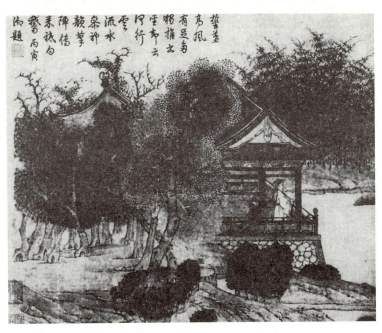

说："此神助耳，何吾能力致。"因此，他自己也十分珍惜，把这部作品作为传家之宝，一直传到他的第7代孙，最后为唐太宗所夺。据说，唐太宗对《兰亭集序》爱不释手，临死时竟命人用它来殉葬。从此后世人便看不到《兰亭集序》的真迹了。

◆ 王羲之观鹅图（局部） 元 钱选

亭、浙江永嘉西谷山、庐山归宗寺等地都有被称为"墨池"的名胜。

东晋永和九年(353)三月初三，大书法家王羲之和当时的名士谢安、孙绰、许询、支遁等40多人来到在山阴（今浙江绍兴）兰亭"修禊"，举行了一次别开生面的诗歌会。一群文人雅士，将酒觞置于清流之上，任其飘流，停在谁的前面，谁就即兴赋诗，否则罚酒。据记载，当时参与其会的人共成诗37首。王羲之将37首诗汇集起来，编成一本集子，并借酒兴写了一篇324字的序文，这就是著名的《兰亭集序》。

《兰亭集序》字体潇洒流畅，气象万千，其中二十多个"之"字，千变万化，无一雷同，被历代书法家公认为举世无匹的"天下第一行书"。相传王羲之后来又写了几遍，但都不及这一遍好。他曾感叹

延伸阅读

"东床快婿"的由来

王羲之的书法艺术和刻苦精神都很受世人赞许。传说，王羲之的婚事就是由此而定的。王羲之的叔父王导是东晋的宰相，与当朝太傅郗鉴是好朋友。郗鉴有一位如花似玉、才貌出众的女儿。一日，郗鉴对王导说，他想在王导的儿子和侄儿中为女儿选一位满意的女婿。王导当即表示同意，并同意由他挑选。王导回到家中将此事告诉了诸位儿侄，儿侄们久闻郗家小姐德贤貌美，都想得到她。郗家来人选婿时，诸儿侄都忙着更冠易服精心打扮，惟王羲之不闻此事，仍躺在东厢房床上专心琢磨书法艺术。郗家来人看过王导诸儿侄之后，回去向郗鉴回禀说："王家诸儿郎都不错，只是知道是选婿都有些拘谨不自然。只有东厢房那位公子躺在床上毫不介意，只顾用手在席上比划什么。"郗鉴听后，高兴地说："东床那位公子，必定是在书法上学有成就的王羲之。此子内含不露，潜心学业，正是我意中的女婿。"于是，把女儿嫁给了王羲之。王导的其他儿侄十分羡慕，称他为"东床快婿"。从此"东床"也就成了女婿的美称了。

第五讲 艺术大师竞风流

魏晋著名画家——顾恺之

在中国绘画史上，魏晋南北朝是一个非常重要的时期。当时全国长期战乱，南北对峙，朝代频频更迭，却使学术思想格外活跃，并促进了艺术的发展。作为奠立中国绘画理论基础的"传神论""六法论"就是在这一时期提出。在绘画上，被尊为"画祖"的顾恺之和他的卷轴画最具有代表性。

顾恺之(344—405)，原名长康，字虎头，出生于晋陵(江苏无锡)一个官僚家庭。年轻时作过官，有机会游览各地的名山大川。他性格诙谐，精通诗文，时人称他"才绝、画绝、痴绝"，画史上关于他的轶事有不少记载。

有一年，当时的都城建康城里要修建一座寺庙——瓦官寺，主持和尚因募集不到资金而一筹莫展。这时候来了个贫苦的年轻人，说要捐一百万钱。主持僧以为他吹牛，起初不相信。年轻人提出要在一面粉刷好的墙上画一幅维摩诘(传说中一个信佛教但不出家的居士)像，可以向前来观看他作画的人征集捐款。就这样，一连三天，观众人山人海，把瓦官寺挤得水泄不通。等到最后，这个年轻人为维摩诘点上眼珠的时候，画上的人物就像活了一样，观众的赞叹声、掌声、欢呼声响成一片。这时募集的钱早超过了一百万。这个年轻的画家就是顾恺之。

顾恺之在绘画上的最大贡献是他的"传神"主张。史书记载，他画人物像，曾数年不点瞳仁，人问缘故，他说："四肢的美丑，无关于人的奥妙。传神写照，全在眼睛里。"嵇康《送秀才入军诗》中有这样的句子："目送归鸿，手挥五弦。"顾恺之从绘画角度总结说："画'手挥五弦'容易，画'目送归鸿'困难。"他认为"目送归鸿"意在象外，要把这种意蕴通过绘画表现出来是十分困难的。

◆ 女史箴图卷（局部） 东晋 顾恺之

中华文化公开课

文化名人六讲

◆ 洛神赋（局部） 东晋 顾恺之

当时有位叫殷仲堪的大人物，一只眼瞎了，顾恺之要给他画像，他死活不干。顾恺之劝他说："你不用怕。我只画你的瞳仁，然后用飞白的方法拂掠，你的眼睛就会像轻云蔽日一样了。"飞白是书法的一种，笔画中露出丝丝白地，如枯笔书写。顾恺之用这种方法画殷仲堪的眼睛，果然非常有神。

生活中，顾恺之是一个富于智慧、幽默豁达的人，《晋书》说他"好谐谑"。他曾是桓温的幕僚，桓温死后，他去桓温墓地拜谒，作诗云："山崩溟海竭，鱼鸟将何依？"有人和他开玩笑，问他，以前桓温很看重你，能把你哭桓温的样子描述一下吗？顾恺之答道："声如震雷破山，泪如倾河注海。"之后他在殷仲堪手下任职。有一年，他自荆州回江南探亲，殷仲堪送了他一条帆船。结果行至一个叫破冢的地方，遇到风浪，船翻了，所幸没有人员伤亡。他在给殷仲堪的信中说："地名破冢，真破冢而出。行人安稳，帆船无恙。"他把"破冢而出"

寓含的死里逃生和"破冢"这个地方联系在一起，显得机智诙谐。

顾恺之在绘画理论方面也卓有建树，他留下来的论著有《论画》《画云台山记》等，主张要形神兼备，更重传神。他提出的"传神论"后来成为中国绘画的基本理论之一。根据记载，顾恺之的作品有70多件，他画过历史故事、神佛、人物、飞禽走兽、山水等。可惜，现在能看到的只有《女史箴图》、《洛神赋图》和《列女仁智图》三幅卷轴画的摹本了。它们是迄今所知最早的卷轴画。

延伸阅读

顾恺之为母画像

顾恺之一出世，母亲就离开了人间。父亲原是朝廷命官，因不满官场的腐败，辞官回家写诗作文。顾恺之经常冲进书房问父亲："人家都有妈妈，我的妈妈在哪里？"禁不住儿子的一再询问，父亲只好以实相告。顾恺之大哭了一场，从此变得沉默寡言，心中只是想着母亲是什么模样，便一次又一次地询问父亲。听了父亲的描述后，他心中有了母亲的身影、脸型，发誓要把母亲的像画出来。他画了一张又一张，可是父亲见了总是摇头。"不像。"他毫不气馁，继续作画。画到第十张时，父亲说："身材手足有点像。"他欣喜若狂，于是更加用心。不久，他画的像得到了父亲的认可："像了，像了，只是眼神还不大像。"他继续潜心画眼睛，画了改，改了画，当他又一次把画像送到父亲面前时，父亲惊喜地说："这是你的母亲。"

这一年顾恺之才8岁。到20岁时，他已经是著名的画家了。当同行问他曾经拜谁为师时，他回答说："我的母亲是我心中一直活着的老师。"

第五讲 艺术大师竞风流

隋唐书法名家——欧阳询

欧阳询善正书、行书，尤其正书，对后世影响较大，笔力刚劲，笔划方润，纤细得中，给人爽利精神之感觉，被誉为"欧体"，在中国书法史上占有极重要的地位。他与虞世南、褚遂良、薛稷并称为"唐初四大书法家"。

欧阳询（577—641），唐初著名书法家。字信本，潭州临湘（今湖南长沙）人。历经陈、隋、唐三个朝代，仕历太子率更令、弘文馆学士等。据史书记载，欧阳询"虽貌甚寝陋，而聪司绝伦，读书即数行俱下，博览经史，尤精三史。"早年他专学二王书，后兼临北朝三公郎中刘珉书，并融合当时众书家的长处，勤学苦练，细心揣摩，渐得书法之道，从摹体中脱出，形成自家体势、风格，其书以险劲刻厉的独特风貌而令人耳目一新。

欧阳询书法在隋代已很出名，到了唐代更是声名卓著，远播外夷。高丽王曾派专使求其墨迹。来使因慕欧阳询之书名，请求非见其人不可，等到见了身材矮小、形貌猥琐的欧阳询，似乎大失所望。因由欧公之书法联想其人应是金刚怒目、高大魁伟的形象。确实，相比弥漫于六朝柔弱的靡靡之音的初唐书法，欧书的严正方刚俨然是巍峨超群的伟丈夫。

身为地道的南方人，但欧阳询书法明显地受北派的影响。虽说其书法严正方刚，但与北碑相比则又柔和得多，威而不猛，和而不流。其书的方刚严正无不体现

◆ 九成宫醴泉铭　唐　欧阳询

文化名人六讲

中华文化公开课

出一股气象险劲的凛然正气。在方正之中又随字变形，或纵或横，穿插其间，方正而不呆板，在随意自然中见变化。尤其是偶尔又有几个别出心裁的特殊结构，排列于方正之中又非常和谐，这便是后人所称的"险绝"。

有意思的是，欧阳询诙谐的性格与其严正的书法风格完全是南辕北辙。在一次太宗所设的酒宴上，长孙无忌吟诗笑欧阳询长得像猴子，欧当即也随口吟诗一首反唇相讥，嘲笑长孙无忌的肥胖。长孙无忌的妹妹是皇后，他当然就是国舅，在欧的反击之后，太宗即拉脸对欧阳询说："你不怕让皇后听见？"可见欧阳询的刚正与耿直。欧公的机敏诙谐被后人传为美谈。

欧阳询最大的贡献，是他对楷书结构的整理。他充分思考了例如点画之间的主次关系、穿插挪让、整体的章法和汉字形式的类别等，使其在书法中成为一种严肃的、郑重其事的创作方式。这种极端理性的用笔方式，也只有到了欧阳询的时代，才能被这样面面俱到地考虑到。相传欧阳询总结了有关楷书字体的结构方法共三十六条，名为"欧阳询三十六法"。他的研究已经完全摆脱了不稳定的字形的无规律性的变化，从而进入了造型分析的层次，书法结构的成熟观念至此才算是真正的成立。

欧阳询以80多岁的高龄于贞观年间逝世，身后传世的墨迹有《卜商帖》《张翰

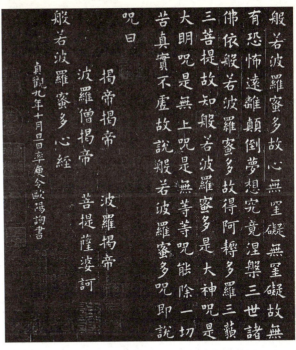

◆ 欧阳询小楷《般若波罗蜜多心经》

帖》等，碑刻有《九成宫醴泉铭》《皇甫诞碑》等，都堪称书法艺术的瑰宝。

最富影响力的书法大师之一——颜真卿

颜真卿是中国书法史上最富有影响力的书法大师之一。在书法史上，他是继二王之后成就最高、影响最大的书法家。其书法自成一格，一反初唐书风，化瘦硬为丰腴雄浑，结体宽博气势恢宏，骨力遒劲而气慨凛然，人称"颜体"。

颜真卿（709—785），字清臣，京兆万年人，祖籍琅琊临沂（今山东临沂），中唐时期著名的书法家，开元间中进士。因安史之乱中抗贼有功，入京历任吏部尚书、太子太师，封鲁郡开国公，故又世称颜鲁公。

颜真卿熔铸汉魏两晋以来书法艺术的造型经验，汲取了篆、隶、行、楷、草的字形构架、结体形式和用笔特点，自创"屋漏痕"用笔之法。对于藏锋、中锋运笔，他所开创的"蚕头燕尾"笔法，点划显得更有力，被世人称"颜筋"。在楷书造型上，颜真卿吸取篆隶特点，将篆隶与楷书融合，并令字若浮雕，具有立体感。这是不少书家的楷书不宜写成大字，而颜派楷书写成大字更妙的原因。

颜真卿秉性正直，笃实纯厚，有正义感，从不阿于权贵，屈意媚上，以义烈名于时。他一生忠烈悲壮的事迹，提高其于书法界的地位。

德宗时，淮西李希烈叛乱。已是70岁开外的颜真卿亲至许州（治所今河南许昌)去做劝导。

李希烈得知颜真卿来了，使出种种手段威胁利诱，企图逼他就范，为己所用。甚至在颜真卿住处的院子里掘了一个一丈见方的土坑，扬言要把颜真卿活埋在坑里。颜真卿对李希烈说："我的死活已经定了，何必玩弄这些花招。你把我一刀砍了，岂不痛快！"

李希烈自称楚帝后，又派部将逼颜真卿投降。士兵们在关禁颜真

◆ 争座位帖　唐　颜真卿

◆ 千禄字书　唐　颜真卿

远影响，唐以后很多名家，都从颜真卿变法成功中汲取经验。尤其是行草，唐以后一些名家在学习二王的基础之上再学习颜真卿而建树起自己的风格。

欧阳修曾说："颜公书如忠臣烈士，道德君子，其端严尊重，人初见而畏之，然愈久而愈可爱也。其见宝于世者有必多，然虽多而不厌也。"朱长文赞其书："点如坠石，画如夏云，钩如屈金，戈如发弩，纵横有象，低昂有志，自羲、献以来，未有如公者也。"

卿的院子里，堆起柴火，浇足了油，威胁颜真卿说："再不投降，就把你放在火里烧！"

颜真卿二话没说，就纵身往火里跳去，倒是李希烈手下的人，拉住了他。

785年8月23日，李希烈想尽办法，终没能使颜真卿屈服，就派人将其缢杀，终年77岁。叛乱平定后，德宗皇帝痛诏废朝8日，举国悼念。德宗亲颁诏文，追念颜真卿的一生是"才优匡国，忠至灭身，器质天资，公忠杰出，出入四朝，坚贞一志，拘胁累岁，死而不挠，稽其盛节，实谓犹生"。

颜真卿的书迹作品，据说有138种。楷书有《多宝塔碑》《麻姑仙坛记》等，是极具个性的书体。行草书有《祭侄文稿》《争座位帖》《裴将军帖》《自书告身》等，其中《祭侄文稿》是他在平息安史之乱的战役中，经历了亲人全家死难的痛苦，在极度悲恸中写成的，被称为"天下第二行书"。

颜体书对后世书法艺术的发展产生了深

延伸阅读

颜真卿黄泥习字

颜真卿三岁的时候，父亲病死了。母亲只好带着他回到了外祖父家。颜真卿的外祖父是位书画家，母亲也是个知书达理的人。他们见颜真卿很聪明，就教他读书写字。颜真卿练起字来很专心，一笔一划从不马虎，一写就是大半天。

母亲见儿子练字这样用心，心里又是喜又是愁。喜的是儿子将来一定会有出息，愁的是家境不宽裕，哪有余钱买纸供他练字呢？颜真卿很懂事，见母亲为没钱买纸的事犯愁，就悄悄地自己琢磨开了。

一天，颜真卿高兴地对母亲说："我有不花钱的纸笔了，您别发愁了！"

"傻孩子，纸笔哪有不花钱的呢？"

"您瞧，这不是吗？"颜真卿手里举着一只碗和一把刷子，欢快地说，"这只碗是砚，这把刷子当笔，碗里的黄泥浆就是墨！"

"那……纸在哪儿呢？"母亲又问。

颜真卿用手指了指墙壁，认真地说："这就是纸。不信，我写给您看！"

说完，他拿起刷子，在碗里蘸满了泥浆，走到墙壁前挥笔写了起来。等到墙上写满了字，他又用清水把字迹冲洗掉，然后又重新写起来。

书体百代楷模——柳公权

大唐文化瑰丽堂皇，书法艺术名家辈出。初唐有欧、虞、褚、薛；盛唐有张旭、颜真卿、怀素诸人；中晚唐有柳公权、沈传师诸大家。柳公权从颜真卿处接过楷书的旗帜，自创"柳体"，使我国古代书法艺术登上了又一巅峰。

柳公权（778—865），字诚悬，陕西耀县人。柳公权的书法在唐朝当时极负盛名，民间有"柳字一字值千金"的说法。

柳公权从小聪明好学，12岁就能读诗写文章，并写得一手好字，被周围人称为"神童"，时间久了，他就有些洋洋自得。一天，柳公权和小伙伴在树下写字玩，这时来了一位卖豆腐脑的老人，柳公权得意地拿着自己写的字，对老人说："老爷爷，你看我写得好不好？"老人说："这字写得就像我的豆腐脑一样，软塌塌的，没有筋骨。"柳公权很不服气，硬要老人写个字看看。老人说："我写不好字，可有人用脚都比你用手写得好，不信你明天进城去看看。"

第二天，柳公权一进城门就见北街的大槐树上挂着一个幌子，上书"字画汤"三个大字。树下围了许多人看一个没有双臂的黑瘦老者坐在地上用右脚夹着笔写对联，字写得非常好。柳公权看了既惭愧，又敬佩，就请教他写字有什么秘诀。这个老人告诉他："写完八缸水，染黑一池水，学习别人的长处。"柳公权听了，很有感触，从此开始发奋努力。

柳公权最初学王羲之父子的书体，后又学习欧阳询、颜真卿等人的笔法，经过长期锤炼，形成了独具一格的柳体。柳体兼取欧体之方，颜体之圆，下笔干净利落，笔力遒劲峻拔，结构严谨，并有明朗开阔之精神，清劲方正之风采，世称"颜筋柳骨"。

柳公权的书法立骨铮铮，炼气清健，在挺拔的骨体内部、笔画之间传出一种坚贞的力量，透出清健出俗的气韵。这是与他的人格、审美情趣、学识修养密切相关的，是他长期锤炼的结果，是从其血肉心灵中孕育出来的。

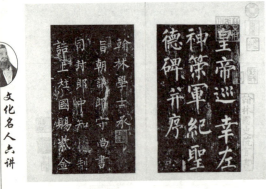

◆ 神策军碑 唐 柳公权

文化名人六讲

中华文化公开课

◆ 柳公权楷书《玄秘塔碑》

备至。

柳公权的书法在当时已非常著名，公卿大臣离世要书碑，子孙就用重金聘请他，如果得不到他的手书，就会被认为是不孝的子孙，而外邦来朝，也多出重金购求他的墨迹。

柳公权传世墨迹有《送梨帖题跋》，碑刻有《金刚经碑》《玄秘塔碑》《神策军纪圣德碑》《平西郡王李晟碑》《羲阳郡王荷璘碑》《魏公先庙碑》《高元裕碑》《冯宿碑》《苏夫人墓志》《李石神道碑》《大唐回元观钟楼铭》等。

柳公权一生历经唐代从德宗至懿宗十位皇帝，官至太子太师，紫光禄大夫上柱国河东郡开国公。咸通六年（865）逝世，享年88岁。

柳公权29岁进士及第，在地方担任一个低级官吏，后来，唐穆宗偶然看见他的笔迹，认为是书法圣品，就将他召到长安。有一次，穆宗皇帝问他如何才能将书法写好，柳公权说："用笔在心，心正则笔正。"意即如果人品不高，则落墨无法。当时沉湎于酒色的穆宗也听出了柳公权的言外之意。虽然穆宗有些尴尬、难堪，却也知柳公权所言不虚。由此可见，柳公权不仅字写得好，做人也是铁骨铮铮，深得世人钦佩的。这也是"柳骨"的根源和体现吧。

而柳公权的"心正笔正"说，则以新的命题将人格、伦理与书法的关系联通起来，不仅是对其自身的写照，而且成功地进行了一次"笔谏"，使后世文人大感兴趣，赞颂

第五讲 艺术大师竞风流

一代宗师——画圣吴道子

吴道子是一位全能画家，人物、鬼神、山水、楼阁、花木、鸟兽无所不能，无所不精。他吸收民间和外来画风，确立了新的民族风格，其"疏体"画法，为后代之宗。吴道子的出现，是中国人物画史上的光辉一页。

吴道子（680—759），唐玄宗赐名道，河南阳翟（今禹州市）人，唐代第一大画家。童年的吴道子极为不幸，双亲早故，生活孤苦，迫于生计，自幼便学书习画。清苦的生活和辛勤的学习，使他过早地成才，20岁左右时已是一位颇有名气的画家了。

唐宣宗（847）时被推崇为"画圣"，民间画塑匠称他为"祖师"，道教中人更呼之

◆ 八十七神仙卷（描摹上色） 唐 吴道子

为"吴道真君""吴真人"。苏东坡在《书吴道子画后》一文中说："诗至于杜子美（杜甫），文至于韩退之（韩愈），书至于颜鲁公（颜真卿），画至于吴道子，而古今之变，天下能事毕矣！"一代宗师，千古流传。

吴道子的一生，主要是从事宗教壁画的创作，题材很丰富。宣传教义的，有《梁武帝》《郗后》等人物。他在千福寺西搭院北廊的壁画里，把菩萨像画成自己的样子，对于神的世界，他不受宗教教义的约束，自由地加工。吴道子的山水画也很成功。玄宗派他去四川考察蜀山蜀水，要求他打下草稿，回来作画。但他从蜀地考察归来，连一张草稿也没有。玄宗责怪之，他从容不迫，在大同殿上，画蜀山蜀水，怪石崩滩，挥笔如暴风骤雨，嘉陵山水，纵横三百里，一日而成，博得赞赏。

吴道子的绘画具有独特风格。发展了张僧繇的简括画法，即所谓"笔才一二，像已应焉"，"笔不周而意周"，并在此基础上又有突破和创新，人物画自成体系，对中国佛教人物画影响深远；创作了豪迈奔放、

◆ 朝元仙仗图（局部） 唐 吴道子

道子笔法的精髓。另外还流传有《宝积宾伽罗佛像》《道子墨宝》等摹本，敦煌莫高窟第103窟的维摩经变图，亦被认为是他的画风。徐悲鸿曾经获得一幅残卷，经他和张大千鉴定，认为是吴道子真迹，可能是一幅壁画的草图，暂根据画中人物取名为《八十七神仙图》，此幅画气势磅礴，人物闲适秀丽，是中国古代画的精品。

变化丰富、错落有致的"莼菜条"线描，有豪迈自由的气势和波折起伏的变化；线条有速度，有力量，产生了"天衣飞扬，满壁风动"的艺术视觉效果，人称其线条是"吴带当风"；吴道子的画用色倾向于简淡、雅致，在焦墨痕中略加点染，从而突破了南北朝以来的重彩风格，当时称为"吴装"；首创了"只以墨踪为之"的"白画"，即白描画法。

吴道子在绘画技术上的不断创新与拓展，在一定程度上体现了时代精神和审美变化，所创"吴带当风"成为后世典范，因而享有"画圣"之誉。他的出现标志着外来画风和传统中国绘画细巧拘谨的影响的结束，新民族风格确立。

吴道子在史籍中享有盛名，但因为他大量的创作是壁画，所以很少有传世作品保留下来，无真迹传世，传至今日的《送子天王图》可能为宋代摹本，但已经可以窥见吴

第五讲 艺术大师竞风流

203

著名画家——张择端

张择端是北宋著名画家，他的风俗画《清明上河图》，系世界名画之一，也是我国绘画史上的无价之宝，是中国风俗画的一个里程碑。此画描绘当年汴京近郊在清明时节社会各阶层的生活景象，真实生动，是一件具有重要历史价值和杰出艺术成就的优秀风俗画。

张择端(1085—1145)，字正道，北宋著名画家，东武(今山东省诸城县)人，早年游学汴京，后来在画院任职，自成一家。

传说有一天，宋徽宗赵佶驾临大相国寺降香。大相国寺雕梁画栋，巍峨壮阔，寺中聚集着不少以绘画谋生的民间画师。宋徽宗听说有位青年画师才华出众，便命宰相蔡京前去寻访。在寺内香积厨的画案前，蔡京见到了这位正在潜心作画的青年，对他精湛的画艺赞赏不已。宋徽宗和蔡京都是丹青高手，知道这是一位百年不遇的绘画奇才，立

即将他招入皇家翰林图画院。

这位青年就是北宋著名画家张择端。宋徽宗为显示大宋王朝的富丽，命他把京都汴梁的繁华盛景绘成画卷。张择端自幼流落民间，在宫中作画时常找不到感觉。宋徽宗并不怪罪，还命人在郊外找了一处安静的农舍，让他安心作画。张择端披星戴月，呕心沥血，很快完成了稀世长卷《清明上河图》。宋徽宗看后画大喜过望，将此图视为珍宝，收入皇宫内府。

《清明上河图》，这幅长卷为绢本，淡着色，画幅高24.8厘米，长528.7厘米。它是一幅用高度现实主义手法创作的长卷风俗画，在北宋风俗画中具有典型的代表意义，是北宋人物画长期的发展结果，《清明上河图》以

◆ 清明上河图（局部） 北宋 张择端

中华文化公开课

文化名人六讲

汴河为典型环境，描绘出当时各色各样人物活动和建筑、工具等人世风物，有极大的历史价值。画家以周密的观察力为基础，对北宋汴梁城的城门和大街，对门外汴河上的繁华景象，作了忠实而详尽的描写。

此图规模宏大，结构严密，构图起伏有序，其笔墨技巧，兼工带写，活泼简练，人物生动传神，牲畜形态，房舍、舟车、城郭、桥梁、树木、河流、无一不至臻至妙，称得上妙笔神工。综数我国古代绘画，多有那种士大夫的孤芳自赏，实难找到类似《清明上河图》这样不惜以大量的笔墨，描绘数以百计的民众市俗生活与商业经济活动，将民众置于主人翁地位，并加以正确地艺术概括，这在中国古代绘画中是不多见的，就是在现代绘画中也是罕见的。此画的第一位收藏人是宋徽宗，是他用瘦金体亲笔在画上题写了"清明上河图"五个字。

北宋灭亡后，宋徽宗和儿子宋钦宗被金人俘虏到北方，《清明上河图》也被金兵掠获。山河破碎，战火连绵，张择端颠沛流离，辗转来到南宋都城杭州。为使偏安江南的宋高宗赵构不忘汴京故都，张择端又精心绘制出一幅《清明上河图》晋献给他。可是赵构无心抗金，对张择端的画作又不大欣赏，只扫了一眼就把画给退了回来。一气之下，张择端要将《清明上河图》付之一炬，幸亏家人奋力扑救抢出了一半。不久，张择端抑郁而死。

张择端的代表作有《清明上河图》《烟雨风雪图》和《西湖争标图》等。但他的艺术成就，历来不被士大夫评论家所

◆ 童子捧经壶　北宋

重视，因而有关他的史料极为稀少。所幸的是他的不朽名作《清明上河图》完整地保存至今，才确立了他在中国绘画史上应有的地位。

第五讲　艺术大师竞风流

延伸阅读

严嵩索图

明嘉靖年间，奸相严嵩当权，权倾朝野，其子严世蕃仗势横行乡里，他们得知《清明上河图》是无上神品，便派人四处搜寻。此时，画存于陆完家，陆完死后，夫人十分珍爱地把画藏在绣花枕中，秘不示人。夫人有一外甥姓王，长于绘画，乖巧善谈，趁夫人高兴时，要求看画，夫人一时推辞不开，便允许他坐在小阁中不带笔墨，限定时间观看。王生号振斋，聪颖过人，经十几次观赏，对画中房屋、街道、舟车，人物构图布局，均默记在心，回去之后，就将全图临摹仿制流传于世，但真品终归严嵩之手。

"元曲四大家"之首——关汉卿

　　关汉卿被誉为"元曲四大家"之首，是元代剧坛最杰出的代表之一。他的如椽大笔，是推动元杂剧脱离宋金杂剧的"母体"走向成熟的杠杆，是标志戏剧创作走上艺术高峰的旗帜。其剧作如"琼筵醉客"，汪洋恣肆，慷慨淋漓，具有震撼人心的力度。

　　关汉卿（1297—1307），元大都（今北京）人，号已斋，是我国元朝著名的剧作家，著有《窦娥冤》《救风尘》《拜月亭》《望江亭》《单刀会》《蝴蝶梦》等名剧。贾仲明《录鬼簿》吊词称他为"驱梨园领袖，总编修师首，捻杂剧班头"，可见他在元代剧坛上的地位。

　　关汉卿的前半生，是在血与火交织的动荡不宁的年代中度过的。作为封建时代的知识分子，关汉卿熟读儒家经典，深受儒家思想影响，所以，他的剧作常把《周易》《尚书》等典籍的句子顺手拈来，运用自如。不过，他又生活在仕进之路长期堵塞的元代，科举废止、士子地位的下降，使他和这一代的许多知识分子一样，处于一种进则无门、退则不甘的难堪境地。和一些消沉颓唐的儒生相比，关汉卿在困境中较能够调适自己的心态。他生性开朗通达，放下士子的清高，转而以开阔的胸襟，"偶娼优而不辞"，自称"我是个蒸不烂、煮不熟、捶不扁、炒不爆、响当当一粒铜豌豆"，宣称"则除是阎王亲自唤，神鬼自来勾，三魂归地府，七魄丧冥幽；天那，那其间才不向烟花路儿上走"。这既是对封建价值观念的挑战，也是狂傲倔强、幽默多智性格的自白。由于关汉卿面向下层，流连市井，受到了生

◆ 关汉卿像

◆ 《窦娥冤》插图

生不息、杂然并陈的民间文化的滋养，因而写杂剧、撰散曲能够左右逢源、得心应手地运用民间俗众的白话、三教九流的行话，而作品中那些弱小人物的悲欢离合，也在在流露着下层社会的生活气息与思想情态。

关汉卿写作勤奋，一生共著杂剧67部，今存18部，其中"旦本"戏占12个。他那贴切现实、充满血肉之感的笔触，既诉说了社会民众的困苦与无奈，又将一腔悲悯的情怀，倾洒在被污辱的女性身上。这其中最为脍炙人口的作品是《窦娥冤》。

关汉卿在创作剧本时，十分注意尽快"入戏"。他以洗练的笔触交代戏剧情境与人物关系，把观众的目光"聚焦"到主要的戏剧矛盾上，从而迅速引起观众看戏的兴趣。像《窦娥冤》，写了窦娥既短促又漫长的20年的人生历程，其前19年风雨和波折，仅在楔子与第一折中几笔带过。当窦娥在第一折刚出场时，蔡婆婆被赛卢医谋杀、又为张氏父子所救的事件已然发生；张氏父子强行入赘蔡家，还要分别娶蔡家婆媳为妻。这样一来，窦娥一登场，便面临异常严峻的戏剧情境。守寡的小媳妇如何应付？命运如何？一下子就成为观众极其关注的问题，全剧的主要矛盾也由此逐步展开。显然，关汉卿很懂得戏剧的特性和观众的心理，他十分重视戏剧演出的舞台效果，不让观众分散对戏剧矛盾的注意力。他努力在有限的演出时间内，赋予戏剧以更为充实的内容，让强烈的戏剧冲突把观众牢牢地吸引在剧场上。

关汉卿的杂剧内容具有强烈的现实性和昂扬的战斗精神，他生活的时代，政治黑暗腐败，社会动荡不安，阶级矛盾和民族矛盾十分突出，人民群众生活在水深火热之中。他的剧作深刻地再现了社会现实，充满着浓郁的时代气息。

延伸阅读

《窦娥冤》经典语句

有日月朝暮悬，有鬼神掌著生死权。

天地也，只合把清浊分辨，可怎生糊突了盗跖、颜渊。

为善的受贫穷更命短，造恶的享富贵又寿延。

天地也，做得个怕硬欺软，却原来也这般顺水推船。

地也，你不分好歹何为地？天也，你错勘贤愚枉做天！

哎，只落得两泪涟涟。

曲状元——马致远

马致远是元代剧作家，与关汉卿、白朴、郑光祖合称"元曲四大家"。其词曲题材领域广泛，艺术意境高远，声调和谐优美，语言疏宕豪爽，雅俗兼备。在元曲作家中，马致远被誉为"元人第一"，有"曲状元"之称。

马致远（约1250—1324），号东篱，字千里，东光县马祠堂村人。

马致远生平事迹不详，但从他的散曲作品中，约略可以知道，他年轻时热衷功名，有"佐国心，拿云手"的政治抱负，但一直没能实现。在经过了"二十年漂泊生涯"之后，他看透了人生荣辱，遂有退隐林泉的念头，晚年过着"林间友""世外客"的闲适生活。

马致远早年即参加了杂剧创作，是"贞元书会"的主要成员，与文士王伯成、李时中，艺人花李郎、红字李二都有交往，也是当时著名的"四大家"之一。马致远从事杂剧创作的时间很长，名气也很大，有"曲状元"之誉。他的作品见于著录的有15种，今存《汉宫秋》《荐福碑》《岳阳楼》《青衫泪》《陈抟高卧》《任风子》6种，另有《黄粱梦》，是他和几位艺人合作的，其中以《汉宫秋》最著名。散曲有《东篱乐府》。小令《天净沙 秋思》脍炙人口，匠心独运，自然天成，丝毫不见雕琢痕迹，被誉为"秋思之祖"。有名家评语云："一切景语皆情语。"

在马致远生活的年代，蒙古族统治者开始注意到"遵用汉法"和任用汉族文人，却又未能普遍实行，这给汉族文人带来一丝幻想和更多的失望。马致远早年曾

◆ 马致远塑像

惜以身殉国难，这就充分表现了作者对她的深切同情和高度赞扬；而对于以元帝为首的封建王朝来说，则只是深刻的揭露与辛辣的嘲讽。

◆ 《汉宫秋》插图

有仕途上的抱负，他在一套已失题的残曲中自称"写诗曾献上龙楼"，却长期毫无结果。后来曾担任地方小官吏，在职的时间大概也并不长。在这样的蹉跎经历中，他渐渐心灰意懒，一面怀着满腹牢骚，一面宣称看破了世俗名利，以隐士高人自居，同时又在道教中求解脱。

《汉宫秋》是马致远早期的作品，也是马致远杂剧中最著名的作品，敷演王昭君出塞和亲的故事。马致远特别创造了王昭君在番汉交界处舍身殉难的情节。由于王昭君的慷慨殉难，既保全了民族气节和对元帝的忠贞，又达到了匈奴与汉朝和好，并使毛延寿被送回汉朝处死的目的。因此，王昭君以身殉难的悲壮之举，与那"只凭佳人平定天下"的屈辱求和之举，形成了鲜明的对比。全剧用明妃一女人的正气，充分地反衬出那些以"女色败国论"来文过饰非者的怯懦与无耻。昭君既有对元帝的眷恋之情，又能为"国家大计"而毅然地"出塞和番"，并不

江南第一才子——唐寅

唐寅狂放不羁而又才华横溢，与祝枝山、文征明、徐祯卿并称"江南四才子"，画名更著，与沈周、文征明、仇英并称"吴门四家"。文学上亦富有成就，工诗文，其诗多纪游、题画、感怀之作，以表达狂放和孤傲的心境，以及对世态炎凉的感慨，以俚语、俗语入诗，通俗易懂，语浅意隽。著《六如居士集》，清人辑有《六如居士全集》。

唐寅（1470—1523），字子畏、伯虎，号六如居士、桃花庵主，自称江南第一风流才子。中国明代画家，文学家。

唐寅祖籍晋昌，即现在山西晋城一带，所以在他的书画落款中，往往写的是"晋昌唐寅"四字。唐伯虎自幼天资聪敏，熟读四书、五经，并博览史籍。16岁

◆ 唐寅像

秀才考试得第一名，轰动了整个苏州城。29岁到南京参加乡试，又中第一名解元。正当他踌躇满志，赴京会试时，却因牵涉科场舞弊案而交恶运。

"会试泄题案"是因为与唐寅同路赶考的江阴巨富之子徐经，暗中贿赂了主考官的家僮，事先得到试题。事情败露，唐寅也受牵连下狱。是年京城会试主考官是程敏政和李东阳，两人都是饱学之士，试题出得十分冷僻，使很多应试者答不上来。其中唯有两张试卷，不仅答题贴切，且文辞优雅，使程敏政高兴得脱口而出："这两张卷子定是唐寅和徐经的。"这句话被在场人听见并传了出来。

唐寅和徐经到京城后多次拜访过程敏政，特别在程敏政被钦定为主考官之后唐寅还请他为自己的一本诗集作序。这已在别人心中产生怀疑。这次又听程敏政在考场这样说，就给平时忌恨他的人抓到了把柄。一帮人纷纷启奏皇上，均称程敏政受贿泄题，若不严加追查，将有失天下读书人之心。孝宗

文化名人六讲
中华文化公开课

孟蜀宫妓图 唐寅

皇帝信以为真，十分恼怒，立即下旨不准程敏政阅卷，凡由程敏政阅过的卷子均由李东阳复阅，将程敏政、唐寅和徐经押入大理寺狱，派专人审理。徐经入狱后经不起严刑拷打，招认他用一块金子买通程敏政的亲随，窃取试题泄露给唐寅。后刑部、吏部会审，徐经又推翻自己供词，说那是屈打成招。皇帝下旨"平反"，程敏政出狱后，愤懑不平发痛而卒。唐寅出狱后，被谪往浙江为小吏，唐寅耻不就任。从此他绝意仕途，归家后纵酒浇愁，游历名山大川，决心以诗文书画终其一生。

明正德九年（1514），唐寅被明宗室宁王以重金征聘到南昌，后发现身陷宁王政治阴谋之中，遂佯装疯癫，脱身回归故里。

唐寅从南昌回家后因常年多病，不能经常作画，加上又不会持家，生活艰难，甚至常靠向好友祝枝山、文征明两人借钱度日。明嘉靖二年（1523），54岁的唐寅病卒于家中。

唐寅一生狂放不羁，在绘画中则独树一帜，自成一路，行笔秀润缜密，具潇洒清逸的韵度。他的代表作《落霞孤鹜图》《丘壑独步图》就是他绘画风格的最好的体现。

延伸阅读

唐伯虎画扇

唐伯虎曾在扇庄画扇，他技艺超群，远近闻名。一天，有个人来请唐伯虎画扇，要求他在小小的扇画上画100只骆驼，有意为难。唐伯虎点点头就画了起来。只见他先画了一片沙漠，沙漠中间是一座孤峰兀立的大山，山下林茂路弯。那人一看，扇面快要满了还没见一只骆驼，得意地笑了。心想：看他怎么画得下一百只！只见唐伯虎在山的左侧画了一只骆驼的后半身，前半身被山崖挡住了，在山的右侧，又画了一只骆驼的前半身。唐伯虎把笔一搁，那人急了，说："不够一百只呀！"唐伯虎又拿起笔来，在画旁题了一首诗："百只骆驼绕山走，九十八只在山后，尾驼露尾不见头，头驼露头出山沟。"那人一看，哑口无言，灰溜溜地走了。没过几天，又一个秀才模样的人让唐伯虎画扇。他自己命了一个题，叫《花香》，但扇面上不要一瓣花。又是一个专难为人的人。唐伯虎点点头，就在扇面的右边画出几片绿叶来，一群蜜蜂，一只蝴蝶，正飞了过去。然后，唐伯虎在扇面上题了"花香"二字。秀才看了，赞叹不已。

青藤画派的鼻祖——徐渭

徐渭多才多艺，在书画、诗文、戏曲等领域均有很深造诣，且能独树一帜，给当世与后代都留下了深远的影响，是我国明代杰出的文学艺术家，列为中国古代十大名画家之一，是青藤画派之鼻祖。

徐渭(1521—1593)，字文清，后改字文长，别号青藤、天池、田水月等，明山阴人。我国明代晚期杰出的文学艺术家，列为中国古代十大名画家之一。

徐渭自幼聪慧，文思敏捷，且胸有大志。参加过嘉靖年间东南沿海的抗倭斗争和反对权奸严嵩，一生遭遇十分坎坷，可谓"落魄人间"。最后入狱七八年。获释后，贫病交加，以卖诗、文、画糊口，潦倒一生。凄惨命运的困塞更激发了他的抑郁之气，加上天生不羁的艺术秉性，悲剧的一生却造就了这一艺术的奇人。

明代的写意花鸟画，在风格与技法上，较前代有提高，迎来一个百花齐放的时代高潮。而徐渭就是明代花鸟画坛的一朵奇葩。

徐渭中年学画，继承梁楷减笔和林良、沈周等写意花卉的画法，故擅长画水墨花卉，用笔放纵，画残菊败荷，水墨淋漓，古拙淡雅，别有风致。兼绘山水，纵横不拘绳墨，画人物亦生动，其笔法更趋奔放、简练，干笔、湿笔、破笔兼用，风格清新，恣情汪洋，自成一家，创水墨写意画新风，被公认为"青藤画派"之鼻祖。与陈道复并称"青藤、白阳"，对后世的影响很大。他画的《黄甲图》，峭拔劲挺，生动地表现了螃蟹爬行、秋荷凋零的深秋气氛。

徐渭的书法与沉闷的明代前期书坛对比显得格外突出。他学书的路子毫无例外是属于二王一脉，他倾慕王羲之的人品书艺，作为同乡人，他对王羲之的法帖心摹手追，但

◆ 徐渭像

◆ 墨葡萄 明 徐渭

给他的影响最大的是宋人，其中取法最多的米芾。徐渭最擅长气势磅礴的狂草，但很难为常人能接受，笔墨恣肆，满纸狼藉，他对自己的书法极为自负，他自己认为"吾书第一，诗二，文三，画四"。

他的才气还表现在戏曲的创作之中。他的杂剧《四声猿》曾得到汤显祖等人的称赞，在戏曲史上也占有一席之地。他的诗文书画处处弥漫着一股不平之气和苍茫之感。

徐渭平素生活狂放，对权势不妩媚。当官的来求画，连一个字也难以得到。徐渭经济匮乏时，若有上门求画者投以金帛，顷刻

即能得之。若赶在他囊中未缺钱，那么就是给的再多，也难得一画。

徐渭作品流传至今的较多。传世著名作品有《墨葡萄图》轴、《山水人物花鸟》册（均藏故宫博物院）、《牡丹蕉石图》轴，以及晚年所作《墨花》九段卷（现藏故宫博物院）等。

徐渭死后20年，"公安派"领袖人物袁宏道认为徐渭书法"笔意奔放如其诗，苍劲中姿媚跃出，在王雅宜、文征明之上"；又写下中国古代文学史上著名的人物小传——《徐文长传》。可以说他是徐渭第一个知音者，而后来追随者不计其数，其中有八大山人朱耷、甘当"青藤门下牛马走"的郑板桥等，近代艺术大师齐白石在提到徐渭时曾说："恨不生三百年前，为青藤磨墨理纸。"这足以说明徐渭对后人影响之深。

延伸阅读

徐文长巧送字

山阴知县高云要调到宁波去做知府。全县所有的土豪劣绅都来送行，有的送挂轴，有的送彩旗，有的送食品，有的送金银。徐文长闻讯后，送了一幅轴子，上面写着五个大字："青天高一尺"。高知县洋洋得意地把徐文长赠的轴子高挂在堂前。有些人很气愤，徐文长竟给这种贪赃枉法的官像捧场。有的还特地去责问他。徐文长大笑道："因为我们山阴县的地皮被他刮低了一尺，所以我才给他写上'青天高一尺'五个大字！"大家听他这么一说，这才恍然大悟，都放声大笑起来。徐文长的话传到高云耳朵里时，他已经在宁波任知府了。这位高知府只好红着脸，把高高挂在堂前的这幅轴子取下来。

第五讲 艺术大师竞风流

213

戏剧界的宗师——汤显祖

在汤显祖多方面的成就中，以戏剧创作为最，其戏剧作品不但为我国历代人民所喜爱，而且传播到英、日、德、俄等很多国家，被视为世界戏剧艺术的珍品。他是我国杰出的剧作家、文学家。在中国和世界文学史上有着重要的地位，被誉为"东方的莎士比亚"。

汤显祖（1550—1616），字义仍，号若干，又号海若、清运道人。

汤氏祖籍临川县云山乡，后迁居汤家山

◆ 汤显祖像

（今抚州市）。汤显祖从小聪明好学，21岁时中举。由于不肯依附权贵，虽博学多才、"名布天壤"，到34岁才中进士。后历任太常博士、詹房事主簿、礼部祠祭司主事。明朝万历十九年（1591）他目睹当时官僚腐败愤而上《论辅臣科臣疏》，弹劾大学士申时行并抨击朝政，触怒了皇帝而被贬为徐闻典史，后调任浙江遂昌县知县，一任五年，政绩斐然，却因压制豪强，触怒权贵而招致上司的非议和地方势力的反对，终于万历二十六年（1598）愤而弃官归里，潜心于戏剧及诗词创作。

汤显祖在归隐当年，就创作了《牡丹亭》，此后三年，又连续完成了《南柯记》《邯郸记》，加上早年所作的《紫钗记》，被誉为东方戏剧史上划时代的杰出剧作——《临川四梦》诞生了。

《牡丹亭》是汤显祖的代表作，也是我国戏曲史上浪漫主义的杰作。作品通过杜丽娘和柳梦梅生死离合的爱情故事，洋溢着追求个人幸福、呼唤个性解放、反对封建制度的浪漫主义理想，感人至深。《牡丹亭》以文词典丽著称，宾白饶有机趣，曲词兼用北曲泼辣动荡及南词宛转精丽的长处。即使是认为他用韵任意，不讲究曲律的评论家，也几乎无一不称赞《牡丹亭》。如晚于汤显祖20多年的沈德符说："汤义仍《牡丹亭》梦一出，家传户诵，几令《西厢》减价"，又说他"才情自足不朽"。和沈德符同时的戏曲家吕天成推崇汤显祖为"绝代奇才"和"千秋之词匠"，称《牡丹亭》为"惊心动魄，且巧妙迭出，无境不新，真堪千古矣！"

在文学思想上，汤显祖从小受王学左派的影响，结交被当时统治者视为异端的李贽等人，反程朱理学，肯定人欲，追求个性自由的思想对他影响很大。汤显祖与公安派反复古思潮相呼应，明确提出文学创作首先要"立意"的主张，把思想内容放在首位。这些思想在他的作品中都得到了具体体现。

汤显祖诗作，早年受六朝绮丽诗风的影响，为了对抗"诗必盛唐"，后来写诗又曾追求宋诗的艰涩之风，他的这些创作实践并不足以和拟古派相抗衡。汤显祖的古文长于议论，颇有"好辩"特色。他的书信写得很富感情，文笔流利，为后人所推崇。他还长于史学，修订过《宋史》，惜未完稿。

汤显祖在戏曲批评和表、导演理论上，也有重要建树。他通过大量书札和对董解元的《西厢记》、王玉峰的《焚香记》等等剧作的眉批和总评，发表了对戏剧创作的新见解。

汤显祖晚年生活凄凉悲苦，1616年，他

◆ 行书诗词手迹 明 汤显祖

终于走完了他充满艰辛的人生之路，但他的《临川四梦》奠定了他在戏剧界的一代宗师地位。由于汤显祖的影响，明末出现了一些刻意学习汤显祖、追求文采的剧作家，如阮大铖和孟称舜等，后人因之有玉茗堂派或临川派之说，实际上并不恰切。《牡丹亭》中个性解放的思想倾向，影响更为深远，从清代的《红楼梦》中也可看出这种影响。

延伸阅读

向封建礼教宣战的《牡丹亭》

《牡丹亭》写少女杜丽娘不甘闺中寂寞，私去花园游玩，在梦中与书生柳梦梅幽会，醒后整日思情感怀，郁郁而死。死后其鬼魂与柳梦梅结为百年之好。汤显祖通过杜丽娘与柳梦梅的爱情故事，揭露了封建礼教与青年爱情的尖锐矛盾，暴露了封建统治阶级家庭的冷酷和虚伪，热情歌颂了青年男女为追求自由的爱情所作的不屈不挠的斗争。在当时统治者大力提倡程朱理学、表彰烈女的情况下，《牡丹亭》敢于背叛封建礼教，具有强烈的反抗精神和鲜明的时代意义。

第五讲 艺术大师竞风流

扬州画派代表——郑燮

　　清代的郑燮，是"扬州八怪"的主要代表，以三绝"诗书画"闻名于世的书画家、文学家。他推崇"外师造化，中得心源"的观点，主张"师法自然"、不泥古法。其艺术特色对当时及后世都产生了深远影响。

　　郑燮（1693—1765），字克柔，号板桥，江苏兴化人，康熙秀才、雍正举人、乾隆进士。

　　郑板桥的少年时代，在家里受过了启蒙教育。17岁时，离家到真州去读书。20岁时，跟随本乡先辈陆种园学习填词，同时结交了许多喜欢诗画的朋友。49岁曾在山东范县、潍县任县令，他清廉刚正，对下层百姓有着十分深厚的感情，对民情风俗有着浓重的兴趣。

◆ 郑燮像

　　乾隆十七年时潍县发生了大灾害，郑板桥因为申请救济而触怒了上司，结果被罢了官。晚年的郑板桥回到家乡扬州，以卖画为生。与汪士慎等人游历聚会，吟诗作画，形成了著名的扬州画派。他们的画风和当时的所谓"正统"画风有所不同，被当时的人视为画坛的"怪物"，于是有"扬州八怪"之称。

　　郑板桥的绘画题材，以兰、竹、石为主要描绘对象，其次是松、梅、菊等。而以体貌疏朗、风格劲健的兰竹最为著称。

　　他主张"不泥古法，师法自然，极工而后能写意"。他提出了"眼中之竹、胸中之竹、手中之竹"的绘画三阶段说，把深思熟虑的构思与熟练的笔墨技巧结合起来。

　　他以平凡的题材表现出新意趣，藉由这些题材抒写他心底敢冲破传统观念的"倔强不驯之气"。郑板桥的画给当时清代书坛带来了一股清新的活力，广大知识分子，劳动人民视为珍宝，不惜重金争购，广为流传。

　　艺术手法上，郑板桥主张"意在笔

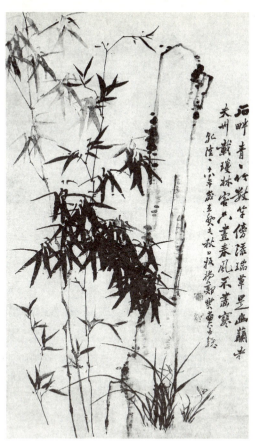

◆ 竹石图 清 郑燮

先"，用墨干淡并兼，笔法疲劲挺拔，布局疏密相间，以少胜多，具有"清瘦雅脱"的意趣。

他还重视诗、书、画三者的结合，用诗文点题，将书法题识穿插于画面形象之中，形成了他个人的独特的风格。郑板桥把画上的竹与自己的生活紧密联系在一起，在密密麻麻的题跋中谈出自己的创作经验。精彩的画论就写在竹干之间，使他特有的"六分半书"与画呼应，形成独特的风格，并进一步发展了文人画的特点。

"书画合一"虽然是中国文人画的传统，但郑板桥成功地推出独创的画风和精彩的绘画理论，继承了中国传统文人画但又超越了传统文人画的风格，在绘画史上的确有不可磨灭的贡献。郑板桥强调学古的方法，学古不是死学而是要"活"学，他的墨竹就是学自传统，是"各有灵苗各自探"的成果。郑板桥的学习方法及态度方面对后人有很大的启示和借监作用。

1765年，郑板桥去世，享年73岁。

人民艺术家——齐白石

　　齐白石是一位各方面造诣都很高的现代绘画大师。他的人品、绘画、诗句、书法、篆刻无不出类拔萃，艺术创作极其丰富。他的绘画艺术风格对现代乃至当代中国画创作都产生了极为巨大的影响。

　　齐白石(1863—1957)，现代杰出画家，书法家，篆刻家。原名齐璜、纯芝，字渭青，号白石、濒生、借山吟馆主者、寄萍老人等。湖南湘潭人。12岁学粗木工，后做雕花木匠，兼习画。那时雕花，差不多千篇一律，他突破陈规，"造出许多新的花样"，人称　"芝木匠"。后跟随当地文人陈少蕃、胡沁园等系统学习诗、书、画、印，遂以卖画刻印为生。中年后，他曾五次远游，历陕、豫、京、冀、粤等地，广交同道好友。晚年定居北京，经陈师曾指点而"衰年变法"，毅然抛弃清雅、孤淡的传统文人画风，自创浓烈、豪放的"红花墨叶"派大写意风格，把中国花鸟画推到了一个新的高峰。

　　齐白石以花鸟画见长，善于将民间艺术的审美情趣融进传统文人画，以质朴率真之气开创了文人画的新境界，画面洋溢着活泼的生命力，极具明朗、清新之美，充满了泥土的芳香。技法上，他注重用笔的苍劲老辣与方折劲挺，笔力雄健，挥写自如；墨法则讲究单纯准确，对干湿浓淡的搭配关系极力经营；用色则大胆而浓艳，吸收民间美术的敷色特点，却艳而不俗；构图上，他多以简洁之图，塑花、鸟稚拙之美，但一些作品则极力刻画蝉、蝶、蟋蟀等小昆虫，写实程度足可乱真，与大写意花卉相配，别具情趣。所画作品，都洋溢着对生活的热爱。1953年中央文化部授予齐白石"人民艺术家"称号。

　　齐白石晚年，画虾技术颇为精湛，令人

◆ 齐白石像

◆ 墨虾图 齐白石

年被世界和平理事会推举为世界文化名人之一。

齐白石是20世纪中国画坛最富创造性与影响力的大师之一，他一生跨清末、民国和中华人民共和国三个时期，在近一个世纪的艺术历程中创作了数以万计的作品，留下了宝贵的精神财富。

叹为观止。他在画虾上有重要的三段变法：第一阶段是如实画来，写实，宗法自然，更像写生。第二阶段最重要，不算"零碎"，虾身主体简化为九笔。所谓"零碎"一共是八样：双眼、短须、长须、大钳、前足、腹足、尾，还有一笔深墨勾出的内腔，这种结构便是齐白石的虾所独有的重要风格。第三阶段是画上的墨色不均一，笔先蘸墨，然后用另一支笔在笔肚上注水，把虾的"透明"画了出来，虾一下子就活了。

1957年，齐白石担任北京中国画院名誉院长，同年9月16日谢世，卒年95岁。1963

第五讲

艺术大师竞风流

219

京剧 "四大名旦" 之首——梅兰芳

> 梅兰芳在京剧表演艺术上精心钻研，勇于革新，创造了很多优美的艺术形象，发展了大量优秀剧目，改革与提高了京剧旦角的演唱和表演艺术，形成了一个具有独特风格的艺术流派，世称"梅派"。

梅兰芳（1894—1961），京剧"四大名旦"之首，是旦角中"前无古人"的大家。

梅兰芳出生于梨园世家，祖籍江苏泰州，长期居于北京。自幼父母双亡，由伯父抚养成人。1901年，7岁的梅兰芳开始学戏。1912年，18岁的梅兰芳随京剧大师王凤卿首次到上海演出，并取得很大成功。

梅兰芳屡次拜各大名师学艺，戏路很宽，精通青衣、花旦、刀马旦等旦行表演艺术，还掌握了生行等其他行当的表演技

◆ 梅兰芳像

巧。经过充分挖掘和潜心钻研，逐渐形成了艺术上自己的流派——梅派。他突破传统正工青衣专重唱功、不讲究身段表情的局限，将花旦乃至刀马旦的技巧融合运用，除继承传统唱腔外，还编制独具个性的新腔。梅兰芳的演唱咬字清晰，音色朗润，唱腔婉转妩媚，流畅甜美。对旦角的念白、舞蹈、音乐、化妆、服装也都作了大胆改进与创新，使之更能表现人物细腻的感情，形成在质朴中见俏丽、妩媚中显大方的梅派风格。

梅兰芳在艺术上的卓越成就引起了国外人士的重视，曾先后赴日本、美国、苏联演出，并荣获美国波摩那学院和南加州大学的荣誉文学博士学位。归来后，地位和名声不断得到提高，被戏迷称为"伶界大王"，被捧为梨园界的代表人物。

同时，梅兰芳还是一位伟大的爱国主义者。

抗战爆发后，日伪想借梅兰芳收买人心、点缀太平，几次要他出场均遭拒绝。梅兰芳考虑到在上海不能久留，遂于1938年赴香港。他在香港演出《梁红玉》等剧，激励

中华文化公开课

文化名人六讲

◆ 梅兰芳剧照

坚持留须，一方面不惜自伤身体。为了拒绝日伪的邀请，他请私人医生为他注射伤寒疫苗，致使连日高烧不退，为此差点丢掉了性命，终于击碎了日伪的妄想。

1961年8月8日，梅兰芳逝世，享年67岁。他一生塑造了无数美艳精致的舞台形象，他的表演生动地体现了中国传统艺术讲究和谐，讲究温柔敦厚、含蓄蕴藉的审美精神。代表剧目有《贵妃醉酒》《天女散花》《宇宙锋》《打渔杀家》等，著有《梅兰芳文集》《梅兰芳演出剧本选》《舞台生活四十年》等。先后培养、教授学生100多人。他是一位生而为京剧的人，他用自己的灵魂而不是形象，打动了上世纪的中国。

人们的抗战斗志。香港沦陷后，他于1942年返沪。为了拒绝为日伪演剧，他蓄须明志，深居简出，表现了崇高的民族气节。

老奸巨猾的日本驻港部队司令酒井虽然猜到梅兰芳蓄须的目的，但面对这样一位世界级的文化名人，这样一位受日本人民爱戴的艺术家，他着实有些无可奈何，况且梅兰芳以"我是个唱旦角的，年纪老了，扮相不好看了，嗓子也坏了"为由拒绝登台，也合情合理。然而，"蓄须"也不是一劳永逸的。当他从香港返回上海之后，日本人、汉奸三番五次登门，或者说"小胡子是可以剃掉的嘛"，或者说"年纪大不再登台也可以，出来说一段话，和年纪大和胡子都是没有关系的嘛"。诸如此类，梅兰芳一方面

延伸阅读

梅兰芳艺名的由来

光绪三十四年（1908）秋天，喜连成班主叶春善带领他的科班在吉林演出。一天早晨，叶春善借筹资组建喜连成的开明绅士牛子厚到吉林北山散步。两人边爬山边闲谈，忽然发现有一人在小树林里练剑，但见他体态轻盈，动作敏捷，牛子厚简直看呆了。他平生酷爱京剧，也观赏过不少武术高手的表演，但像今天见到这样的绝伦剑技，还是不多，他情不自禁地连连拍手叫好。那舞剑人听到有人喝彩，连忙把剑收住，两颊绯红，用手帕揩拭额头沁出的细密汗珠，恭敬地向牛子厚躬身施礼："牛老板，喜群献丑了。"

牛子厚这时近前定睛细看，只见面前这个年轻人仪表堂堂，气度潇洒，举止端庄，真是一个挑大梁的料子，便问道："你可曾有艺名？"叶春善接答道："我给他起了个艺名叫'喜群'。"牛子厚沉吟良久说："这孩子相貌举止不俗，久后必成大器，给他更名'梅兰芳'如何？"叶春善师徒二人欣然同意。从此，就有了"梅兰芳"这一后来享誉国内外的名字。

第五讲 艺术大师竞风流

现实主义绘画大师——徐悲鸿

徐悲鸿被誉为中国现代现实主义绘画大师。他学兼中西、博采诸长，国画、油画、素描、书法皆十分出色，被康有为誉为画坛奇才。其笔下的骏马，尤其受到人们的赞赏与钟爱，以致成为中国绘画的一种典型代表与象征。

徐悲鸿（1895—1953），原名寿康，江苏宜兴屺亭桥人。中国现代美术事业的奠基者，杰出的画家和美术教育家。

徐悲鸿出身贫寒，自幼随父亲徐达章学习诗文书画。20岁时，在上海卖画。1918年，他接受蔡元培聘请，任北京大学画法研究会导师。翌年赴巴黎留学，后又转往柏林、比利时研习素描和油画。

他在欧洲留学的时候，中国在世界上没有地位，中国留学生常常受到歧视。有一次，许多留学生在一起聚会，一个外国学生站起来，恶毒地说："中国人又蠢又笨，只配当亡国奴，就是把他们送到天堂里去深造，也成不了才！"坐在一旁的徐悲鸿被激怒了，他走到这个洋学生面前，大声地说："先生，你不是说中国不行吗？那好，我代表我的祖国，你代表你的国家，我们比一比，等学习结业时，看看谁是人才，谁是蠢才！"

从此，徐悲鸿学习更勤奋了。他到巴黎各大博物馆去临摹世界名画的时候，常常是一块面包一壶水，一去就是一整天，不到闭馆时间不出来。法国画家达仰非常喜爱徐悲鸿，他从这个中国青年身上，看到了中国人民的坚强毅力和对未来的信心。他主动邀请徐悲鸿到他家的画室里画画，并亲自作辅导。

有志者事竟成。徐悲鸿进入巴黎高等美术学校后，在几次竞赛和考试中都获得了第

◆ 徐悲鸿在创作

◆ 群奔 徐悲鸿

一名。1924年，他的油画在巴黎展出时轰动了巴黎美术界。这时，那个洋学生不得不承认自己不是中国人的对手。

1927年徐悲鸿回国，先后任上海南国艺术学院美术系主任、中央大学艺术系教授、北京大学艺术学院院长。1933年起，先后在法国、比利时、意大利、英国、德国、苏联举办中国美术展览和个人画展。抗日战争爆发后，他在香港、新加坡、印度举办义卖画展，宣传支援抗日。后重返中央大学艺术系任教。中华人民共和国成立后，徐悲鸿任中华全国美术工作者协会（现中国美术家协会）主席、中央美术学院院长等职，为第一届全国政协代表。

徐悲鸿的作品熔古今中外技法于一炉，显示了极高的艺术技巧和广博的艺术修养，是古为今用、洋为中用的典范，在我国美术史上起到了承前启后、继往开来的巨大作用。他擅长素描、油画、中国画。他把西方艺术手法融入到中国画中，创造了新颖而独特的风格。而其素描和油画则渗入了中国画的笔墨韵味。他的创作题材广泛，山水、花鸟、走兽、人物、历史、神话，无不落笔有神，栩栩如生。尤其他的奔马，更是驰誉世界，几近成了现代中国画的象征和标志。

徐悲鸿长期致力于美术教育工作，发现和团结了众多的美术界著名人士。他培养的学生中人才辈出，许多已成为著名艺术家，成为中国美术界的中坚骨干。他对中国美术队伍的建设和中国美术事业的发展作出的卓越贡献，无与伦比，影响深远。

1953年9月26日，徐悲鸿因脑溢血病逝，享年58岁。

延伸阅读

徐悲鸿创作《奔马图》

《奔马图》是徐悲鸿的名作。在此幅画中，徐悲鸿运用饱酣奔放的墨色勾勒头、颈、胸、腿等大转折部位，并以干笔扫出鬃尾，使浓淡干湿的变化浑然天成。马腿的直线劲细有力，犹如钢刀，力透纸背，而腹部、臀部及鬃尾的弧线很有弹性，富于动感。整体上看，画面前大后小，透视感较强，前伸的双腿和马头有很强的冲击力，似乎要冲破画面。

这幅画创作于1941年秋季第二次长沙会战期间。此时，抗日战争正处于敌我力量相持阶段，日军想在发动太平洋战争之前彻底打败中国，使国民党政府俯首称臣，故而他们倾尽全力屡次发动长沙会战，企图打通南北交通之咽喉重庆。二次会战中我方一度失利，长沙为日寇所占，正在马来西亚槟榔屿办艺展募捐的徐悲鸿听闻国难当头，心急如焚，于是连夜画出《奔马图》以抒发自己的忧急之情。可见，这幅画所体现的不只是一种艺术境界，更是徐悲鸿先生壮怀激烈的一腔爱国热忱。

第五讲 艺术大师竞风流

最负盛誉的中国画大师——张大千

张大千是具有世界影响的中国画大师。他与齐白石并有"南张北齐"之誉，被徐悲鸿誉为"五百年来第一人"。他是历来画家中，学习古名家数量最多、最博的画家；在笔墨技法的训练上，他也是获得古法精华最多、最好的画家。而且在表现技巧和风格上，他创立了名闻遐迩的大风堂画派，是中国画史上少见的最具全方位的画家。

张大千（1899—1983），原名张正权，又名爰，字季爰，号大千，别号大千居士，四川省内江市人。他幼年受擅长绘画的母亲和以画虎著称、自号"虎痴"的二哥张善子的熏陶指引，并从名师曾农髯、李梅阉学诗文、书法和绘画。除临摹历代名迹外，又遍游名山大川，以造化为师，经过刻苦钻研，获得了卓越成就。青年时代，即与二哥张善子齐名。

张大千因受曾、李二师影响，曾广泛学习唐宋元明清中国传统绘画，尤得石涛等大师神髓，被国内外艺坛称为"当代石涛"。其画路宽广，山水、人物、花鸟、虫鱼、走兽等，无所不工。其工笔写意，俱臻妙境。特善写荷花，独树一帜。20年代，他与其兄张善子，被称为中国画坛的"蜀中二雄"。30年代，他与北方大画家溥儒齐名，被称为中国画苑的"南张北溥"，被国立中央大学聘为艺术教授。徐悲鸿曾盛赞张大千为"五百年来第一人"。

张大千于1940年后，用了两年半的时间，对我国敦煌洞窟逐个整理编号，进行临摹，丰富了绘画技法。从此，他的画风也为之一变，善用复笔重色，高雅华丽，潇洒磅礴，被誉为"画中李白""今日中国之画仙"。

张大千是天才型画家，其创作"包众体之长，兼南北二宗之富丽"，集文人画、作家

◆ 张大千在台湾

◆ 仿石涛山水人物图　张大千

界各地频频举办个人画展。他被西方艺坛赞为"东方之笔"，与西画泰斗毕加索齐名，被称为"东张西毕"。曾荣获国际艺术学会的金牌奖，被推选为"全世界当代第一大画家"，并被世界舆论称之为"当今世界最负盛誉的中国画大师"，为中华民族赢得了巨大荣誉。

张大千晚年仍孜孜不倦地从事中国画的开拓与创新，在全面继承和发扬传统的基础上，开创了泼墨、泼彩、泼写兼施等新貌，给中国画注入了新的活力，影响广泛而深远。

张大千长期旅居海外，爱国怀乡之心浓烈。1976年返回台北定居，在完成了巨作《庐山图》后，不幸于1984年病逝。

画、宫廷画和民间艺术为一体。其画风先后曾经数度改变，晚年时历经探索，在57岁时自创泼彩画法，是在继承唐代王洽的泼墨画法的基础上，糅入西欧绘画的色光关系，而发展出来的一种山水画笔墨技法。其可贵之处，是技法的变化始终能保持中国画的传统特色，创造出一种半抽象墨彩交辉的意境。张大千30岁以前的画风可谓"清新俊逸"；50岁进于"瑰丽雄奇"；60岁以后达"苍深渊穆"之境；80岁后气质淳化，笔简墨淡，其独创泼墨山水，奇伟瑰丽，与天地融合，增强了意境的感染力和画幅的整体效果。

1949年，张大千赴印度展出书画，此后便旅居阿根廷、巴西、美国等地，并在世

延伸阅读

张大千不画虎

张大千的二哥张善画老虎很出色，早年张大千曾和二哥合作画虎，但经常是二哥画虎，他补景。其实，张大千也能画虎，但他很少画。一次他酒后画的一幅虎图流落出去，不少商人登门出高价请他画虎。张大千后悔不迭，因为二哥以画虎享有盛誉，他原是为了二哥一直避讳画虎的。其实二哥也并不因此有什么不高兴，他的那幅虎画二哥倍加称赞，还题了字呢。但是张大千仍然不能原谅自己，他本来是很爱饮酒的，这次他发了誓：从今以后誓不饮酒，也誓不画虎。果然张大千从此跟饮酒和画虎绝了缘。

第五讲　艺术大师竞风流

第六讲

商界巨子闯世界

儒商鼻祖——端木子贡

　　子贡将货殖的概念深入了中国商人和商业的内心，打通了一条中国资本冒险的通道。因为他是孔子的高徒，又是标准儒者，后世商人都把他当做"儒商"的鼻祖。他的思想作为、识见功业对后世影响深远，是一位很有社会影响力的历史名人。

　　儒商，顾名思义，就是儒与商的结合。在中国传统文化中，儒和商是两个被严格区分开来的称谓。儒是指秉承儒家学说的文士，其天职在于求道求义；商是通货之民，其本性在于求利求财。由于中国传统文化以重义轻利、修身齐家治国、成贤成圣为基本价值取向和最高追求，所以尊儒而贱商。然而，在商业活动中，儒商却自觉地把儒家伦理、精神文化同商品经济行为有机地结合了起来，从而形成自己独特的商业文化。端木子贡就是这样一个儒商。

　　端木子贡（前520—前456），姓端木，名赐，子贡是他的字。春秋时卫国人。杰出的社会活动家、外交家和商业贸易家。

　　"端木"这一姓氏源出于黄帝。传说子贡的母亲蘧氏"天性善良，仁慈端庄"，在怀有子贡的时候曾梦见有神灵赐予宝玉。因此，子贡在降生后被取名为端木赐。

　　子贡18岁开始拜于孔子门下，后跟随孔子周游列国，是孔子的得意门生，且列言语科中特别优异者。子贡利口巧辞，善于雄辩，且有干才，办事通达。曾任鲁、卫两国之相。他还善于经商之道，曾富致千金。

　　据说，当吴国大军远征北方，吴王夫差强征丝棉以御寒，这使得丝棉紧缺价格走高。聪敏的子贡便抓住商机，从各国收购丝棉，然后到吴国贩卖，这其中的"价格差"

◆ 子贡庐墓处

◆ 子贡手植楷

让他狠狠赚了一笔。

孔子病危时，子贡回来晚了，他觉得对不起老师，别的弟子守了三年墓然后离去，子贡则在墓旁守了六年。后来为追忆先师懿德，心灵手巧的子贡用木头雕刻出孔子像，前来祭拜的将相诸侯见状都想拥有一个作纪念，子贡又从中看到无限商机，招募工匠大批生产孔子雕像，又大赚了一把。

据《史记·货殖列传》记载，子贡曾"废著鬻财于曹、鲁之间"，也就是奔走于各国做生意，以至于"家累千金"，因此他经常"结驷连骑，束帛之币以聘享诸侯"，所到之处"国君无不分庭与之抗礼"，甚至越王勾践还曾"除道郊迎，身御至舍"。可见子贡当时富有的程度。

然而，子贡虽善于经商，却不忘儒家学说；他家财万贯，却富而不骄、富而有仁。孔子说："富与贵是人之所欲也，不以其道

得之，不处也。贫与贱是人之所恶也，不以其道得之，不去也。"可见孔子对道德仁义的看重程度。孔子的教导对子贡的人生发展起到了关键性的作用。在子贡的观念里，一个真正的"儒商"，不仅要有学问，懂得书面知识和社会经验，而且还要有"道德"，也就是"忠"和"信"。作为一个商人，求富取利无可厚非，但要符合道德原则，并且要把道德放在前面。也就是说"君子爱财，取之有道"。"爱财"，即是要发展经济，追求货币增值，这是商人的本性；"有道"，即是要讲人性、守道德，这是做人的起码要求。两者相结合，就是儒商经济伦理的本质。

延伸阅读

子贡赎人

在《吕氏春秋》中，记载着一个"子贡赎人"的故事。根据当时鲁国法律的规定，如果鲁国人在国外沦为奴隶，有人出钱将他赎回来，事后可以找国家报销赎金，并且国家还要给予精神上的表扬。有一次，子贡到别国做生意，就赎了一个同胞，回来后他却拒绝了鲁国支付的赎金。对这件事，孔子批评他开了一个坏的先例。因为大多数人都没有子贡的财力，无法不在乎这笔赎金。可是鉴于子贡不纳赎金的先例，其他人可能就会担心拿不回赎金而放弃赎回同胞的机会。这是有一定道理的，但就这件事本身，不能不说它是子贡仗义疏财，以及"穷则独善其身，达则兼济天下"的仁者胸怀的显现。

第六讲 商界巨子闯世界

229

民间财神——范蠡

范蠡是历史上著名的政治家、军事家和经济学家、商人。他一生三迁,且"三至千金",成为名闻遐迩的大富翁。后人称之为"陶朱公",民间称之为"财神",也称为"商圣"。

范蠡(前517—前448),字少伯,春秋战国末期楚国宛(今河南南阳)人,是历史上早期著名的政治家、军事家和经济学家、商人。

范蠡出身贫寒,但聪敏睿智、胸藏韬略。然而当时楚国贵胄专权、政治紊乱,范蠡的才华不为世人所识。范蠡离开楚国,自己的才能得到了充分发挥。先是为越王策划"十年生聚,十年教训"的复国之策,帮助勾践消灭吴国,成就霸业。

然而,范蠡深知"狡兔死,走狗烹;飞鸟尽,良弓藏;敌国破,谋臣亡"的道理,

◆ 范蠡像

于是果断地弃官而去,以保全身家性命。他辗转来到了齐国,改名换姓,自号"鸱夷子皮",在海边结庐而居。他和妻子以及儿子们"苦身戮力"地"耕于海畔",开垦荒地,种粮食、蔬菜,兼营副业,养猪、羊、鸡等。由于他治家有方,又善于经营,不几年就成了当地的大富翁。又由于他怜贫恤苦,仗义疏财,所以名气越来越大。齐王听说后就把他请进都城临淄,拜他做了相国。范蠡在相国的位置上待了两三年,感叹地说:"居家则拥有千金之产,居官则达到卿相之位,对于一个白手起家的老百姓来说,这已是到了极点了。长久地处在尊贵的位置上,只怕不是吉祥的征兆啊。"于是将相印归还齐王,把钱财分与知交好友及周边百姓,自己则带着妻儿悄悄离去。后来又在陶地(今山东定陶西北)隐居下来。陶地东邻齐、鲁,西接秦、郑,北通晋、燕,南连楚、越,居于"天下之中",是个理想的经商之处。范蠡根据时节、气候、民情、风俗等,转运货物,"人弃我取,人取我与",顺其自然,待时而动。过不多久,又成了大富翁。19年之中三致千

中华文化公开课

文化名人六讲

金。于是，他便自称"陶朱公"。渐渐地，陶朱公之富，名扬天下。

范蠡很有经商的才智。他在齐国时，看到吴越一带需要好马。他知道，在齐国收购马匹不难，马匹在吴越卖掉也不难，而且肯定能赚大钱。难的是将马匹由齐国运到吴越。千里迢迢，人马住宿需要费用，而且兵荒马乱期间，沿途的强盗很多。后来，他了解到齐国有一个巨商姜子盾，他经常贩运麻布到吴越，而且已买通了沿途强人。于是，范蠡有了主意。他写了一张榜文，张贴在城门口。其意是：范蠡新组建了一马队，开业酬宾，可免费帮人向吴越运送货物。不出所料，姜子盾主动找到范蠡，求运麻布。范蠡满口答应。就这样，范蠡与姜子盾一路同行，货物连同马匹都安全到达吴越。马匹在吴越很快卖出，范蠡因此赚了一大笔钱。

据说，今天还在使用的"秤"也是范蠡的发明。他在经商中发现人们在市场上买卖东西是用眼睛来估量，这样很难做到交易的公平，于是一心要发明一种可以准确测量货物重量的东西。后来有一天他偶尔在乡间看到一位老农用一种一头吊了一块石头的木架装置汲水，很是省力。受此启发，他发明出了秤。

此外，传说范蠡还是酱的发明者；还说他曾经改进了陶器制作技术，是造缸的能手，被太湖一带的工匠们尊称为"造缸先师"。

范蠡不仅懂得经商之道，而且非常注重商人的品德，他告诫同行：作为商人，应当光明正大，不能赚黑心钱。他说："经商者若欺人一两，则失去福气；欺人之二两，则后人做不了官；欺人三两，则折损阳寿。"

◆ 乔家大院陶朱风匾

所以，在那个商人形象不佳的年代，范蠡却得到了人们的尊重，赞誉之声不绝。在他死后，被尊为华夏商人的圣祖，人们称他为"民间财神"。

知识小百科

范蠡《养鱼经》

公元前475年，范蠡把自己的养鱼经验写成《养鱼经》，为中国最早的养鱼著作。范蠡晚年被称为陶朱公，故本书又名《陶朱公养鱼经》《陶朱公养鱼法》《陶朱公养鱼方》等。东汉初年已出现。1965年，陕西汉中县东汉墓中出土了作为墓主生前财产象征的随葬品——陂池模型，池底塑有六尾鲤鱼及其他水生生物，其显示的养鲤方法与该书所载的相一致，说明该书在东汉时已用于指导养鱼生产。现今传世的本子主要引自《齐民要术》（卷六）。该书现存共400余字，以问对形式记载了鱼池构造、亲鱼规格、雌雄鱼搭配比例、适宜放养的时间以及密养、轮捕、留种增殖等养鲤方法，与后世方法多相类似，是中国养鱼史上值得重视的珍贵文献。

第六讲 商界巨子闯世界

战国巨富——猗顿

　　猗顿是我国两千多年前的商业巨子，与陶朱公齐名，并称"陶朱猗顿"，在商业史上有着举足轻重的地位。猗顿由一介寒儒发展成为百万富商，他造福当世，荫被后代，千百年来一直受到人们的崇敬和纪念。

　　猗顿（前480—？），春秋末期鲁国（今山东省）人，著名的大手工业者和商人。姓名与生卒年代已无可考。因其发迹之地古称猗国，故名猗顿。

　　猗顿原是一位贫寒的书生。祖辈以耕读为业。到他手里，已是"耕则常饥，桑则常寒"。就在他生计艰难之时，听到了陶朱公(即范蠡)弃官经商后三致千金的消息。于是，猗顿"往而问术焉"。陶朱公热情地接待了他，并告诉他说："子欲速富，当畜五牸，(牸即母牛，泛指雌性牲畜)。"猗顿听了陶朱公的指点，茅塞顿开。于是他挈妇将雏，风餐露宿，千里迢迢来到今天的山西临猗一带。他看到峨嵋岭下水草丰茂，土地肥沃，确实是一个天然理想的畜牧场所，就在对泽附近(今临猗王寮村西)定居下来，"大畜牛羊于猗氏之南"。

　　由于猗顿的辛勤经营，他的畜牧规模日渐扩大，"十年之间，其息不可计，赀拟王公，驰名天下。"致富后的猗顿为了表达对陶朱公的感恩之情，在今临猗县王寮村修建了陶朱公庙。

　　生活中并不缺少财富，而是缺少发现财富的眼睛。猗顿之所以能成为巨富，就是因为他有一双发现财富的眼睛。在经营畜牧的同时，猗顿注意到了位于猗氏之南的河东池盐。于是，他在贩卖牛羊时，顺便用牲畜驮运一些池盐，连同牲畜

◆ 春秋战国时期的钱币

中华文化公开课

文化名人六讲

◆ 春秋战国时期的玉器

一起卖掉。几次下来，他认识到贩运池盐是一条获利更大的致富途径。于是，他在靠畜牧积累了雄厚的资本后，便着意开发河东池盐，从事池盐生产和贸易，成为一个手工业者兼商人。据说，猗顿为了更加有效地经营池盐，加快贩运速度，还修了山西第一条人工运河，以改变驴驮车运的落后的运输方式。

在猗顿活动的盛期，还曾经营过珠宝玉器，对珠宝也有着相当高的鉴赏能力。《淮南子·氾论训》云："玉工眩玉之似碧卢者，唯猗顿不失其情。"《抱朴子·擢才》篇感叹道："结绿、玄黎，非陶猗不能市也。"也就是说，有些特别贵重的宝玉，如结绿、玄黎等，离开陶朱公和猗顿，便不能进行交易。

通过畜牧业、盐业、玉器业等多方面的经营，猗顿终成倾国巨富，在当时的社会中影响很大。《韩非子·解老篇》："夫齐道理而妄举动者，虽上有天子诸侯之势尊，

而下有猗顿、陶朱，卜祝之富，犹失其民人，而亡其财资也。"可见猗顿之富已超过陶朱公，并可与王势并提。司马迁在《史记·货殖列传》中称赞他说："长袖善舞，多财善贾，岂猗顿之谓乎。"汉代的桓宽在《盐铁论》中也说："宇栋之内，燕雀不知天地之高；坎井之蛙，不知江海之大；穷夫否妇，不知国家之虑；负荷之商，不知猗顿之富。"

猗顿借助自己的聪明才智走上致富的道路，过上了富裕的生活，从另一方面来看，猗顿对山西南部地区的畜牧业和河东池盐的开发也都起着十分重要的作用，在山西商业发展史上占有重要的地位。

延伸阅读

猗顿故城

山西临猗县城南六公里，有一座古城遗址。路边有块标识碑，上书"猗顿故城"。传说，猗顿得陶朱公致富之术后，十年速富。按猗顿陵园内《重修周逸民猗顿氏墓记》里的说法，家产"西抵桑泉，东跨盐池，南条北嵋"，方圆百里，皆其所有。可见其牧场疆域之大，范围之广。传说猗顿致富后乐善好施，赈济于民，远近百姓都愿意归依他，所以在今牛杜镇铁匠营村东逐渐形成一个居民区。据《晋书·地理志》载，古称"猗顿城"。这就是"猗顿城"的来历。汉高祖二年（前205）在此置县，命名为猗氏。此城经两汉、三国、两晋、南北朝，到北周成武王元年（559）猗氏县北移后，该城依旧，老百姓仍安居乐业。唐贞元中（785—805）河东节度使马燧平李怀光叛乱于猗氏，千年古城便毁于一旦。因岁月变迁，改朝换代，人们逐渐淡忘了"猗顿城"。

明初巨富——沈万三

在中国史书记载的不计其数的历史事件中，朱元璋与沈万三较劲的故事是唯一的一次大政治家与大商人的角斗。至高无上的皇权必然地取得了胜利。这个带有些悲凉意味的故事，以一个开国皇帝和一个富可敌国的富商之间的善缘、恶缘为切入点，在更深的层次上探讨了中国近百年积弱的滥觞。

沈万三（1330—1379），名富，字仲荣，俗称万三，元末明初人，当时号称"江南巨富"。

元朝中叶，沈万三的父亲沈祐由吴兴（今浙江省湖州）南浔沈家漾迁徙至周东垞，后又迁至银子浜。沈万三在致富后把苏州作为重要的经商地，他曾支持过平江（苏州）张士诚的大周政权，张士诚也曾为沈

◆ 沈万三铜像

万三树碑立传。明初，朱元璋定都南京，沈万三助筑都城三分之一，朱元璋封了他两个儿子的官。但不久，沈万三被朱元璋发配充军，在云南度过了他的余生。

民间传说沈万三致富的原因是因为"聚宝盆"，说沈氏获得了一只聚宝盆，不管将什么东西放在盆内，都能变成珍宝。

沈万三出生前父辈已经拥有千亩良田，并经营有米店、酒庄等作坊，在当时当地也算得上是一个大富人家。沈万三出生后取名号为沈仲荣，乳名沈富，在为其摆满月酒时，其父命人取来文房四宝和金银珠宝让其抓取，沈万三抓起一把翡翠雕刻的小算盘。沈氏的管家即断定此子将来经济成就会远远超出父辈。但沈父并不高兴，沈父作为外乡人，与人交往中的人情际遇使其更希望儿子将来勤读诗书，求取功名以光宗耀祖。

沈万三在学堂调皮捣蛋无心向学，先生也常常被其作弄。小万三特别亲近其乳娘和管家，管家特别喜欢逗他玩，也在玩的时候教他算术知识。管家从酒庄取来一空酒坛，

让小万三将零钱放入其中，并建立账本，凡存取均需记账。此事小万三做得特别认真，理财意识由此形成。管家笑将酒坛取名为"聚宝盆"，谁也想不到"聚宝盆"这三个字竟影响了沈万三的一生。无论日后沈万三发迹迁居苏州城还是应朱元璋诏令搬迁南京城，此聚宝盆都一直跟随沈万三，虽不像民间传说那样神奇，但据传沈万三对着"聚宝盆"就有用不完的生意灵感。后来朱元璋要征用"聚宝盆"来建南京城，沈万三只好以需要择吉日并斋戒七七四十九天后呈献皇上此盆才灵为由，暗里召集能工巧匠用黄金钻石打造一个"聚宝盆"，上面采用各种吉祥的图案，总算过了这一关。事后沈万三感言，世间原本就没有"聚宝盆"，真是成也萧何败也萧何啊！

关于沈万三发财致富的原因，大致有"垦殖说"、"分财说"和"通番说"三种。

垦殖说

许多史料上都有记载，但真正完善地提出这一说法的是昆山文管会陈兆弘在"明代经济史学术讨论会"上发表的《明初巨富沈万三的致富与衰落》一文。文中重点提出，沈万三从"躬稼起家"继而"好广辟田宅，富累金玉"，以至"资巨方万，田产遍于天下"。沈万三依靠垦殖发富，乃至成为豪富，号称江南第一。

分财说

有人认为，"沈万三秀之富得之于吴贾人陆氏，陆富甲江左……尽与秀"。又有人说"元时富人陆道源，皆甲天下……暮年对

◆ 永乐通宝

其治财者二人，以资产付之"，"其一即沈万三秀也"。总之，沈万三是得到了吴江汾湖陆氏的资财，才成为江南巨富的。

通番说

据《吴江县志》载，"沈万三有宅在吴江二十九都周庄，富甲天下，相传由通番而得"。著名历史学家吴晗也说："苏州沈万三一豪之所以发财，是由于作海外贸易。"这说明沈万三是由于把商品运往海外贸易，才一跃而成为巨富的。

现在一般认为，沈万三之所以成为江南巨富，以上三个因素缺一不可，它们是密切关联的。

延伸阅读

"白衣天子"沈万三

据传，朱元璋定鼎南京之初，国库空虚，就让沈万三资筑东南诸城。结果沈万三好大喜功，皇帝的西北城还没筑好，他的东南城就提前竣工了。这自然会让"穷皇帝"朱元璋心存芥蒂。

明末《云蕉馆纪谈》说得很具体：朱元璋和沈万三约好同时开工筑城，结果被沈万三抢先三天完工，朱元璋在庆功会上举着酒杯对他说："古有白衣天子一说，号称素封，你就是个白衣天子。"这话表面上是夸奖，实际上已经隐隐透出了杀机，大明江山岂能容许两个天子并存于世？后来朱元璋虽然欲杀之而不能，但总不甘心，最后还是找个借口把这个富可敌国的"白衣天子"流放到云南去了。

红顶商人——胡雪岩

　　清代商界名人胡雪岩，白手起家，凭借超凡的能力在中国商史上写下了灿烂的一笔。他怀着一颗爱国之心，协助左宗棠兴办洋务，以图强国；怀着一颗仁厚之心，开办胡庆余堂，以图济世救人。终其一生，他以仁、义经商，对当今的商人仍有借鉴意义。

　　胡雪岩(1823—1885)，名光墉，字雪岩，安徽人。19世纪七八十年代的中国商界名人。

　　胡雪岩出身贫寒，因生活所迫，12岁就到钱庄当学徒。他乐于助人，出手大方，曾救助过落难公子王有龄。后来王有龄发迹，担任浙江巡抚，成为此后胡雪岩发迹的支持

◆ 胡雪岩塑像

和靠山。在王有龄的大力支持下，1860年，胡雪岩开设了钱庄。此后，在北京、浙江、上海、湖北、湖南等地开设了几十家钱庄和银号，声誉日隆，信誉卓著。

　　1860年，太平天国义军攻入浙江，时局飘摇，人心不稳。胡雪岩通过与浙江巡抚何桂清、王有龄的良好关系，将清军粮食器械的代办权牢牢抓在了手里，并总理漕运，几乎垄断了浙江战时的经济，这又使他获得暴利。清军收复杭州后，新任巡抚左宗棠上任。胡雪岩以出众的能力和实实在在的物资捐助博得了左宗棠的赏识，从此让他负责善后工作：管理赈抚局，设立粥厂、难民局、善堂、义塾、医药局等，对恢复浙江战后经济和社会稳定起了很大的作用。左宗棠带军西征，平定新疆阿古柏叛乱。从1867年到1881年，胡雪岩为左军先后6次筹集军饷，共计1870万两白银，并负责购进西洋军火，"转输军食，深资其力"。由于辅助左宗棠有功，胡雪岩曾授江西候补道，赐穿黄马褂。可见，他是一个典型的官商。

中国当时的生丝业被洋人垄断，这是一个暴利的行业。胡雪岩看中这一点，决心从中榨取油水。他先把上海和江浙的丝业同行联合起来，说服他们共同对付洋人，在本地大量收购生丝，囤积居奇，从而让洋人无丝可买，进而控制了市场，垄断了价格。从此丝业的价格控制权又回到了中国人手里。

同治十三年（1874），胡雪岩开设胡庆余堂药店。胡庆余堂以"戒欺"为宗旨，以"真""精"誉满全国。到1880年，胡庆余堂的资金规模就已达白银280万两。

光绪八年（1882），胡雪岩在上海开办蚕丝厂，耗银2000万两，高价尽收国内新丝数百万担，企图垄断丝业贸易，结果惹怒外商，联合拒购华丝。又因海关海运操于外国人之手，不能直接外运。次年夏，被迫贱卖，亏耗1000万两，家资去半，周转不灵，风声四播。各地官僚竞提存款，群起敲诈勒索。十一月，各地商号倒闭，家产变卖，胡庆余堂易主，宣告破产。接着，清廷下令革职查抄，严追治罪。胡雪岩遣散姬妾仆从，于光绪十一年（1885）十一月郁郁而终。

胡雪岩的一生充满了传奇色彩：他从钱庄一个小伙计开始，通过结交权贵显要，纳粟助赈，为朝廷效犬马之劳；洋务运动中，他聘洋匠、引设备，颇有劳绩；左宗棠出关

◆ 胡庆余堂

西征，他筹粮械、借洋款，立下汗马功劳。几经经营，他由钱庄伙计一跃成为显赫一时的红顶商人。可以说，作为中国商人的偶像，胡雪岩当之无愧！

延伸阅读

国药老字号"胡庆余堂"

胡庆余堂是国内保存最完好的国药字号。胡庆余堂的创办非常偶然。有一天，胡雪岩让家人到杭州望仙桥叶种德堂国药号去抓药。药材抓回来后，经仔细辨认，发现其中有两味药以次充好，就拿去调换。谁知叶种德堂自恃是杭州唯一的大药店，态度傲慢，不仅不换，还出言挖苦说："要换是没有的，要么请你们家胡先生自己去开一家药店！"家人非常气愤地把整个经过告诉了胡雪岩。胡雪岩听后，虽然嘴上只是微微一笑，但他心里却真起了开药店的念头。1874年，胡雪岩在南宋太平惠民和剂局一个熟药局的基础上创办了胡庆余堂国药号，取对联"向阳门第春常在，积善人家庆有余"中"庆余"的意思，定名为"胡庆余堂雪记国药号"。

爱国华侨——陈嘉庚

陈嘉庚虽然是个富商华侨，先后用于办学的巨资不下千万元，但他一生生活简朴、自奉甚薄。毛泽东曾以"华侨旗帜，民族光辉"这两句话，作为对他的崇高评价。

陈嘉庚（1874—1961），又名甲庚，字科次，著名爱国华侨领袖、教育事业家。生于福建省同安县集美社（现属厦门市）的一个华侨世家。曾祖父陈时赐兄弟五人中有两个出洋定居。父亲缨纪（又名杞柏）远渡新加坡开了一家米店。大伯父缨节和二伯父缨酌也出过洋。

1890年，17岁的陈嘉庚离开了苦难的祖国，背井离乡，跟随父亲去新加坡学习经商。他先在父亲开设的米号主持店务，后来又经营黄梨（即菠萝）罐头和房地产业。他自立门户后，1905年购买橡胶树种种植，开始经营橡胶业。他经营很得法，在第一次世界大战的4年时间里，获利达450万元。于是他又增设橡胶厂10多处，并大规模地经营房地产，在国内各大城市设立分号。

1912年，陈嘉庚从新加坡回到集美，将祠堂修葺后改为校舍，开办集美小学。1925年，他在海外的事业发展到了顶峰，已有了经济实力，却既不置田产，也不建私宅，而是大力捐资兴办学校。他在集美陆续办起师范、中学、水产、航海、商业、农林等校共10所；另设幼稚园、医院、图书馆、科学馆、教育推广部，统称"集美学校"；此外，资助闽省各地中小学70余所，并提供办学方面的指导。1923年孙中山大元帅大本营批准"承认集美为中国永久和平学村"，"集美学村"之名就是由此而来。

在建设集美学村时，陈嘉庚已考虑到要进一步办一所综合性的大学。1919年五四运动期间，学生们的爱国行动使他深受感动。1921年，他决心捐出400万元，创办厦门大学。为了选定校址、

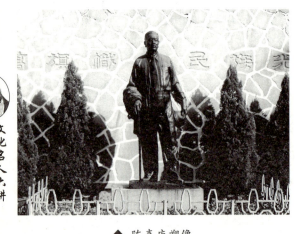

◆ 陈嘉庚塑像

中华文化公开课

文化名人六讲

◆ 陈嘉庚故居

聘请教师、商讨办学方针，他废寝忘食地四处奔走。

1929年，世界经济危机袭击南洋，橡胶价格猛跌，陈嘉庚经营的事业也受到了冲击。到1931年，他的资产仅存下200多万元。尽管如此，他仍然极力维持厦门大学，每月40万元的经费，总是不折不扣地按时汇到。1933年，他的处境更加困难了，外国财团准备把他的企业收为附庸，条件是要他停办厦门大学和集美学村。他听了十分生气，断然拒绝，说："企业亏蚀可以收盘，学校决不能停办！"1934年2月，他的总公司终于停业。为了维持学校，他继续四处奔走募捐，或是向银行贷款，极力维持厦门大学和集美学村。

陈嘉庚的爱国热情旺盛，时刻关心着祖国的富强、进步。早在1910年，他就毅然剪去了发辫，加入同盟会；辛亥革命时，曾募款支持孙中山的革命活动。抗日战争爆发，1938年他在新加坡担任南洋华侨筹赈祖国难民总会(南侨总会)主席，努力在华侨中推动爱国活动。

1940年，陈嘉庚率领代表团回国来视察，不料所到之处，但见国民党政府贪污专横、残民以逞，感到大为失望。5月间，他冲破国民党的阻拦，到延安去考察。他亲眼看到了解放区在中国共产党领导下，军民合作、同仇敌忾的种种新气象，感到耳目一新，大出意外，从而转忧为喜，断定国民党政府必败，共产党必胜。以前，他受国民党反动宣传的影响，对共产党、解放区一直是信疑参半，至此才恍然大悟。从此，他积极地支持祖国的爱国民主运动。

1950年9月，陈嘉庚从新加坡回国，定居于集美，并当选为中央人民政府委员。1961年8月12日在北京溘然长逝。

延伸阅读

毛泽东1.5元招待陈嘉庚

1941年6月，爱国华侨领袖陈嘉庚率"南洋华侨回国慰劳视察团"，从新加坡回到中国慰劳抗日将士。国民党拨巨资隆重接待陈嘉庚，希望他"感恩图报"，不料却被陈怒斥道："此等虚浮乏实，与抗战艰难时际不甚适耳。"后来陈嘉庚到了延安，毛泽东留陈嘉庚吃饭，用自己种的豆角、西红柿招待陈嘉庚，只是特地上了一味鸡汤，整顿饭算下来也就1.5元。毛泽东笑说："我没有钱买鸡，这只鸡是邻居老大娘知道我有远客，送给我的。"陈嘉庚看了看饭菜，想起在重庆，蒋介石花800银元宴请他，意味深长地对毛泽东说："得天下者，共产党也！"一回到新加坡，陈嘉庚就公开发表言论，说共产党的领袖及一般工作人员，勤俭诚朴，吃苦耐劳。

慈善事业家——邵逸夫

　　邵逸夫作为中国电影的开创人之一，对中国电影事业作出了巨大的贡献。他强烈的事业心和敬业精神激励着很多人。他乐善好施，热心公益，也是港岛屈指可数的大慈善家。

　　邵逸夫（1907—2014），原名邵仁楞，在中国电影史上写下了诸多"第一"和"之最"。邵氏家族可以说是中国电影事业名副其实的拓荒英雄。从默片到有声，从黑白到彩色，中国电影的每一步变迁都有邵逸夫及其家人献出的心血。从20年代从事电影业到现在，邵逸夫经历了电影不同时代的演变，目睹中国电影的成长与兴衰，堪称电影史的见证人。

　　20世纪20年代，中国电影业刚刚起步，电

◆ 邵逸夫

影院播放的影片大多是国外进口的低档片，国产电影很少。邵逸夫的大哥邵醉翁创立了上海天一影业公司，邵逸夫高中毕业后，也到了大哥的公司工作。他从不挑工种的好坏，从杂工干起，表现出了吃苦耐劳的精神。

　　1927年，由于天一公司在上海的业务受到了很大的竞争，邵醉翁便派三弟邵山客、六弟邵逸夫到南洋开拓业务。当时独霸南洋影片发行的商人与天一的对手结成了联盟，不买天一的影片。邵逸夫兄弟两人只得拿着一架破旧的无声片放映机，在马来西亚和新加坡各地到处跑，放映露天电影，借此来吸引顾客，扩大自己的影响。其中的艰苦岁月可想而知。苦尽甘来，渐渐地，名气出来了，有的电影院开始要他们的片子了，而且越来越多。天一的影片在南洋的市场终于被打开了。

　　1934年，邵逸夫和兄长们以顽强的毅力拍出了中国第一部有声电影《白金龙》，开创了中国电影业的新纪元，也奠定了邵氏兄弟影业公司事业成功的基础。抗日战争爆发时，他们兄弟已在南洋拥有139家电影院和9

家游乐场，生意十分红火。

1957年，邵逸夫已年过半百。邵氏机构虽然早已重整旗鼓，但邵逸夫并不满意，他决心要寻找一个地方，实现他对电影事业的理想。他最后选中了香港。1959年，邵逸夫在香港成立了邵氏兄弟香港有限公司。为了打好基础，扎扎实实地推进他的事业，他决定先在香港建立自己的电影王国。他乘着汽车在香港转了一整天，看中了清水湾附近一座半荒的山岗，于是投入巨资，将整个山岗买下来。紧接着，成队的机械开到了山下，将整座山岗削成平地，在这平地上修建起了被誉为"东方好莱坞"的邵氏影城。影城建好后，邵逸夫招来了一流的导演和演员，拍出了《貂蝉》《江山美人》等一系列叫座的影片。邵逸夫还是港产动作片的首创者，拍摄了《大醉侠》《马永贞》《少林五祖》等电影，很受观众欢迎，并由此掀起了武术热。

20世纪60年代，是邵逸夫开创电影王国的黄金时代，邵氏公司网罗了大量编、导、演人才，每年都能拍40多部故事片。从1958年到1973年，邵氏公司拍摄的影片，在历届亚洲电影节中共得大小奖项46项，创下了中国电影史上的纪录。

多年来，虽然邵逸夫一直稳居香港超级富豪排行榜上，但他视金钱为身外之物，乐善好施，热心公益，是港岛屈指可数的大慈善家。这位以"大丈夫贵兼济，岂独善一身"为人生信条的影视巨子曾说："我的财富取之于民众，应用回到民众。"

1958年，邵逸夫在新加坡设立邵氏基金，每年都捐巨款资助新加坡和马来西亚的

文教医疗机构。1973年设立邵氏基金会，开始大规模向华人地区捐助公益事业，特别是教育业。邵逸夫把资金分散到中国大陆31个省、直辖市、自治区的上千所大学、中学，以促进学校建设的快速发展，具有广泛而积极的意义。截至2000年，邵逸夫已经向内地捐款22亿港元，一时间，神州大地2000多所高校、中小学校校园内，如雨后春笋般耸起了一座座"逸夫楼"，这是何等的壮观！

为了表彰邵逸夫对内地教育事业的贡献，1990年，我国政府将紫金山天文台发现的2899号行星命名为"邵逸夫星"。1998年，邵逸夫获得香港特区大紫荆勋章。

2014年1月7日，邵逸夫逝世。

延伸阅读

"抠门"的邵逸夫

邵逸夫不仅是个杰出的电影人，也是个精明的甚至"抠门"的商人。一次，导演岳枫拍戏，请许国做临时副导演，制片部开了1000港元导演费给他。邵逸夫认为给多了，要许国"吐"200港元出来。许国一怒之下，撕毁支票说道："邵逸夫多200元也富不到哪里去，我少1000元也穷不了多少！"

一个热心于慈善事业、动辄捐款千百万的富豪级商人竟然也有着这样"小气"的一面。其实，邵逸夫是"当抠则抠"，大方的时候也是很大方的，他就是这样一个精打细算的生意人。

世界船王——包玉刚

包玉刚是20世纪世界航运业的巨擘，被誉为"世界船王"，由于地位显赫而受到各国首脑和大企业家的关注和赞赏。英国女王伊丽莎白封他为爵士，比利时国王、巴拿马总统、巴西总统、日本天皇都曾授予他高级勋章。这是世界上任何大企业家都未曾获得过的殊荣。

包玉刚（1918—1991），出生于浙江宁波。父包兆龙，早年在武汉开鞋店、在上海设钱庄，后任衡阳工矿银行、重庆工矿银行经理，抗战胜利后任上海市银行业务部经理。1946年与人合资在上海开办国丰造纸厂。1949年春携眷迁香港，从事进出口贸易，后营航运业，1967年扩为环球航运集团，任主席、名誉主席。

1937年，抗日战争爆发，包玉刚不得不

◆ 包玉刚塑像

辍学。过了两年，在父亲的帮助下，进入中央信托局衡阳办事处工作。包玉刚工作勤恳认真，业务能力日益增强。1945年抗战胜利，包玉刚被调任上海银行业务部经理，第二年，提升为副总经理，当时他才28岁。

1949年，大陆国民党政府全面溃退，包玉刚也和全家人来到了香港。开头几年，由于香港拥挤着大量的难民，生计都很成问题，包玉刚是长子，责无旁贷地担负起了养活包家三代人的担子。后来，包玉刚与父亲以及两个老乡决定开一间贸易行，从国外买进商品，主要是销往内地，赚取差价。当时由于本钱少，他们的公司租了一间很小的房子当办公室，4个人挤在一起，连转身的地方都没有。一人要开抽屉，另一个就得到外面去腾出空位来，条件极为艰苦。贸易行惨淡经营，几年下来只略有盈余，要想在香港扎根，谈何容易。终于，包玉刚决心转行，改做航运业，开始了船王之路。

1955年，包玉刚借款77万港元从英国买来了一条旧货船，取名"金安"，创立了环球

文化名人六讲

中华文化公开课

242

公司。由于不懂驾船,也为了躲避风险,他干脆将船租给了日本山下公司,收取租金。1956年,包玉刚的机遇来了。埃及总统纳赛尔占领苏伊士运河,宣布非友好国家的船只,不得通过运河。此举使得欧亚航线的船只有绕道非洲好望角,造成船只紧缺,运费暴涨。包玉刚借这次机会把"金安"号的租金提高了数倍,他用这笔钱买了第二艘旧轮,又高价租给别人,取得租金,再买第三艘、第四艘。到了1956年年底,他已经拥有了7艘二手船。

之后包玉刚用贷款购置了新船,逐渐淘汰旧船,而他以新换旧的标志就是16000吨的"东方樱花"号下水。到了1968年年底,包玉刚旗下的轮船已经达到了50艘,排水量350万吨,远远超过了香港的一些老船王。

20世纪60年代,世界经济发展迅猛,持续繁荣,造成了石油的紧缺,中东产油国一夜暴富,而运油的船商也同样大发横财。包玉刚看准了这一点,开始将业务重点放在油轮上。他先买了4艘吨位较小的旧油轮,以低价租给了经销石油的西方石油公司,包括美孚、壳牌这样的大公司。1969年,包玉刚旗下的油轮新篇章由他的第一艘巨型油轮"世丰"下水翻开。此后,他先后订造了20万吨以上的油轮达57艘,总吨位达1000万吨以上。此时,包玉刚已经成了名副其实的世界第一船王,连希腊船王奥纳西斯都自愧弗如,俯首称臣。他曾与包玉刚笑说:"与你相比,我只是一粒花生米。"

在海洋上,包玉刚成就了自己的事业,但他并不满足。20世纪70年代,他决定逐步把经营重心转移到陆地上来,将赚得的部分财产投资于越来越红火的房地产业,兼营酒店和交通运输。为了在陆上也能取得海上那样辉煌的成就,他和香港首富李嘉诚一起,和英国资本集团展开了一场惊心动魄的商业斗争,这就是著名的"九龙仓之战"。这次战役轰动了整个香江,大长了华人志气,打击了英资财团的嚣张气焰,包玉刚在谈笑之间调集了20个亿的事情,也成为一个传奇。

1985年,包玉刚又以5亿新加坡币夺得英资集团会德丰股权,成为继李嘉诚入主和记黄埔之后,进军英资四大洋行的第二个香港人。1986年,包玉刚又一举收购香港另一个发钞银行渣打银行14.5%的股份,成为该行最大的个人股东。船王"弃舟登陆"创造了又一个奇迹!

至此,包玉刚的海上王朝和陆地王国都达到了顶峰。1991年,包玉刚病逝于香港。

延伸阅读

九龙仓战役

在当时,"九龙仓"是香港四大洋行之首的怡和洋行旗下的主力,也是香港最大的英资企业集团之一。在李嘉诚的帮助下,包玉刚暗中购入了大量"九龙仓"股票。1980年4月,包玉刚属下的隆丰国际有限公司宣布,已控制了约30%的"九龙仓"股票。而怡和财团属下的另一个主力置地公司手中才有约20%的"九龙仓"股票,形势对怡和财团明显不利。为了保住"九龙仓",置地公司气势汹汹地调动了大批资金,以100元一股的高价收购"九龙仓"股票,想把包玉刚从"九龙仓"中挤出去。包玉刚面对强敌,沉着应战,奇迹般地在三天之内调集了21亿元现款,只花了两个小时,便使"九龙仓"股份增加到49%,彻底控制了这个企业。一向看不起华人资本的置地公司,不仅没有争得"九龙仓",还伤了自己的元气。

第六讲 商界巨子闯世界

华人首富——李嘉诚

时势造英雄，在香港富豪的"龙虎斗"中，李嘉诚以独特的经营方针和策略，把握时机的准确和果断，超凡的毅力和信念，步步为营，节节高升，最终登上了香港首席大富豪的宝座，成为称雄香港的"超人"！

李嘉诚，生于1928年，广东潮安人，当代华人首富。

李嘉诚的父亲去世很早，迫于生计，李嘉诚不得不辍学开始了他的打工生涯，在他舅父庄静庵的中南钟表公司当泡茶扫地的学徒。这段学徒生涯磨砺了他的意志。

17岁时，李嘉诚在一间五金制造厂和塑胶裤带制造公司当推销员，开始了推销生涯。由于聪明能干和骄人的业绩，18岁时他就做了部门经理，之后更是荣任了总经

◆ 李嘉诚

理。但是，李嘉诚认为他现在的成功不算什么，自己毕竟还是一名打工仔，他要自己成立公司。1950年，李嘉诚把握时机，创办了长江塑胶厂。

从1950年到1955年间，是李嘉诚创业最艰难的五年，他克服了许多磨难：资金短缺，质量不高，销路不畅，同行竞争。从1955年开始，在创业道路上摸爬滚打的李嘉诚逐渐开始成熟，他的塑胶厂也逐渐走向辉煌。1951年"长江塑胶厂"改名为"长江工业有限公司"，李嘉诚公开宣称："从今以后，长江的产品，没有次品。"李嘉诚在塑胶行业里稳扎稳打，很快就打入并逐步占领了欧美市场，被业界称为"塑胶大王"。

20世纪60年代中期，很多富翁纷纷逃离香港，争着廉价抛售产业。李嘉诚正在建筑中的楼房也被迫停工，按照当时的房地产价格来算，李嘉诚简直可说是全军覆没了！

处在惊涛骇浪中的李嘉诚临危不乱，沉着应变。他仔细分析局势，不相信香港会就此垮掉，认定动乱是暂时的，中国肯定很快就会恢复稳定，香港还将进一步繁荣发展，

而房地产的价格必然会回升。因此，在别人大量抛售房地产的同时，李嘉诚却反其道而行之，将自己所有的资金都用来大量收购房地产。朋友们知道后，都为他担心，纷纷劝他不要做傻事。李嘉诚毫不动摇，他说："我看准了不会亏本才敢买，男子汉大丈夫还怕风险？怕就别干实业这一行！"

◆ 香港繁华景观

李嘉诚又一次成功了。20世纪70年代初，香港的房地产价格开始回升，李嘉诚从中获得了200%的高利润！到1976年，李嘉诚公司的净产值达到5亿多港元，成为香港最大的华资房地产实业。

1977年，香港地铁要在中区闹市的中环站和金钟站举行兴建投标，这是香港最繁华的地段，也是世界上最值钱的地皮之一，每平方米标价高达10万港元，总价估计在2.44亿港元，被称为"地王"。英国、日本、法国、美国和香港等地共309家公司前来参加竞争。李嘉诚胸有成竹，提出了最佳方案，一举战胜所有对手而中标。一时新闻界热炒李嘉诚，说这是"华资地产凌驾英资的先声"，是"华资地产崛起的新纪元"！李嘉诚也因此获得了可贵的信誉。第二年，李嘉诚中标所建的环球大厦和海富中心先后建成拍卖，都是在一天之内就售完，而且价格打破了香港房地产的历史纪录，为李嘉诚赚得了数亿港元的财富。紧接着，李嘉诚又设法买下了一家老牌英资水泥厂和英国和记洋行经营的黄埔造船厂，古老的英资商行终于有一家成了华资集团大旗下的"臣民"，这个经济界

的奇迹，又一次成为香港的爆炸性新闻。

1978年，李嘉诚抱着 "穷此一生，以报效祖国为己任"的信念回到了祖国大陆，同年年底为家乡捐建14幢"群众公寓"，以解决家乡父老的燃眉之急。1980年，李嘉诚毫不犹豫地捐资200万港元，修建了潮州医院和潮安医院，同年带头捐资3000万港元作为筹建汕头大学第一期工程的经费。1989年，他又捐资5.7亿港元以支持祖国慈善业的发展。

李嘉诚以其对慈善事业的热情态度赢得了社会的尊敬。

延伸阅读

李嘉诚和一枚硬币

一次，李嘉诚在取汽车钥匙时，不慎丢落一枚2元硬币。硬币滚到车底。当时他估计若汽车开动，硬币会掉到坑渠里，于是及时蹲下身欲拾取。此时旁边一名印度籍值班见到，立即代他拾起。李嘉诚收回该硬币后，竟给这名值班100元酬谢。李嘉诚对此的解释是："若我不拾该2元，让它滚到坑渠，该2元便会在世上消失。而100元给了值班，值班便可将之用去。我觉得钱可以用但不可以浪费。"